第四十四届中国博士后科学基金（编号为20080440414）研究成果
杭州市哲学社会科学规划课题（编号为D10XW05）研究成果
浙江省重点学科“新闻与传播学”研究成果
浙江省高等学校创新团队“传播与文化产业创新团队”研究成果
浙江传媒学院重点专业（编辑出版学专业）建设成果

清末民初
媒介空间演化论

崔 波 著

北京大学出版社
PEKING UNIVERSITY PRESS

图书在版编目(CIP)数据

清末民初媒介空间演化论/崔波著. —北京:北京大学出版社,2012.8
(传播学论丛)
ISBN 978-7-301-21083-3

Ⅰ.①清… Ⅱ.①崔… Ⅲ.①传播媒介-研究-中国-近代
Ⅳ.①G219.295

中国版本图书馆CIP数据核字(2012)第186395号

书　　　　名:清末民初媒介空间演化论
著作责任者:崔　波　著
责 任 编 辑:谢佳丽
标 准 书 号:ISBN 978-7-301-21083-3/G·3475
出 版 发 行:北京大学出版社
地　　　　址:北京市海淀区成府路205号　100871
网　　　　址:http://www.pup.cn
电　　　　话:邮购部62752015　发行部2750672　编辑部62753121
出版部62754962
电 子 信 箱:ss@pup.pku.edu.cn
印　刷　者:三河市博文印刷厂
经　销　者:新华书店
965毫米×1300毫米　16开本　13.25印张　190千字
2012年8月第1版　2012年8月第1次印刷
定　　　　价:32.00元

序　言　一

欣闻崔波女士撰写的《清末民初媒介空间演化论》即将出版，作为她在清华大学博士后期间的合作导师，倍感欣慰。

2004—2007年，崔波就读于北京师范大学，师从王德胜教授撰写晚清翻译出版与传播方面的博士学位论文。2007年6月的一天，我在该校担任一场博士论文答辩会的评委时，与之偶遇，当时她已完成论文答辩，正在寻找工作。当听到《在政治与知识之间——以晚清翻译出版为中心》这一颇有意象的论题时，便向她询问了与论文相关的细节。依我的判断，她所探讨的晚清翻译出版，属中西知识碰撞过程中地方性知识境遇的一个典型案例，因此便邀她到清华做我的博士后，以便进一步的研究，她欣然答应。那年我正在主持国家社会科学基金项目"当代科学实践哲学研究"，研究课题是劳斯的"科学实践哲学"，由此归纳出了科学实践哲学的三个学术观点：第一，提倡实践为基，反对理论优位；第二，知识本性是地方性的，而不是普遍性的，即便科学知识也同样是地方性的；第三，知识与权力有内在的联系，它们的互动，既有建设性，也有破坏性。

崔波及时加入到了研究团队，她在研读美国学者约瑟夫·劳斯所著的《知识与权力》、《参与科学》、《科学实践何以重要》三书后，结合列斐伏尔、福柯、布迪厄、索亚等人的空间观念，以及科学知识社会学关于知识转译的观点，全方位地展开了博士后研究工作，期间还获得了"第四十四届中国博士后科学基金"的立项。她领悟力强，还是一个快枪手，将科学实践哲学的观点运用于所要解释的问题上，开始以全新视角探讨中国媒介空间化等相关问题，发表了若干具有学术价值的论文。

本书内容提要中，她如是说："探讨中国传统媒介向现代性媒介的转变，空间，是媒介生产中一个无法回避的问题，因为媒介的生成关涉其地域的社会权力与权威结构、格局及秩序。”福柯和劳斯关于知识与权力的思想，已然成为她重新审度清末民初媒介空间演化的视角。通过大量史料的梳理，她发现清末民初媒介空间地域间的行走规律——从乡村到城市，从南方到北方，从上海到北京，并以实践哲学的视角，对这一媒介空间演化规律进行阐释：“媒介空间为媒介生产行为所界定，媒介空间是历史发展中产生的，并随着历史的演变而重新结构和转化……媒介空间是社会实践的产物……媒介空间不是既定的，而是社会建构的产物，是社会过程的结果，任何媒介行动都涉及空间，空间既是媒介行动的条件又是媒介行动的结果。”

值得欣慰的是，崔波将研究视角延伸到了中国科学知识传播的历史研究中，以知识与权力的关系为线索，探讨中国本土知识与西方科学知识碰撞中知识的命运、知识分子的命运。所有这些都是在那个特定年代的空间展开和演化的。空间的演化意味着权力的演化。无论湖湘知识群体，还是岭南知识群体、江浙知识群体；无论是上海的学会、报纸、《科学》期刊，还是北京的《新青年》杂志，这些知识群体、媒介与其所处空间的关系，无一不渗透着形态各异的知识与权力，以及它们之间丝丝相扣的联系。崔波把清末民初媒介空间的机制展现给大家，这就是一种学术贡献。但愿她的努力对中国媒介史研究是一个呼唤，一种理解，愿她的成果能够引起更多学者的关注与思考。

是为序。

*

于清华荷清苑

2012 年 3 月初

* 吴彤，清华大学人文社会科学学院教学委员会主任，科技与社会研究所所长、教授、博士生导师。《系统科学学报》常务副主编，中国系统科学学会（国家一级学会）副理事长。

序　言　二

媒介空间理论的研究视野可以引导我们关注一个曾被长期忽视的学术领域和审视窗口，可以引导我们深刻理解媒介在发展进程中的地理成因、空间变化和流变规律。浙江传媒学院教师崔波撰写的《清末民初媒介空间演化论》正是我国传播史学中以媒介空间为线索，具体而言，是以中国近代知识分子群体的媒介活动为线索，探究清末民初由于政治、经济、文化等活动空间中心的转移而导致媒介空间演变的专著。

传统的媒介史学研究注重历史事件的前因后果，并采用以时间为坐标的线性叙事方式来呈现媒介发展的前因后果。这种叙事方式常常忽视了由于地域的政治、经济、文化不同所造成的媒介在空间演进上的差异性和多样性，比较容易导致媒介事件意义和结果在场而过程与实践主体缺失的现象。

《清末民初媒介空间演化论》试图通过媒介空间言说、地理描述的方式，质疑传统的科学和叙事等正统再现模式，打破其僵硬的权威和单一的叙事格局，通过崭新的书写与分析模型来校正不断偏移、失衡和分裂的学术架构与媒介疆域。全书通过对历史文献的爬梳，从空间视角深描清末民初媒介演化的实践主体，即中国知识分子媒介活动在空间上的运动轨迹——从乡村到城市、从南方到北方、从海外到国内，试图论证当时的政治、经济、文化等多种地理、空间因素对媒介内容生产与传播的思维定势，以及对于媒介发展现状与趋势的总体规定性。作者在对共性材料的整理中，又强调了个体特有的、多元的文化惯习、知识结构和实践活动对媒介空间发展差异性的影响。作者所持有的媒介史观既克服了只强调共性或个性的偏颇，又在主观主义和客观主义之间建立了有效的连结，与布尔迪厄的实践哲学有着某种暗合。这是本书的第一个新意。

针对清末民初这段政治、经济与文化力量急剧变革且在地理分布上极其不平衡的历史时期，《清末民初媒介空间演化论》采用了块茎状叙事结构。在把握这一特定时期的总体媒介演化机制和规律的基础上，本书对清末和民初这两个紧密联系但又有所差异的历史时期的媒介群落，从文化环境、资本积累方式、媒介组织结构、与政治和学术界的关系、语言定位、目标受众、信息获取方式等进行了综合的比较，全面反映了由于地理空间、人文空间、政治空间、学术空间和实践活动空间各异而呈现的媒介演进的差异性。这是本书的第二个新意。

在经济全球化和传播全球化日益加深的当下，区域文化、媒介空间与传播本土性又一次被人们重新强调，这一方面反映了思想界和学术界对全球化的某种警惕和担忧，另一方面也说明以往学术研究中单一的线性的宏大视角正在受到质疑，而一种多元的块茎状的叙事模式正悄然兴起。《清末民初媒介空间演化论》正是这种趋势的体现。尽管本书的某些章节在运用媒介地理学或媒介空间论进行论证方面还有些瑕疵，但是就整体而言，这是一本观点新颖、资料丰富、论述严谨的学术专著，其研究视角和叙事模式值得学界关注。

值此，作为书稿的最早读者之一，我衷心祝贺《清末民初媒介空间演化论》顺利出版，也祝愿崔波在今后的学术道路上更上一层楼。

是为序。

邵培仁*

2012年3月于浙江大学

---

* 邵培仁，浙江大学人文学部副主任，浙江大学传播研究所所长、教授、博士生导师，浙江省传播学会会长，浙江省会展学会会长。

目录

绪　论

第一节　从空间研究媒介的可能性

“时间”与“空间”是人类存在的两大基本范畴，也是研究各种媒介现象的两大坐标，然而在媒介研究的主流范式中，很难做到时间和空间的平衡。传统的媒介理论研究者一直把时间作为研究的中心，在他们看来，时间是丰富的、多产的、有生命力的、辩证的。从马克思所揭示的“力求用时间去消灭空间”到后现代思想家所主张的“时间取代空间”的观念，也似乎向人们昭示“时间优位于空间”是现代传播实践的不变信条。从印刷媒体到电子媒体再到因特网，传播技术的日新月异似乎也在向人们讲述着这样的技术神话：只要能够提高传播的速度，没有什么空间是不能跨越的，人类最终拥抱的将是重归部落化的“地球村”。相比时间，空间长期以来一直被看作是死亡的、非辩证的、静止的。对此存在着两种辩解：第一种辩解认为，在现代社会中，时间的重要性已经超过了空间；第二种辩解认为，由于现代社会的加速，时间变得更加重要，而空间由于不断被克服正在失去意义。尽管这两种辩解的差异在于对“空间”这一概念的不同理解，但是对空间的忽视是共同的，即它们都忽视了空间“地理”意蕴之外丰富的内涵。这种由“速度文化”和“时间压力”所造成的褊狭的、浅层次的、线性的逻辑思维，导致传播学研究缺乏对个人行为、社会关系与社会空间互动的深刻把握。

到了20世纪五六十年代，在空间理论边缘化的背后，在一条地理学想象的沉沦和消散的进路中，在被湮没或边缘化的空间想象的语境中，开始出现一种尝试性的空间化，一种建立新批判传统的人文地理学的努力，学者开始意识到现代理论存在着过于偏重时间而忽视空间的问题，于是转向思考空间的丰富意义。1980 年，福柯（Michel Foucault）在《关于地理学的问题》（"Questions on geography"）一文中指出了长期以来学术界对空间的忽视而对时间的高度关注的现状："这是起始于柏格森，还是更早时候？空间在以往被当作是僵死的、刻板的、非辩证的和静止的东西。相反，时间却是丰富的、多产的、有生命力的、辩证的。"[①]的确，长期以来，思维和经验的空间化常常在学者的视野之外。

"20 世纪社会理论的历史也就是时间和空间观念奇怪的缺失的历史"[②]，且空间的缺席尤盛。确实，很长时间以来，社会理论对空间的认识乏善可陈，空间的想象力似乎在社会理论中蒸发，后现代地理学家爱德华·苏贾（Edward W. Soja）称此为历史决定论下的空间性的失语，即时间（或历史）消解了空间。[③] 对社会生活的历史情境的过分强调，掩盖或扼杀了社会理论的空间想象力。"一种在本质上是历史的认识论，继续蔓延于现代社会理论的批判意识。这种认识论依然是主要通过动力在理解世界。这种动力产生于这样几种阐释性语境下对社会存在（being）和社会生成（becoming）的处置：康德所谓的先后（nacheinander）和非常变形地被马克思界定为受条件制约的'历史创造'。这一旷日持久的认识论在场（presence），在界定批判性的思想和阐释的本质时为'历史的想象'保留了享有特权的地位。"[④]

学者们的"空间转向"，使得人们对于历史和时间、社会关系和结

---

① Michel Foucault, "Questions on Geography" in Michel Foucault and Colin Gordon (eds.), *Power/Knowledge: Selected Interviews and Other Writings 1972—1977*, New York: Knopf Doubleday Publishing Group, 1980, pp. 63—77.

② 〔美〕厄里（John Urry）：《关于时间与空间的社会学》，见特纳（Bryan S. Turner）：《社会理论指南》，李康译，上海人民出版社 2003 年版，第 505 页。

③ Edward W. Soja, *Postmodern Geographies: The Reassertion of Space in Critical Social Theory*, London: Verso, 1989, p10.

④ 〔美〕爱德华·W. 苏贾：《后现代地理学》，王文斌译，商务印书馆 2004 年版，第 16 页。

构的关注转移到空间上来，开始关注城市的空间性、社会诸过程与空间形式之间的相互作用以及建立社会—空间辩证法的多种可能性的问题，包括对地区的不平衡发展作更加全球性的分析，对第三世界的落后性与依附性、国际劳动分工和资本主义“世界体系”的核心和边缘的聚焦，以及城镇与乡村的对立、产业资本主义制度下的城市居住空间的划分、资本主义积累的地理不平衡性等[1]，这直接促成了一种全新的、强劲的空间思潮在西方兴起，发展地理学、消费地理学、女性主义地理学、政治地理学等一系列以“空间与社会”问题为研究旨趣的新学科应运而生。空间概念的引入也丰富了传播学理论的观察视角，拓展了传播学研究的理论解释能力。

一、空间研究回顾

早在亚里士多德时代，空间的概念就进入哲学家的视野，那时候，空间和时间一起被看作是用于命名和分类的范畴。直到笛卡儿（Rene Descartes），才将这样的时空传统结束，空间就进入了一个绝对的王国。它是对应于主体的客体、对应并且呈现于认知的外部世界，包容故而也是主导了所有感觉乃至万事万物。笛卡儿之后，斯宾诺莎（Benedictus Spinoza）、莱布尼兹（Gottfried Wilhelm Leibniz）、牛顿（Isaac Newton）都对空间是否就是万物无所不在的内在秩序这一问题试图做出回答。在这方面作出突出贡献的是康德（Immanuel Kant），他修正了古老的空间概念。在康德看来，空间是相对的，它是知识的工具，是将现象加以分门别类的手段，但是，它和时间一样，依然是清晰地同经验领域区分开来。如康德所言，它属于主体意识的先验，而且参与构造了这一领域内在的超验结果。康德的这一认识，标志着哲学从抽象的纯粹逻各斯研究，转向了更为具象的空间研究。

经典社会理论家迪尔凯姆（Emile Durkheim）、马克思和齐美尔（Georg Simmel）都涉及空间这一要素，但对空间的较为详细的讨论则要到20世纪70年代以后，社会理论的演进呈现一个新的发展方

---

① 潘泽泉:《空间化:一种新的叙事和理论转向》,《国外社会科学》2007年第3期,第43页。

向——地理学转向或曰空间转向，即将空间概念带回社会理论的架构之中或曰以空间思维审视社会。一方面，吉登斯（Anthony Giddens）、布尔迪厄（Pierre Bourdieu）等社会学家在现代性架构下认识到空间与社会的互动对于研究社会结构与社会过程的重要性。另一方面，后现代社会理论家试图以一系列的地理学概念和隐喻来探索日益复杂和分化的社会世界。①

20 世纪对时间优于空间的批判最为前瞻性的学者首推福柯，他为我们定下了一种更为合理的基调：空间并非是被看作刻板的、僵死的、非辩证的东西，恰恰相反，它是丰富的、有生命力、辩证的，而且能解释问题的语境。20 世纪 80 年代以来，学者们一致呼吁对批判想象需要进行广泛的空间化，其态度之明确前所未有，这给对空间熟视无睹的古老的学术传统带来了很大的挑战。因而，一种具有明显特色的后现代和批判性的人文地理学正在形成，并勇敢地重申，空间具有阐释性意味。尽管地理学可能尚未完全取代历史在当代理论和批判中的核心地位，一种新兴并充满活力的论辩已被放到了理论和政治的议事日程上。据美国学者爱德华·苏贾归纳，这种论辩具有以下特点：以富有意味的不同方式同时关照时间和空间，认为历史与地理具有相互作用，在业已摆脱了内在范畴特权的逼迫以后的世界中，历史与地理是存在的“纵向”与“横向”关系。②

在空间化进路逐渐被人们所认识的条件下，许多学者提出了富有创见性的空间理论。在这里笔者将回顾一些对本书写作具有直接启发意义的学者的思想。例如，列斐伏尔（Henri Lefebvre）创造性地提出的空间生产理论。在他看来，空间生产不是指在空间内部的物质生产，而是指空间本身的生产，也就是说，空间自身直接和生产相关，生产是将空间作为对象。即是说，空间中的生产（production in space）现在转变为空间生产（production of space）。与马克思不同的是，列斐伏尔把马克思忽略了的历史进程中的空间的自主力量揭示出来，将空间

① 何雪松：《空间、权力与知识：福柯的地理学转向》，《学海》2005 年第 6 期，第 44 页。

② 〔美〕爱德华·W. 苏贾：《后现代地理学》，王文斌译，商务印书馆 2004 年版，第 17 页。

引入马克思的生产理论中,就此,他既将空间带出了生产的黑暗地带,又在新时代,尤其是在大规模的资本主义都市建设时代激活了马克思。这样,我们看到,空间是带有意图和目的地被生产出来的,是一个产品,空间生产就如任何商品生产一样,它是被策略性和政治性地生产出来的。因而,空间是人造的,不是自然而然的,不是纯粹形式的,不是理性抽象的,不是一个中性的客观的科学对象,更不是一个物质性的器皿。在列斐伏尔看来,空间既是生产的工具,也是消费的工具;既是统治的工具,也是抵抗的工具。显然,它处在各类势力的较量之下,并在各类势力的较量中获得自身的现实。列斐伏尔断言:"(社会)空间就是(社会)产品。"①这个说法的第一个含义是,(物质性的)自然空间正在消失。第二个含义是,既然空间是社会的产品,那么每一个社会,每个生产模式,每个特定的生产关系都会生产出自身的独特空间。第三个含义是,如果空间是产品,那么,我们对这个产品的了解,我们对这个产品的知识,我们对这个生产出来的空间的知识的了解,就有望复制这个空间的生产过程。因此,便有了空间的第四个含义:"既然每个生产方式都有其特定的生产空间,那么从一个生产方式到另一个生产方式的变化就必定伴随着一个新空间的产生。"②这时新空间就伴随着生产力方式的变化而出现,它的规划和组织井然有序。③

如果说列斐伏尔把对空间的生产性的探讨作为空间思考的重心的话,那么,福柯则更多地将空间和权力关系作为讨论的重心。"我们生活于其中的空间,将我们从自身中抽取出来……这种空间撕抓和噬咬着我们,这是一个异质性的空间,这是一个可以安置各种个体和事物的空间。"④在福柯看来,现代社会是一个纪律社会,而空间成为权力运作的重要场所或媒介。由此,空间成为权力实践的重要机制。在我们的生活之中有无数的空间安排,以不同的形式宰制我们的生活。福

---

① Henri Lefebvre, *The Production of Space*, Translated by Donald Nicholson-Smith, Oxford UK: Blackwell Ltd., 1991, p.45.

② Ibid., p.73.

③ 包亚明:《现代性与空间的生产》,上海教育出版社2003年版,第46—47页。

④ 〔美〕爱德华·W.苏贾:《后现代地理学》,王文斌译,商务印书馆2004年版,第23页。

柯以隐晦的表达说明我们无法逃脱宰制我们的空间，当这一空间不可见的时候，作为主体的人立即启动自己的控制机制。在《规训与惩罚》一书中，福柯对空间与权力的探讨就是从纪律对人的空间的分配入手的。纪律需要封闭的空间，规划出一个与众不同的、自我封闭的空间。空间的边界就是纪律的边界，这一特定的空间就是贯彻纪律的保护区。如此空间比比皆是，例如学校、军营、医院。它们都有明确的边界，并且在某种程度上是封闭的，而正是这样的封闭性才能保证权力的顺利运作，因此，专制的纪律体系都有限制其成员离开其空间范围的特征。在医学上，空间的隔离向来是管制传染病、精神病和麻风病的重要策略。透过对身体的操练和训练，透过时间的标准化以及对空间的细致安排和设计，纪律在空间之中将人们的个体组织起来，从而实现身体的空间化。然而，封闭并非是绝对的，每一个人都有自己的位置，而每一个位置都有一个人，由此可以明确在场者和缺席者。这是一种制止开小差、制止流浪和消除冗员的策略之一，最明显的例子就是在教室里为学生编排座位。空间的解析或正常单元的基本隔离，为纪律的无孔不入提供了可能，因为这一空间建立了一个在场或缺席的体系。由此，实施权力的人让自己操控的对象在空间上具有可见性。然而，权力本身则要寻求空间上的不可见性，隐藏在权力对象无法企及的空间之中的权力最有威慑力，这就是可见性与不可见性在权力与空间关系上的辩证法。

可见，福柯与列斐伏尔不同的是，他很少讲空间、地理同全球的经济关系，尤其是没有同资本主义的全球扩张联系在一起考虑。对于福柯而言，现代资本主义社会的形成，与其说是一种经济方式发生变化的结果，还不如说是统治形式——这种统治正是通过空间来实施——发生变化的结果。从这个意义上来说，福柯考察的是微观空间，是微观政治中的空间，是作为权力媒介和来源的空间。在他那里，只有空间对人的管制和控制。

布尔迪厄对空间的研究集中表现在他对“场域”这一概念的使用上。在布尔迪厄看来，场域的概念形象地概括了现代社会的基本特征。在高度分化的社会里，社会世界是由大量具有相对自主性的社会小世界构成的，这些社会小世界就是具有自身逻辑和必要性的客观关系的空间。一个场域可以被定义为在各种位置之间存在的客观关系的一个网络。这些位置的存在和它们对占据特定位置的行动者或制度所产生的决定性影响都是客观决定的。而决定这些位置的因素主要有两个方面:一方面是不同的权力在(或资本)分配结构中,各种位置实际和潜在的处境;另一方面是这些位置彼此之间的客观关系(这些关系包括支配关系、屈从关系、结构上的对应关系等等)。这两个方面是密切交织在一起的。①

场域这个概念可以从三个层面的意义上来理解。从第一个层面来看,场域是一个运作空间,场域的效果得以在其间发挥,并且由于这种效果的存在,任何与该空间有关的对象所经历的一切事情,都必须参照场域中的关系来理解。既然场域表征着某种关系,即场域中占位的行动者的关系,那么场域的第二个层面的意义便是场域是一个争夺的空间。场域中各种位置的占据者利用种种策略来保证或改善他们在场域中的位置,不断在场域中展开斗争。布尔迪厄特别强调,场域中行动者斗争的焦点在于谁能够强加一种对自身所拥有的资本最为有利的等级化原则。为了占有优势地位,场域中的行动者就要投入,由此,场域的第三个层面的意义就是投入。一个人进入某个场域时,也就同时进入了与场域相连的一套他本人很可能认识不到的前提预设。因此,一个场域是由身体和信念两部分组成的。人们深陷其中的实践信念并非一种心灵状态,也不是武断遵从一套外界灌输的教条,而是一种身体状态,是被各种社会秩序加以系统利用的体现在身体上的性情倾向。即他所言的"内在性的外在化"(externalization of internality)。

布尔迪厄通过对特定场域——学术场域的关注,深刻表征出对场域探讨的重要意义。一方面,学术场域中的斗争以浓缩的方式体现了符号权力斗争的一些基本特点。另一方面,理解学术场域的权力的关系也就是在揭示各种认识生产背后的社会条件。布尔迪厄在反对以下两种观念中提出了理解学术世界的特殊性:其一,知识分子的场域应该是一个"纯洁"的世界,与任何权力斗争无关,真理通过话语的论

① 杨善华、谢立中:《西方社会学理论》(下卷),北京大学出版社2006年版,第168页。

辩驱逐了各种错误意见的"理想国"。其二,当近代以来的许多人批判这种幼稚的观念时,又迅速走向了另一个极端,好像知识场域完全是社会利益特别是阶级利益的一种自然反应,知识分子的观念不过是其阶级出身或社会位置的特定表现。在批判了这两种观念后,布尔迪尔提出,学术世界作为文化生产的场域,是一个具有自身独特逻辑的社会空间。在这个空间中,尽管知识分子采取各种策略,争夺某种在他们眼中利害攸关的事物,但若是从更大范围的社会世界中盛行的利益观念来看,他们所追求的利益倒可能颇为超越功利;知识分子场域之外的权威所产生的任何影响和约束,总是通过知识分子场域的结构的"折射"发挥作用的。①

通过场域这一概念,布尔迪厄(又译"布迪厄")阐明了他一再强调的结构的双重存在方式。② 一方面,社会世界中的各种结构首先存在于一种所谓的"初级的客观性"中,也就是指各种物质资源的分配,以及作用于各种社会的稀缺物品和价值观念,即资本的手段;另一方面,这些结构还存在于各种分类体系和心智图式上的所谓的"次级的客观性"之中,它们发挥了一种符号样板的作用,体现在社会行动者的各种实践活动中,诸如行为、思想、情感、判断,等等。

空间研究也进入了人类学学者的视野,他们对知识的探讨放置于特定的空间——"情境"(context)中。从此特定情境中产生的知识在人类学家吉尔兹(Clifford Geertz)那里被称为"地方性知识"(local knowledge)。地方性知识是与词源为"ethno-"的知识概念。那就是当人类学家在探讨和研究西方之外的文化传统时,对西方以外的自然知识在其西方的"science"词汇之前加上了词头"ethno-",以表示这些知识是与本土的种族、民族有关的,离不开这些地域的,或者在这些地域之外没有的、在这些民族或种族之外如西方没有的自然知识。基于这样的观念,吉尔兹认为在特定情境中产生的地方性知识具有三点重要的特征:

① 杨善华、谢立中:《西方社会学理论》(下卷),北京大学出版社2006年版,第117页。

② 〔法〕布迪厄、华康德:《实践与反思:反思社会学导引》,李康、李猛译,中央编译出版社1998年版,第12页。

首先,地球上未经认识的原始社会越来越少,几乎没有什么新发现的余地了。其次,已发现的原始文化呈现出丰富多样的形态,远非西方的知识系统和概念术语所能把握。第三,越来越多的人类学者借助于对文化他者的认识反过来观照西方自己的文化和社会,终于意识到过去被奉为圭臬的西方知识系统原来也是人为"建构"出来的,从价值上看与形形色色的"地方性知识"同样,没有高下优劣之分,只不过被传统认可(误认)成了唯一标准的和普遍性的。用吉尔兹的话说,知识形态从一元化走向多元化,是人类学给现代社会科学带来的进步。虽然"一般性理论"仍在我们中有其信众,但其实质已逐渐空泛,这种企望已渐被视为虚妄。①

在传播学的历史学派中,从技术的角度对空间中的媒介做出较早论述的是加拿大学者伊尼斯(Harold Innis)。他在 20 世纪 50 年代出版的《帝国的传播》、《传播的偏向》和《文化的策略》等一系列著作中,对传媒技术演变进行了历史性分析,从时间和空间的角度论证了媒介的影响。他根据偏向性(bias)把历来的媒介分为两类:一类是偏向时间的媒介,一般指的是石刻文字、泥版文字之类能够保存较长时间的媒介;一类是偏向空间的媒介,如埃及的莎草纸和中国纸这样轻便容易携带、扩散范围较大的媒介。"偏向时间的媒介适合知识在时间上的纵向传播。以该媒介为主的文化重视传统,权力纵向集中,但是不够灵活,统治的地域较小。偏向空间的媒介则适合知识在空间中横向传播,这种媒介使得一个文化更重视空间的扩展,权力比较分散,但是也容易离心。"②伊尼斯关于传播的偏向观点,对我们理解空间中的媒介具有一定的启示意义。

麦克卢汉(Marshall McLuhan)虽然在一定程度上继承了伊尼斯的历史分析方法,但是放弃了以时间和空间为中介,而代之以感觉。"地球村"正是麦克卢汉感知电子媒介所构建的空间状态的表述,从中我们可以透视出麦克卢汉对媒介影响的空间想象。在麦克卢汉看来,随

① 〔美〕吉尔兹:《地方性知识:阐释人类学论文集》,王海龙、张家瑄译,中央编译出版社 2004 年版,第 2 页。

② 刘海龙:《大众传播理论:范式与流派》,中国人民大学出版社 2007 年版,第 435 页。

着新媒介的到来,距离正失去意义。由于沟通便利,使得时间缩短,从而使空间距离“缩短”,出现空间的“时间收缩”,从而又再度回到村落的地理格局。

麦克卢汉空间研究的一大贡献就是探讨了媒介空间变迁与社会的互动关系。在他看来,媒介是社会发展的基本动力,每一种新的媒介的产生,都开创了人类感知和认识世界的方式。传播中的变革改变了人类的感觉,也改变了人与人之间的关系,并创造出新的社会行为类型,拓展了人类认识世界的空间。在原始社会,口语是主要的传播媒介。由于听力的物理限制,人们必须生活在一个小空间——部落之中,相互保持着近距离关系。文字和印刷媒介产生之后,人类由“耳朵的社会”转向了“眼睛的社会”。由于交往和传播不再以物理空间的接近性为前提,人类可以分散到广阔的地域,人与人的关系变得疏远,部落社会便发生解体。电子媒介尤其是电视的普及再次改变了这种状况,它们以接近于实时的传播速度和强烈的现场感、目击感把遥远的世界拉得很近,人与人之间的感觉距离大大缩小,于是人类在更大的范围内重新部落化,整个世界变成了一个新的“地球村”。[①] “地球村”最大限度地将个人空间与社会空间,乡村与城市、民族与国家的间隔清除,突破了现实的物质条件限制,经由电子媒介的触角,建构起经脉复杂的庞大空间。[②]

美国学者梅罗维茨(Joshua Meyrowitz)批判地继承了麦克卢汉的思想,他认为媒介对于空间的作用在于能够改变人的行为表现和角色扮演。电子媒介绕过以前传播的种种限制,改变了传播变量中空间、时间和物理障碍的重要程度,并且越来越多地介入空间结构划分的场景。[③] 媒介本身构成了某种人类交往场合——印刷媒介依据其编码的复杂程度而将人隔离开来,形成专业壁垒,使非常少量的人成为知识权威并行使权力。电子媒介通过融合许多过去不同的场景,打破空间

① 郭庆光:《传播学概论》,中国人民大学出版社 1999 年版,第 148 页。

② 邵培仁、杨丽萍:《转向空间:媒介地理中的空间与景观研究》,《山东理工大学学报》(哲学社会科学版)2010 年第 3 期,第 72 页。

③ 〔美〕约书亚·梅罗维茨(Joshua Meyrowitz):《消失的地域:电子媒介对社会行为的影响》,肖志军译,清华大学出版社 2002 年版,第 7 页。

界限,导致人们行为的变化和社会的变化。

上述学者对空间的研究为论述本书媒介空间提供了以下有益的启示:

第一,空间具有生产性和实践性的特征。

广义上言,人类作为社会存在生产了自己的生活、自己的意识和自己的世界。就此而言,人类的社会历史中,没有什么不是生产出来的。即便是自然本身,就社会生活中感官对它的把握而言,一定意义上亦可被纳入生产的视域之中。人类生产了法律、政治、宗教、艺术和哲学,生产了具象世界,也生产了抽象世界。因此,空间与生产行为是紧密联系在一起的。空间在这里不是一个通常的几何学与传统地理学的概念,而是一个社会关系重组与社会秩序实践性建构的过程;空间不是一个同质性的抽象逻辑结构,也不是既定的先验的资本的统治秩序,而是一个动态的矛盾的异质性实践过程;空间不是抽象的自在的自然物质或者第一性物质,也不是透明的抽象的心理形式,而是其母体即社会生产关系的一种共存性与具体化。按照学者的分析,空间性不仅是被生产出来的结果而且是再生产者,推而言之,空间不仅是社会生产关系的历史性结果,而且更是其本体论的基础或前提。生产的社会关系是具有某种程度上的空间性存在的社会存在;它们将自己投射于空间,它们在生产空间的同时将自己铭刻于空间,否则它们就会永远处于纯粹的抽象。①

第二,权力斗争在特定的空间可以得到把握。

权力是影响空间形构的"幕后黑手"。在福柯看来,不管是圆形监狱、边沁的辐射状规划的机构建筑等空间的物质实体,还是政府、警察、司法、军队等机构的"软体空间",它们都是权力的表征形式的一种。每一座城市都是一座"监狱之城",位于城市中心的通常是市政厅、司法、检察等各级权力机构,它们总是通过一个由不同元素组成的复杂网络——封闭的高墙、规训的空间、统治机构、规章等来试图控制该城市。这种嵌入、监视和观察的空间形构是规范权力的最大支柱。

① 刘怀玉:《现代性的平庸与神奇——列菲伏尔日常生活批判哲学的文本解读》,中央编译出版社2006年版,第408页。

所以，福柯得出了这样的结论：与其说是国家机器征用了圆形监狱体系，倒不如说国家机器建立在小范围的、局部的、散布的圆形监狱体系之上。既然权力在空间中无所不在，那么，我们可以通过对媒介生产这一特定空间的考察来揭开权力运作的面纱。

第三，为了争夺空间权力，空间生产者往往将空间地方化。

哈贝马斯（Jürgen Habermas）认为，社会体系越复杂，生活世界就越地方化。知识或学术体系，在哈贝马斯看来是用符号构建的生活世界，因此，它必须通过控制错综复杂、不断变化的环境，来保持自己的界限和继续存在。沿着哈贝马斯的思路，我们可以这样设想：在一个区分你我区隔的媒介体系中，媒介共同体维护着自己固有的边界，萎缩为一个下属体系，而且“体系”与生活世界脱节，在现代生活世界之内，首先反映为物化。这一观点在一定程度上与实践哲学提倡的知识具有地方性的特征有着相通之处。

沿用实践哲学中的知识及其活动一定是地方性之观念，我们可以这样理解媒介信息的生产——媒介信息生产需要特定的场所、特定的框架、特定的人群和地方性共同体。传媒者在选择传媒内容的时候，是结合现有的资源（技术、传媒者的素质、受众的素质、特定的传媒框架）而进行的一种“寻视性关注”。其传播内容和传播受众也是在特定情境中得以建构的。

第四，媒介空间中，某种特定的权力运作机制起着重要的作用。

空间既是一种先决条件，又是社会关系的生成物。这样，空间的生产表现为它对相关行为强加上某种时空秩序，具有束缚主体自由的功能。

哈贝马斯在《公共领域的结构转型》一书中分析过报刊从业者从私人化新闻写作到大众传播媒介的转变过程：一份报刊是在公众的批评当中发展起来的，但它只是公众讨论的一个延伸，而且始终是一个公众舆论的机制：其功能是传声筒和扩音机，而不再仅仅是信息的传递载体。的确如此，报刊除了承载和传播信息之外，在现代中国新知识的演进过程中，报刊还为其建构自我舆论阵地提供方便。除了宣扬自己的观点和理念之外，在与对立集团遭遇时，它们还要承担起反驳论敌和捍卫自我的任务。也可以说，在现代中国的媒介发展史上，各种不同利益集团和不同观点之间的碰撞和论争，常常直接表现为报刊与报刊之间的碰撞和论争。对于那些自由知识分子而言，报刊不但为表述自我提供了载体，而且也为他们提供了精神生存的家园。①

第五，媒介促使空间想象力的发挥。

媒介总是存在于空间中的，不同的空间造就不同的媒介。媒介的空间想象力可以成为人们认知社会环境的窗口。由于媒介的空间想象力对人们认知社会环境的重要性，媒介话语权争夺便成为人们争取空间生存权力的重要途径。

美国传播学者阿多尼（Lamis Adoni）对真实的分类对于我们理解媒介的空间想象力大有裨益。他认为真实可以分为三个层面，即客观真实、符号真实和主观真实，分别对应着社会、媒介与个人意识。在人的认知活动中，由于政治、经济、文化、心理等因素的共同作用，已经使得人们对客观真实的认知产生了多义性和复杂性。但当媒介提示的符号真实介入人们认识和理解客观真实的活动中时，使得人们在心目中认识和理解的主观真实与实际存在的客观真实之间发生更大的偏离，从而引发人们思考一个问题：它是真实的吗。“因为人们发现，经由媒介的阐释，世界会脱离其纯粹的物质层面，而具有更为多样的文化地理。实际上，在观察世界的时候，地理学的想象力使人们跨越了边界的限制，影响了人们对世界的认知。一些无法在物质地理中被观察到的东西，也利用了地理的描述方式呈现在人们的面前。”②媒介对人的空间想象力的影响是长期的、潜移默化的，它在不知不觉中改造着人的思想。

第六，不同空间的媒介传播被打上地方性知识的烙印。

由于人类生活在一定的物理空间、社会空间和认知空间中，人类的物质生产和精神生产方式都有明显的差异，因此造就了传播和文化活动各异，地方性知识给人类的传播活动打上深深的烙印。人类学家吉尔兹在爪哇、巴厘岛和摩洛哥等地通过田野调查发现，在西方式的

① 颜浩：《北京的舆论环境与文人团体：1920—1928》，北京大学出版社2008年版，第11页。

② 邵培仁、杨丽萍：《转向空间：媒介地理中的空间与景观研究》，《山东理工大学学报》（哲学社会科学版）2010年第3期，第73页。

知识体系之外，还存在着各种各样从未走上过课本和词典的本土文化知识，如巴厘岛人按出生的长幼序数而被命名为“头生的”、“二生的”、“三生的”、“四生的”四种，过了老四又开始新的循环：第五个孩子也叫“头生的”，第六个则叫“二生的”。在一母所生的同胞中，叫“二生的”那个人也许是“头生的”老五或老九的大哥。这种循环式的称谓序列并不能真正反映同胞之中的长幼之序，却体现着一种往复无穷的生命观念，它不可翻译，却是具有文化特质的地域性知识。相应的，爱斯基摩人有关于“雪”的几十种区分词汇。上古汉语中为各种家养动物的阉割所起的专名，如羊曰羯，狗曰猗，鸡曰阉，猫曰净，人曰宫等，皆可视为特定文化中所具有的“地方性知识”。美国人类学家康克林（Harold C. Conklin）在菲律宾哈努诺族调研基础上撰写的学位论文《哈努诺文化和植物世界的关系》揭示道：当地语言中用于描述植物各种部位和特性的语汇多达一百五十种，而植物分类的单位有一千八百种之多，比西方现代植物学的分类还多五百项。由此可知，世上罕为人知的极少数人使用的语言可能在把握现实的某个方面，比自以为优越的西方文明的任何一种语言都要丰富和深刻。“地方性知识”不但完全有理由与所谓的普遍性知识平起平坐，而且对于人类认识的潜力而言自有其不可替代的优势。[①]

就中国近代的媒介而言，湖湘的媒介组织是围绕书院知识而结构化的；对于岭南的媒介组织而言，由于类宗教的知识结构对其媒介生产影响甚深，导致政论报刊的出现；江浙知识分子以考据为特征的知识生产方式和以幕僚为特征的媒介资本积累方式，造就了其媒介生产是在学会中进行的。

二、媒介空间的张力

毋庸置疑，空间与空间观念，处于历史性的变化之中。在福柯看来，中世纪的媒介空间是一个层级性空间，所有的地点和空间都围绕着天国展开。不仅存在着一个天国地点，还存在着一个超天国地点，此外，还有一个与天国地点相对的现世地点。媒介空间和地点就按照

① 叶舒宪：《地方性知识》，《读书》2001年第5期，第122页。

这个层级的对立模式被部署，媒介空间的关系被神圣化了，而打破这一切的是近代科学家伽利略。从17世纪起，媒介空间部署不再是天国中心式的，不再以天国为中心作为交错的阶层模式，媒介空间作为一种没有焦点的无限性被建构起来，它的神圣意义得以瓦解。随着社会的发展，媒介空间再次摆脱了伽利略的无限性概念，它被基地化了。"基地（site）被两点或两元素间的近似关系所限定，从形式上，这种关系可以区分为序列的、树状的与格子的关系。""这些关系描述了不同的既定，而它们不能彼此化约，更不能相互叠合。"①这就是19世纪以后的空间图式。它的核心在于，基地只有在同别的基地发生关系的过程中才能恰当地定位。一个基地只有参照另一个基地才能获得自身的意义。

与中世纪的欧洲一样，传统中国的媒介空间也是一个等级性空间。众所周知，在中国封建板块结构的社会容器中，始终存在并演化着一个"以读书仕进为志业"，以传承道统为己任的中国化的"知识分子"阶层。他们中除一小部分有幸登龙门、取功名、居庙堂之高外，其余大多数却始终滞留民间，终生处江湖之远，成为进退裕如、左右世风的活跃势力。因此，中国传统知识分子这一阶层就可划分为两类。一类是通过科举考试进入官僚体系的知识分子，确切地说，政府官吏是从进士、举人和贡生这些具有较高学衔的人中挑选出来的。获得这些学衔实际上是入仕的正规途径。在清朝，上层的官吏几乎都是来自正途。② 另一类是处于官僚体系之外的知识分子，这部分知识分子或是只获得较低的功名，仍居乡间；或是获得一定功名后进而居官，在进入官府前滞留于乡间，或职业官员退休返归乡里。历史学家吴晗将官僚、士大夫、绅士归为一类："官僚、士大夫、绅士，是异名同体的政治动物，士大夫是综合名词，包括官僚绅士两专名。官僚绅士必然是士大夫，士大夫可以指官僚说，也可以指绅士说。官僚是士大夫在官时候的称呼，而绅士则是官僚离职、退休、居乡（当然居城也可以），以至未

① 包亚明：《后现代性与地理学的政治》，上海教育出版社2001年版，第15页。

② 佚名：《大清缙绅全书》，光绪七年（1881年）版。

任官以前的称呼。"[①]可见，乡村是传统媒介赖以存在的基础，这个空间是一个具有自然性质的熟人社会，传媒者首先隶属于特定的家族和宗族，在既定的血缘和地缘关系中生活。

中国传统媒介空间的存在维系和调整着帝王与知识分子、知识分子与百姓、帝王与百姓之间的关系。自隋朝创立科举制度以来，录用官员第一次撇开了血缘、门第、出身、家世等先赋性因素，学问成就这一因素成为官员录用的依据。由于官员的职位不是来源于血缘门第，而是来源于官方的考试，因此，他们更加效忠于皇权。另外，由于科举考试的基本内容是维护大一统皇权的正统儒家经典，这就等于使官员在任职前接受了一场效忠于皇权制度的教育和洗礼。皇帝通过科举考试的形式将官僚牢牢掌控——一方面将中央集权制进一步加强，另一方面让知识分子更加依附于皇权，地位每况愈下，也就是顺理成章之事了。传媒的权力依赖于皇权的给予，通过科举制度得以实现。

从历史上看，这个在中国社会承担着独特使命的士绅阶层，将中国社会的政治、经济、文化三大板块结构系统得以密切地协调运动，并不断加以发挥。从事文化工作的士绅成为黏结加固社会共同体结构的主体，成为连接官方和民间的一支力量。正如艾森斯塔德（Shmuel Noah Eisenstadt）所说，中华帝国一方面是一个独立的"帝国中心"，是政治及文化的焦点，另一方面则是许多落在"边陲"的社会单元。[②] 因而，地方民情自然不能由平民径直上达于官府，官府所办之事也无从直接施之于民。地方政治的稳定依靠的是府州县官与士绅之间力量的巧妙平衡，在一个由官员和家族力量来治理的地域广袤的农业帝国中，还需要第三种社会力量维系官民关系。士绅作为居于地方领袖地位和享有特权的社会集团扮演诸多角色——地方乡间社会建设的提倡者、乡民间私怨纠纷的主要仲裁者、传统文化的保护者、地方团练的组织者，成为平衡各种社会力量的重要砝码。

时至晚清，中国媒介空间发生了深刻的变化，以乡村为主的媒介

---

① 吴晗：《论绅权》，见吴晗、费孝通：《皇权与绅权》，天津人民出版社 1988 年版，第 50 页。

② Shmuel Noah Eisenstadt, *The Political System of Empires*. New York: Free Press, 1969. See "Preface to the paperback edition".

空间逐步被以城市为主的媒介空间所替代。随着上海等沿海通商口岸的崛起和租界的出现，在大都市里出现了像王韬、郑观应等以翻译、介绍西学的媒介知识分子，他们以租界为活动背景，以洋务为职业，又带有传统文人的文化习性和气质。19 世纪 90 年代催生了以康有为、梁启超为代表的游离正途、在乡间发展的士大夫。他们虽身居乡村，却占据了全国政治舞台的中心，凭借上海等都市所提供的相对独立的公共空间，创办报纸，在一段时间内掌握了颠覆乾坤的公共舆论。戊戌变法失败后，新媒介空间转化到日本，通过留日学生对出版物的转运，在 19 世纪末 20 世纪初形成了以日本为中心、北京和上海为两翼的媒介大三角空间。留日学生和流亡日本的革命者的活动和舆论，参与了中国都市的精神生活和文化空间的构建，于是他们成为都市风景中不可缺少的中坚人物。时值民国，现代教育体系和出版媒体产业逐步完善，以都市为中心的物质化的职业分工和精神化的文化网络形成规模，真正现代意义上的媒介生产空间显现出雏形。

第二节 清末民初媒介空间研究

对于媒介空间的研究，以浙江大学邵培仁为代表的传播学者，从 2003 年起，综合运用传播学、媒介学、地理学、人类学、政治学、经济学、文化学、社会学等众多学科的知识和方法，对媒介地理学研究中遇到的现象和问题进行微观和宏观的分析研究。他们的贡献主要体现在以下三个方面：其一，为媒介地理学研究建立了一个较完整的梯度和层次分明的分析框架。该框架提出，空间、时间、地方、景观、尺度是媒介地理学构成的基本概念，即媒介地理学体系的重要组件。透过这五大基本概念，我们可以深刻理解和科学把握当下媒介生存的地理成因和未来发展机遇。其二，在媒介地理理论研究（空间结构论、人地关系论和区位论等）、媒介地理历史研究以及媒介地理应用研究（通过媒介地理学的理论、原则和方法解决实际的社会、经济、文化、传播和媒介问题并建立专门的学科）等三方面寻求更大的突破和创新。其三，为媒介地理学研究建立了一个兼顾科学性和学术性的分析框架。传者、受众、符号、内容、媒介是传播学研究的构成要素，也是媒介地理学研究的主要内容。其中媒介产业的地理形势研究，大众传媒的生态环境研究，大众媒介的传播环境研究，媒介传播的“地形图”研究，媒介源地的本土性、地方性、全球性研究以及各类媒介与地理环境的互动研究等有着很大的启发意义。传播世界正由语言、文字传播飞速地转向画面、影像传播，由印刷媒介转向视像媒介，由时间模式转向空间模式，媒介地理的性状日益明显。这些传播要素以全新的方式影响着社会地理变革，社会地理也因此产生了相应的变化。戴上媒介地理学的“眼镜”进行观察和分析，可探知媒介与地理之间真实而有趣的互动过程，重构媒介世界的真实图景。① 邵培仁团队对媒介地理学基本范畴和研究方法的梳理，为媒介空间的历史研究奠定了较为坚实的基础。

由于我国媒介空间理论的研究时间较短，因此对于中国媒介空间的历史研究，还未得到有效的深入展开，特别是对清末民初这一骤变的媒介空间缺乏有效的研究视角。以往相关的研究，普遍使用后现代或后殖民主义的视角。事实上，后现代理论进入中国思想界伊始，就面临着十分尴尬的局面。一些现代化论者认为，中国目前正在追求现代化的总体目标，并试图尽快融入世界进步潮流的发展阶段，“后现代”理论阐释的命题不但与此潮流的发展正相悖逆而显得不合时宜，而且似乎总让人联想到其理论趋向仿佛与形形色色的复古思潮若合符节。“后现代”（主要是“后殖民”）理论在中国思想界（主要是文学界）一度形成局部争论的热点，但所谓中国式“后殖民”批评的主要指向只是试图一般性地揭示国际资本主义势力强化与压迫对中国民族生态状态的影响，其话题对第一、第三世界二元对抗的设定，完全忽视了现代性在中国本土的具体表现，包括与官方意识形态具体权力运作机制之间的复杂对应关系。这样的思维受到了关涉本土研究的学者的挑战，他们从空间的进路探讨权力在清末民初的表现，成果主要分布在以下领域：

① 周琼：《耕耘在媒介与地理的融合地带：读〈媒介地理学：媒介作为文化图景的研究〉》，《中国传媒报告》2011 年第 2 期，第 89 页。

一、历史学领域

国外历史学领域对中国清末民初的媒介空间进行的研究，主要是通过个案，探讨了中国媒介空间中官僚制度、政治文化、理性人格和社会心理等诸多要素所起的作用。比如美国学者施耐德(Laurence A Schneider)曾以顾颉刚为例，论及现代中国知识界在寻求新角色与身份时产生的种种交流。美国学者箫邦奇(R. Keith Schoppa)则通过描述浙江精英沈定一在三个不同场域的活动，剖析其由此形成的复杂的个人身份和社会网络。许纪霖和余英时都认为自晚清以来，中国知识分子一直处于一种边缘状态，知识分子与社会的关系变得象征化和符号化，知识以知识符号形态影响社会，通过抽象的话语方式启蒙民众。知识分子与社会特别是乡土社会的象征化的联系背后所缺乏的，正是过去士大夫阶级那种制度化的渊源。而抽象话语一旦匮乏建制化的基础，就会变得无足轻重。现代知识分子不仅不再是社会的中心，反而在断裂的社会中愈趋边缘。

如果说19世纪60年代美国学界出现了研究中国媒介空间的端倪的话，那么70年代则表现出研究的自觉。美国学者柯文(Paul A. Cohen)在谈到美国学界对中国清末民初历史研究的状态时，曾经指出70年代出现了一种新动向："试图通过将中国划分为较小的更加易于把握的空间单位，来对付中国的复杂性。"这一构想的理论基础在于"中国内部包含着广泛的区域和地方差异，要取得对全体的有区别的和轮廓清晰的认识，而不仅是笼统地反映各个部分的共性，就必须标示出这种差异的内容和程度"①。柯文本人在对清末的改良派进行研究时，将中国的文化区域，以"沿海和内地"粗略分类。他在研究中发现，沿海文化内在的一致性，使它得以作为一个整体同中国其他地区区分开来，以其地域界定分明的文化特色，与内地文化在多个方面形成鲜明对比。

西方学界的这一研究路向也影响了中国的学者，以杨念群为核心

---

① 〔美〕柯文(Paul A. Cohen)：《在中国发现世界——中国中心观在美国的兴起》(增订本)，林同奇译，中华书局2001年版，第3页。

的清史研究专家建议用地方史的分析方法来修正“国家—社会”的对峙框架。他建议应用社会学界采用的政治经济学式的切入方式：首先假定官府与民间的场域区分是建立在权力分化与平衡关系的表述上的，这种表达需要假定各自作为权力自主实体的存在，并构成相互对应的关系结构，而对双方对峙、互动、谈判和冲突中权力边界的设定、交换与变迁，以及对造成社会秩序和法则相应变化的分析，成为国家—社会模式的焦点性论域。如果把这一模式应用于社会史研究，它与以往整体论框架的区别在于，它不表现为带有意识形态色彩的目的论叙事，而特别关注相当微观的社会权力边界的勘定与检视，以及各种社会势力在争夺这些权力资源时所表现出来的具体历史形态。这一趋向直接拓展了“地方史”研究的新境界。以往不被整体史注意的城市史、社区史、宗教礼仪、基层组织、士绅构成等历史面向，通过不同的叙事方式纷纷进入历史学家的视野，并分割出各自的研究空间。研究主题围绕的是中国社会空间从传统到现代的建构规则与形式，特别关注社会变迁造成的空间观念与结构的转化。如杨念群依据北京市档案馆所藏卫生局与社会局档案，以旧时“产婆”和“阴阳生”的训练与取缔为例，深入探讨了西方医疗体系传入北京后对城市空间变化的多重影响。其他学者如应星曾探讨了1905年至1913年间，学堂由于积累了替代科名的新的文化资本，学堂与各个权力场域的关系也发生了变化，尤其是皇权对学堂的支配实际上已经被官绅富商所排斥。而罗志田将近代中国划分为“两个世界”，他借助对山西太原清代举人刘大鹏的研究，从其接受的信息传播和对信息掌握的角度揭示了近代中国各地思想和心态发展不同步的现象。桑兵同样指出了中国学术的地方性特质。他说，清代学术以江淮为渊薮；学海堂时期粤学地位上升，但南学之于岭南只能言籍贯而不能讲居处。相比之下，浙人把持北京学术界的情形，却持续到了30年代。他还重点讨论了北学与南学的情况：以北大为中心的新文化派成为北学的代表，与南高学派分庭抗礼。而南北学的对流，使北大派在与外界冲突激化复杂的同时进行自我调整。

另外在就都市空间的研究中，特别是晚清上海知识空间的研究，李长莉的研究成果卓然。《晚清上海的新知识空间》一文详细地分析了上海自19世纪六七十年代以后,由西语西学为中心的新知识系统、西书报刊及学校为载体的西学传播网络,社会生活与商务活动的实用需求为社会基础、士商合一的新知识群体,西语西学热形成的西学时尚氛围等,共同构成了一个新知识生态空间。以她的理解,所谓"新知识空间",即是指有关新知识的内容结构、社会基础、传播途径、使用方式、应用主体及社会效应等诸因素的综合效果。简而言之,就是用社会的多面角度来观照围绕新知识的综合现象。这种"知识空间"的概念隐于人们社会生活之中的"潜形态",虽然不像西学或新文化事业那样边界清晰、可触可辨,但它却是连接各种相关元素的黏合剂,是揭示有关知识的各个层面、与社会文化元素互动关系的立体结构,反映了由知识诸元素构成的文化生态。[①] 这一空间的形成及其所产生的效应,使晚清时期的上海在整个社会传统知识仍占霸权地位,在朝野主流一直对西学鄙视排斥的大环境下,成为稀见的一处西学新知迅速生长并日渐占主导强势地位的小社会环境,成为当时全国首屈一指的西学新知生长的温床,新文化的发展基地和传播中心。其产生的社会文化效应,由上海扩展到全国,对于新文化在中国社会的生长发展具有重要作用。这一时期的上海,也成为全国倾向新知、求西学的文人士子向往的新文化中心,许多人的西学新知与新思想的种子,就是首先从上海新知识空间的某种元素中得到的。

二、文学领域

文学领域的研究以陈平原等北京大学学者为主要代表。在研究现代中国文学的发生中将知识空间与现代文学的发生勾连在一起,推出了"都市想象与文化记忆丛书",重视中西文化的相遇与碰撞,在一个固有的文化中心区域完成。以某一个城市或区域为中心的作家的城市生活体验、作品的生产和传播、作家如何想象和描述城市、城市文化与文学思潮的关系等等,均成为研究者的关注研究对象。比如,由杨早撰写的博士论文《清末民初北京舆论环境与新文化的登场》,选择北京作为研究范围,探讨了北京舆论环境与文化嬗替之间的复杂关

① 李长莉:《晚清上海的新知识空间》,《学术月刊》2006年第10期,第144页。

系，其中多处涉及新式知识分子如何完成他们身份转型与集团重组。赵园的《北京：城与人》和李欧梵的《上海摩登——一种新都市文化在中国，1930—1945》等指出了对于北京、上海这样的文化中心城市，其特殊的文化、政治、经济地位都决定了对这两个城市的研究不可能具备普适性。处于相对边缘的省市与这两个城市相比，存在着极大的差距，这种地域文化传统本身及历史发展所衍生出来的差异性，意味着文化与文学存在状态的多样性与复杂性。[①]

第三节　研究方法和结构

通过重现历史，勾勒出清末民初空间与媒介的关联，文献分析方法是主要的方法，因为它有助于纵观分析，可以将随着时间流逝的各个不同历史时期的社会现象和社会生活，或多或少地以不同的形式记录下来的文献进行历时性分析。另外，文献分析法还可以帮助有效地了解有关问题和研究对象的历史和现状，形成有关问题和研究对象的整体印象。但是对于这样综合性研究的课题，其缺陷也是明显的。最为明显的是信息的有限性。由于缺乏相关体验、知识，使得许多文献反映出来的信息对笔者来讲是有限的和不充分的。比如涉及的私人文献——日记和信件就是如此。日记常常是个人心灵和生活历程的自我袒露，其读者就是写日记的人自己，其中所包含的信息对他来说是充分的，但是对笔者来说，如果对写日记的人的情况不能了如指掌（在通常情况下是不可能的），那么日记所包含的信息就很有限了。信件相对来说反映的信息要多一些，但由于通信双方的信件内容通常以大量的共识为基础，因此其反映的信息也是不完整的。

根据文献产生的根源，可以将文献分为第一手文献和第二手文献。第一手文献，即由曾经经历过特别事件或行为的人撰写的资料文献。行文中大量地使用了清末民初知识分子基于某种意图记录下来而形成的文字材料，包括日记、信件、自传等文献。第二手文献，除了

① 陈平原：《都市想象与文化记忆丛书序》，见杨早：《清末民初北京舆论环境与新文化的登场》，北京大学出版社2008年版，第1页。

参考近年来对这一时期的研究之外，还参考了民国图书总目录，作为文献分析的补充。

对于空间与媒介这样综合性极强的课题，单一的研究方法是无法对其作出准确的描述、解释和预测的。根据研究特性，本书还辅之以内容分析法和社会网络分析法。

内容分析法是传播学中比较常用的一种方法，它是对文献内容做客观、系统、量化的描述分析，多用于考察社会人为事实。因本书涉及清末民初的报刊、书籍等文献，需要通过内容分析法这一高度结构化的方法，将文字表示的文献转化成为用数量表示的资料；其结果采用与调查资料相同的方式，以包括频度或百分数的图表加以描述。

探讨清末民初媒介与空间的关系，必然要涉及清末民初各个知识群体的联系及其形成的知识网络。在研究中引进的社会网络分析法，与清末民初媒介网络这样的历史事实有着暗合之处。

所谓社会网络，即可简单地称之为社会关系所构成的结构。社会网络分析是对社会网络的关系结构及其属性加以分析的一套规范和方法，又被称为结构分析（structural analysis），因为它主要分析的是不同社会单位（个人、群体或社会）所构成的结构及其属性。

从这个方面来说，社会网络代表着一种结构关系，它可反映行动者之间的社会关系，其中的结构要素有：

（1）行动者。这里的行动者不但指具体的个人，还可以指一个群体或其他集体性的社会单位。每一个行动者在网络中的位置被称为“节点”。在本书中，在以地区为中心的媒介网络、以省界为中心的媒介网络和以同人期刊为中心的媒介网络中，涌现出的知识分子都是这样一些网络上的节点。

（2）关系纽带。行动者之间的相互关联即称关系纽带。清末民初的知识分子依靠同乡、合作关系、志趣等结成了一个个网络。

（3）两人组和三人组。由两个或三个行动者所构成的关系，是社会网络中最简单的基本形式。清末民初媒介权力网络中，有些关键的人物，比如蔡元培、严复、陈独秀、胡适等，他们之间的关系对于分析媒介群体有着重要作用。

本书通过正文及若干资料进行分类、整理、组织。绪论部分主要回顾了空间研究的学术史，特别就清末民初媒介空间的研究做了研究综述，阐明拟用的研究方法。正文部分，以六章的篇幅对清末民初的媒介空间进行了探讨。第一章主要探讨晚清媒介空间与国外媒介空间对接是以地域化媒介作为起点的。第二章则从构成晚清媒介空间要素的科举制度入手，分析了废科举对于原有媒介空间的破坏和对促进媒介空间从乡村转移至都市的作用。第三章至第五章则围绕媒介空间的变迁，分别探讨了以城市为中心的媒介空间和以同人报刊为中心的媒介空间，分析了构成这些媒介空间的学会、报刊、学校以及人与人的社会关系。第六章则对晚清与民初的媒介空间做对比研究。结语部分指出了媒介空间的变动正是中国新型媒介的实践方式，其空间具有了生产性的特质。

第四节　空间与媒介的意蕴

为了更好地认识媒介空间，必须澄清本书所论述的“媒介”和“空间”这两个重要概念，以及“空间”与“媒介”的关联。

现代汉语中“媒介”和“媒体”的概念，来源于西方，这两个词对应的英文单词是 media(单数形式为 medium)[①]。从人们的使用习惯来看，“媒介”侧重于信息中介的技术层面，比较抽象；“媒体”侧重于信息中介中传送的信息，比较具体，甚至有时直接指称某个具体的媒介组织。

刘海龙曾指出，如果忽略不计“媒介”和“媒体”的差异，“媒介”(“媒体”)在研究中有四种差异较大的用法：其一，指某种技术形式及讯息的运载方式；其二，指媒介中传送的讯息；其三，指讯息在某种载体上呈现出的特殊格式；其四，指从事信息传播的专业组织。[②] 在笔者看来，还应当增加一种用法，即媒介是一种文化的表达手段，因为媒介是独立自主的个体与其他个体建立交流联系的中介，同时也是一个建

① 单数形式已经很少使用，近年来单复数同形的趋势明显。见 Allan M. Siegal and William G. Connolly, *The New York Times Munual of Style and Usage*, New York: Times Books, 1999, pp. 201—212.

② 刘海龙：《大众传播理论：范式与流派》，中国人民大学出版社 2007 年版，第 419 页。

立意义的平台。通过媒介的作用,孤立的个体有了社会、地域、历史。而这些无数个体在媒介作用下的形形色色的活动就构成了文化。

如果把上述"媒介"用法划分为几个层次的话,可以划分为劳伦斯·格罗斯伯格(Lawrence Grossberg)所言的三个层次:技术(technologies)、机构(institutions,或社会关系 social relationships)和文化形式(cultural forms)。[①] 其中,技术的发明和改进是改变传播过程中各要素的关键点。比如,随着印刷技术的提高,晚清出版的书籍和报刊生产成本降低,导致定价降低。晚清发行时间最长的《申报》,起初一份只卖8文钱,这在当时相当于三两米价,如此价格对于平民而言也是能够负担得起的。而报刊的机器化生产使其复制更为方便、发行更为迅速,这就使得普通民众也能成为读者,成为信息和文化知识的分享者,从而加速了对知识掌控者和知识边缘者这一传统知识权力状况的颠覆过程。就此意义而言,书籍和报刊不仅催生了近代第一批职业作家,且直接催生了大众化的读者群体。

如果仅仅将媒介的内涵停留在技术层次的话,那么对特定时代的媒介解读就会缺乏解释力。因此,机构或社会关系不能排除于媒介理解之外。如报馆在清末民初知识分子心目中地位的变化——从"无赖士人之末路"[②]到"对于政府而为其监督者"、"对于国民而为其向导者"[③]。这点需要从两方面解读:一方面是报刊作为一种传播媒介地位的提升,另一方面,媒介与政府、国民之间的关系进行了新的定位。再比如,季家珍(Joan Judge)的专著《印刷与政治:〈时报〉和中国晚清的改革文化》[④]被学界认为是少有的以特定传播媒介为分析对象的哈贝马斯式的专著,但是由于其所使用的材料局限于《时报》记者在报纸上发表的文字,缺乏对当时社会结构的全方位的分析,因此她所得出的"晚清'中间领域'(the middle realm)在扩大"这一简单而乐观的结论,

---

① Lawrence Grossberg, Ellen Wartella, D & Charles Whitney, *Mediamaking: Mass Media in a Popular Culture*, Thousand Oaks: Sage Publication, 1998, pp.10—14.

② 姚公鹤:《上海闲话》,上海古籍出版社 1989 年版,第 128 页。

③ 梁启超:《敬告我同业诸君》,新民丛报 1902 年 10 月第 17 期。

④ 详见:Joan Judge, *Print and Politics: "Shibao" and the Culture of Reform in Late Qing China*, Stanford: Standford University Press, 1996.

就受到了诸多学者的质疑。

关于媒介具有文化形式这一层次的意义，可以这样理解：经过媒介传播的思想，旨在对传播者以外的人施加影响，而受众则会对这些思想呈现出选择性接触、选择性理解和选择性记忆。比如，晚清盛行的翻译出版，把传入中国的西方思想在思想家那里进行了有意识的选用与转译，在进一步传播过程中，士人结合受众的接受程度，改译为较为普及的形式散布出去，而受众又有主观的能动性，他们对作品进行了有选择的接受。比如晚清在政治精英眼中的政治小说的翻译，本要扮演一个建构、想象新的民主国家的角色，却被大众青睐的言情小说和侦探小说的翻译所代替，普通大众对翻译小说内容的需要极大地瓦解了精英知识分子所设计的政治性阅读的初衷。

清末民初的媒介在上述三个层次上都发生了很大的变化：在技术上，有铅印、石印等西方印刷技术的改进；在社会关系上，士农工商这一传统的社会阶层发生了松动和瓦解；在文化形式上，媒介所展现的语言和意义结构比以往更有不同。结合诸多变动的社会、技术、文化因素，仅从狭义的“媒介”观念上分析媒介空间的演进，不可避免地陷入以偏概全的境地。因此，笔者主张运用“泛媒介”这一观念考察清末民初的媒介。

所谓“泛媒介”，是指由两种或两种以上媒介组成的对社会舆论产生交互影响的多媒介的融合。清末民初对社会舆论产生影响的媒介不仅有人们理解的狭义媒介——书籍、报纸、刊物，还有演说、戏剧、学堂、阅报栏、图书馆、学会等多种广义媒介；不仅有文字的传播形式，更有诸多文字之外的传播形式。它们共同构成了清末民初的媒介场。

与媒介在本书中的界定相比，空间的界定似乎更难，更具有不确定性。然而，反观人类对空间的认识，也可以将空间的含义做四个层次的理解。

众所周知，人们对空间的认识是从物理空间开始的，尽管空间具有不确定性，但是在经验层次上，我们仍然把空间看作是客观的绝对的空间。这是空间的第一个层次的含义，亦称之为第一空间。人类的生存，实际上是人自身与环境交互作用的过程，这便使得人所处的环境呈现多样化的态势。一方面，空间体现出刚性、不可变动的特点；另一方面,它又在人类社会实践的作用下发生着一定程度上的变化。空间变成了人的空间,而人也成了这种空间之中的人,这意味着人的主体性建构、自我意识的形成都有着深刻的外在空间影响的痕迹。[①] 在第一个空间中,媒介一方面构成了物质空间的一部分,或曰对实体空间进行介入,比如晚清在上海出现的阅报栏,导致都市和市民生活的关系发生了变化,增添了许多从未有过的新鲜因素。另一方面,媒介对于实体空间的呈现,集中展现了社会中各种力量的权力斗争,最为典型的是晚清以降的翻译出版。由于传统的"经典"、"规训"、"样本"发生了大规模和大范围的倾斜与失范,这就决定了谁在西方知识的翻译和介绍上取得了优先权,谁就无形中掌握了重新解释什么是新知识的文化制导权,掌握了权力创造真理并使真理为己服务的主动性。[②]

随着人类对空间的理解,第二个层次的空间含义被人所揭示,即空间是一个想象的空间,亦为第二空间,这个空间是指观念的、虚拟的、存在于意识的空间。第二空间可视为第一空间认识论的封闭和强制客观性质的反动。简言之,是用精神对抗物质,用主体对抗客体。第二空间形式从构想的或者说想象的地理学中获取观念,进而将观念投射向经验世界。精神既然有如此十足的魅力,阐释事实上便更多成为反思的、主体的、内省的、哲学、个性化的活动……这里还是倾情展开辩论的好地方。[③] 就清末民初而言,第二空间是各路知识分子就中国现代性问题倾情展开论辩的好地方,也是各种思想碰撞交汇的好场所。在第二个空间中,媒介既承担了安德森所言的民族国家、城市社区"想象共同体"中进行沟通的角色,又在哈贝马斯的"公共领域"中演绎了催生议论、参与公共的政治功能。以媒介为主题的想象性公共空间,为素不相识的社会成员提供了交流沟通的可能,从而构成了中国现代社会的重要的社会基础。

列斐伏尔和福柯还发现了"第三空间"。它既是对第一空间和第二空间认识论的解构又是对它们的重构,用爱德华·苏贾本人的话来

---

① 童强:《空间哲学》,北京大学出版社 2011 年版,第 8 页。

② 崔波:《在政治与知识之间——以晚清翻译出版为中心》,陕西人民出版社 2009 年版,第 2 页。

③ 陆扬:《空间理论和文学空间》,《外国文学研究》2004 年第 4 期,第 32 页。

说即是:“它源于对第一空间—第二空间二元论的肯定性解构和启发性重构,是我所说的他者化——第三化的又一个例子。这样的第三化不仅是为了批判第一空间和第二空间的思维方式,还是为了通过注入新的可能性来使它们掌握空间知识的手段恢复活力,这些可能性是传统的空间科学未能认识到的。”①第三空间既是生活空间,又是想象空间,它是作为经验或感知空间的第一空间和表征的意识形态或乌托邦空间的第二空间的本体论前提,可视为政治斗争你来我往川流不息的战场。② 媒介从实质上来说,就是一个第三空间,因为它是主观见之于客观的空间,即它是实体性空间(第一空间)和观念空间(第二空间)的混合物;第二空间(观念空间)是在人们对第一空间(实体性空间)的认识的基础上形成的,而这种认识在很大程度上需要经过媒介搭建的“第三空间”作为中介。比如清末民初大量印行刊登域外小说的杂志,再造出“晚清作者与读者对现实的憧憬,从而构成了中国追寻‘现代’过程中最有趣的一面”③。

---

① Edward W. Soja, Thirdspace: *Journeys to Los Angeles and Other Real and Imagined Places*. Oxford: Blackwell, 1996, p.19.

② 陆扬:《译序》,见〔美〕爱德华·索亚:《第三空间——去往洛杉矶和其他真实和想象地方的旅程》,陆扬等译,上海教育出版社 2005 版,第 9 页。

③ 王德威:《翻译“现代性”》。见王德威:《如何现代,怎样文学?十九、二十世纪中文小说新论》,台湾麦田出版社 1998 版,第 44 页。

第一章　地域性媒介

——现代媒介变革的起点

一种完整的历史，需要描述诸种空间，因为各种空间在同时又是各种权力的历史。

——〔法〕福柯

人类是一种具有丰富空间感的动物，人类的传播活动，总是在一定的空间范围中进行的。空间不仅仅作为一个物理概念，更重要的是，空间是以社会为基础的，是由社会组织和生产的结果。列斐伏尔就曾提出“空间是社会关系的产物”这一重要论断：“空间里弥漫着社会关系，它不仅被社会关系支持，也生产社会关系和被社会关系所生产。”①为了区别于原始的空间，爱德华·苏贾提出“空间性”这一概念，试图表达“空间在其本身也许是原始赐予的，但空间的组织和意义却是社会变化、社会转型和社会经验的产物”②。他认为，空间是被生产的或被占据的空间，空间结构是以一种微弱但却重要的构造方式与社会关系和社会中的权力关系相联系的。因而空间的生产可以被描述成为是社会行动和社会关系的手段和结果。由此可见空间并不是

---

① 包亚明：《现代性与空间的生产》，上海教育出版社 2003 年版，第 48 页。

② 〔美〕爱德华·W. 苏贾：《后现代地理学》，王文斌译，商务印书馆 2004 年版，第 121 页。

人的身外之物，而是“文化中人”定义自我、寻求生存意义的触媒。①

中国传统媒介向现代性媒介的转变，空间的地方性是一个无法回避的问题。因为媒介的生成关涉其地域的社会权力与权威的结构、格局及秩序，也就是说，媒介在空间的分布特质。所谓“地方性”主要是指某地方社会为构建本地独特的“地方感”而运用的种种策略、逻辑与知识，同时外乡人也能够据此识别出这种“地方感”。②

如果考察清末民初的媒介生产的路向，在物质—制度—文化变革的潜流下隐藏的是传统媒介资源在西方知识冲击下的空间性特征。梁启超所言的知识话语叠次更替，我们能够感受到这三个期间媒介背后的推力：

> 第一期，先从器物上感觉不足。这种感觉，从鸦片战争后渐渐发动，到同治年间借了外国兵来平内乱，于是曾国藩、李鸿章一班人，很觉得外国的船坚炮利，确是我们所不及，对于这一方面的事项，觉得有舍己从人的必要，于是福建船政学堂、上海制造局等等渐次设立起来。……第二期，是从制度上感觉不足。自从和日本打了一个败仗下来，国内有心人，真像睡梦中着了一个霹雳，因想道，堂堂中国为什么衰败到这田地，都为的是政制不良，所以拿“变法维新”做一面大旗，在社会上开始运动。……第三期，便是从文化根本上感觉不足。……革命成功将近十年，所希望的件件都落空，渐渐有点废然思返，觉得社会文化是整套的，要拿旧心理运用新制度，决计不可能，渐渐要求全人格的觉悟。③

很显然，这段话与近代三大政治事件有关联，即洋务运动、戊戌变法和辛亥革命，从梁启超这段主观的表述中，我们可以看出他这个诠释框架“具有相当强烈的排拒性，从而形成了三个彼此孤立的‘话语丛’，每一个‘话语丛’言述的又都是一致的问题”④。依照杨念群的看

---

① 袁艳：《传播学研究的空间想象力》，《新闻与传播研究》2006 年第 1 期，第 45 页。

② 朱浒：《跨地方的地方性实践——江南善会善堂向华北的移植》，《中国社会历史评论》2005 年第 1 期，第 33 页。

③ 梁启超：《饮冰室合集》（文集三十九），中华书局 1989 年版，第 44 页。

④ 杨念群：《儒学地域化的近代形态》，三联书店 1999 年版，第 2 页。

法，梁启超及其追随者所构设的知识语境实际上关涉着一个社会学的问题，具体而言则是一个“社会动员”以及相伴而生的“知识类型”的转化问题。艾森斯塔德曾认为现代化初期社会动员与知识类型转化具有三个特征：“其一，大规模的和多种目标的、专门化的（非生态的和非血缘的）群体和组织的兴起；其二，在社会制度的领域中，各种内部市场不断扩展和相互介入；其三，都市化的不断发展和扩大，以及大众传播媒介的日益普及。”[①]可见，反观梁启超的以事件阐释为核心的排他性历史递进过程，潜含着在中国近代媒介演化上起作用的三大知识群体，即湖湘知识群体，岭南知识群体和江浙知识群体，很显然这三大知识群体具有明显的地域化特征。

具有东亚文明圈核心地位的中国文化，在近代其内核及其在西方文化浪潮的全面渗透冲击下，也并不是作为一个整体来回应这亘古未有之奇变，而是分地域来对西学进行选择的。虽然，提出“中国中心论”的美国学者柯文曾提出，从地域角度而言，西方的冲击造成了中国沿海和内地的反差。这种反差表现在沿海地区，在经济基础上是商业超过农业，在行政和社会管理方面是现代性多于传统性，其思想倾向是西方的（基督教）压倒中国的（儒学），它在全球倾向和事务方面更是外向而非内向。中国文化的重心仍然牢固根植于内地，但随着时间的推移，沿海日益重要地成为内陆变革的促进因素，中国近代史上的一些重要人物都是新的河海文化的产物。[②] 柯文是以沿海和内地作为中国知识群体划分的依据，但是这种划分依据无法解释近代之初的四大改革人物冯桂芬、郭嵩焘、薛福成和黄遵宪是内地改革的代表这一事实。这一简单笼统地将中国知识群体分为沿海和内地，实质上是依照西方的冲击幅度之深浅而诠释的，而忽视了最为中国本土的知识群落对西方在不同阶段、不同层次上的回应。本章将从地域化的知识群体以及其媒介权力形成的惯习上，指出地域化媒介正是中国近现代媒介变革的起点。

---

① Shmuel Noah Eisenstadt, *The Political System of Empires*. New York: Free Press, 1969, p40.

② 〔美〕柯文(Paul Cohen)：《在传统与现代之间——王韬与晚清改革》，雷颐译，江苏人民出版社 1994 版，第 217 页。

第一节　湖湘知识群体

张伟然在《湖南历史文化地理研究》中，分析了自古以来湖南文化在中国历史上的地位，从字里行间，我们可以看出直到宋朝时还属于汉文化边缘地带的湖南，至元明两代方有比较大的发展。进入清代，湖南文化开始空前发展，但是清初和清后期湖南在中国的地位又迥然不同。清代湖湘文化的崛起，与湘军的出现有很大的关系，以此为标志，整个湖湘文化经历了一个从边缘走向中心的过程。学者罗志田曾这样阐释道：

> 近代湖南最具象征意义的事件则是咸同时代因镇压太平军起义而导致的湘军兴起。曾国藩和郭嵩焘都视湘军之起为"湘运之起"。可以说，以咸同时期为转折，湖南在全国的地位明显可见一个从边缘到中心的过程。由此进而产生了士人心态和观念的大变。①

湘军的崛起，使得原来不入正统一脉的湘学声名大振，湘学以其经世务实、推崇忠义之风的面貌表现出鲜明的地域特征。美国学者周锡瑞（Joseph W. Esherick）曾提到湖南"在中国现代历史上的关键性地位是无庸置疑的"②。湖南作为中国近代一个重要的媒介区域，其重要性一方面表现在晚清以来，在湖南发生的政治文化事件往往关联到整个中国，另一方面则表现为这一文化氛围中成长起来的大批知识分子在政治、文化等各个领域的表现，影响到中国近现代史。

一、器物倾向的思维方式

杨念群在分析这一群体的演化过程中，主要从地方知识的脉络上论证了这一知识群体的知识特征。湖湘士绅深受朱熹、张栻等地域化

---

① 罗志田：《权势转移：近代中国的思想、社会与学术》，湖北人民出版社 1999 年版，第 84 页。

② 〔美〕周锡瑞（Joseph W. Esherick）：《改良与革命——辛亥革命在两湖》，杨慎之译，中华书局 1982 年版，第 2 页。

儒学大师"居敬穷理"话语规则的控制驾驭，常常把外界的变动作为内心探寻的外在对象和前提。自王船山将朱熹的伦理本体"理"改造为带有某种非道德色彩的范畴"势"，并使其强化为普遍的地域深层意识以来，湖湘派士绅总是拥有太多的政治忧患意识和历史意识。因此其对外界社会政治的变动十分敏感，并有一种把内在感知对象化于政治客体的强烈欲望。受助于这种"政治思想"与话语形构规则，湖湘士子虽崛起于内地，却首先在行动上对西方坚船利炮的物质器技层面作出了反应。我们可以从晚清翻译出版中兵器这一主题的选择，一窥这一地域性知识之于外部知识的对接。兵器出版主题的出现固然部分出于对太平军作战的政治冲突目的，但地域化知识背景下所固有的传承作用及其本身的群体政治军事走向，是研究以曾国藩发起的洋务运动之域外知识选择中值得重视的因素。

近代湖湘学风的一个重要特点是强调务实经世，一切理论与修养均围绕着这个核心内容展开。受王船山的"心"、"势"截然对峙，以及以"心"探"势"的外倾式思维方式的影响，近代湖湘士绅很少做抽象的心性玄谈或纯思辨的启蒙，其议论、研究、奔走、忧虑的焦点往往与纯粹的政治目标和迫在眉睫的形势有关。"心"、"势"主客体认知关系所引起的深层心理作用，尤其在曾国藩、左宗棠、郭嵩焘等湖湘洋务知识群体对西方坚船利炮、器技攻守之道等外在物质层面的宏观把握上表现了出来。曾国藩在1860年即阐述过"驭夷之道，贵识夷情"的观点，主张"目前资夷力以助剿济运，得舒一时之忧；将来师夷智以造炮制船，尤可期永远之利"①，并把此建议提到"救时第一要务"的高度。"心"、"势"主客体认知关系链的形成必然导致湖湘士绅对西方的工业化浪潮颇为敏感。因为从整体上说，工业科技以及坚船利炮所引起的社会动荡与变迁，是极易被直接感受到的直观现象，甚至可以成为划分文明盛衰的感性尺度。这种感性尺度极易为重视"势"之变迁的湖湘士绅所把握和理解。而工业化浪潮背后孕育的深层文化背景，则常被忽略了。他们并未明白，经过血与火洗礼的工业化过程即所谓"器"的变迁，是直接以启蒙思想，即"道"之发轫为其先导的。因此，"心"与

① 曾国藩:《曾文正公全集》(奏稿)，台湾文海出版社1974年版，第15卷。

"势"的关系在湖湘知识群体中所产生的心理效应,常常是其不自觉地变西方科学技术为势、弥补伦理政治衰败即道的工具,而并未使西方科学技术在中国有独立发展的机会,无论是镇压讨伐太平天国,还是图强御侮,湖湘人士均把西方科技作为政治结构的某种补充来看待,他们从未把富国利民作为引进技术的根本目的,相反总是以西方之"富强",补中国之"王道",这就是严复所讽喻的所谓"牛体马用"的思维方式,即有牛之体则有负重之用,有马之体则有致远之用,未闻以牛之体以马为用者也。①

二、以书院为空间的媒介资本的积累

如果仅从知识的源头探讨湖湘知识群体和媒介特性是不充分的,我们同样不能忽略这一群体形成所依赖的社会资本。学者应星就注意到,随着湖湘地方政治势力日增,对科场场域产生了重要的影响,而这些影响又转化为社会资本,反过来增加了这一知识群体的媒介权力在空间上的占有。

湖湘知识群体的地方性,按照应星的分析,大致有以下几个方面:首先,湖南地方的军事化对科场场域有相当特殊的影响。湘军之兴除了打破了中央—地方、满—汉的政治势力平衡外,还另开了一条新的晋升之阶——从军。② 值得注意的是,曾国藩并非是抛开科场办团练,而是创立了"选士人领山农"的建军原则。据《湘军兵志》统计,官佐出生于从附生③到进士一列的士人占有58%之多。这既是陈志让所说的"军绅政权"的前身:绅权政权。④ 湘人由此一改清中期以前科名寥寥的局面,形成了科名与军功的对流(即以士领军或以军功捐科名),湖湘运气也呈蒸蒸日上之势。据张仲礼的统计,湖南太平起义后生员的

---

① 严复著、王栻主编:《严复集》,中华书局1986年版,第558—559页。

② 应星:《社会支配关系与科场场域的变迁》,见杨念群编:《空间·记忆·社会转型》,上海人民出版社2001年版,第220—221页。

③ 明清时附学生的简称。(清)俞樾《茶香室续钞·儒士观场》中言语:"明时寄学,亦经提学考取岁试后,准作附生。"王闿运作《陈景雍传》:"通山附生张铭者,负奇志,喜诗酒。"

④ 陈志让:《军绅政权》,广西师范大学出版社2008年版,第8页。

数量增长了41%，在全国生员总数的比例由原来的4.8%提高到5.5%[①]，这显然是湘军之功所致。军功作为一种新兴势力开始介入湖南科场的运作。

其次，湖湘书院文化对科场场域的影响。儒学先后经历三个重要的发展阶段：原生形态、官学化形态和地域化过程。在第三个阶段，湖湘士人以书院为载体，以事功乡贤之崇祀为手段，以“朱（熹）张（栻）会讲”为契机，渐致形成了独特的区域文化霸权。在科场场域中学校（书院）体系一般来说几乎是科举的附庸。但就湖南而言，因其文化传统、历史影响而在各种风浪中存留下来的湖湘书院（以岳麓为典型代表）与科场场域一直保持着或疏或密的张力关系。[②]

再次，由湖南独特的地理和人文环境所造就的民风对科场有一定影响。近代著名文化学者钱基博在《湖南近代百年学风》一书中说道：“湖南之为省，北阻大江，南薄五岭，西接黔蜀，群苗所萃，盖四塞之国。其地水少而山多，重山迭岭，滩河峻激，而舟车不易为交通。顽石赭土，地质刚坚，而民性多流于倔强。以故风气锢塞，常不为中原文明所沾被。抑亦风气自创，能别于中原人物以独立。人杰地灵，大儒迭起，前不见古人，后不见来者，宏识孤怀，涵今茹古，罔不有独立自由之思想，有坚强不磨之志节。湛深古学而能自辟蹊径，不为古学所囿，义有淑群，行必厉己，以开一代之风气，盖地理使之然也。”[③]湖南自明代以来几近是一个移民社会，其人口有2/3来自江西。移民社会对湖南民风古时的怯懦激变为近世的强悍有极大影响。有人称移民而致的湖南民风是“朴实勤奋、劲直勇悍、好胜尚气，不信邪、甚至流于褊狭任性的乡俗民气”，而蔡元培在《论湖南的人才》一文中称：“湖南人性质沉毅，守旧时固然守得很凶，趋新时也趋得很急，遇事能负责任，曾国藩说的‘扎硬寨’、‘打死仗’，确实是湖南人的美德。但也有一部分的人们带点夸大、执拗的性质，是不可不注意的。”这种由于独特的地理和

① 张仲礼：《中国绅士：关于其在19世纪中国社会中作用的研究》，李荣昌译，上海社会科学院出版社1991年版，第28页。

② 应星：《社会支配关系与科场场域的变迁》，见杨念群编：《空间·记忆·社会转型》，上海人民出版社2001年版，第220—221页。

③ 钱基博：《湖南近代百年学风》，岳麓书社2010年版，第1页。

人文环境形成的易走极端的民风在士子中自然也有相当的体现。

考察湖湘知识群体，书院是一个绕不开的媒介空间。在这里空间里，湖湘学子聚首学习，抓住其在同咸年间难得的历史机遇，强化其知识资本，从而获得更多的社会资本。

在咸同年间崛起的湖湘学人，往往通过书院加强拓展其社会网络。湘籍学人中常常出现父子前后肄学于同一书院的局面。如左宗棠之父左观澜曾就读书于岳麓书院，左宗棠则先入城南书院，后入岳麓湘水校经堂，胡林翼之父胡达源为岳麓山长罗典的学生。并且许多湘籍名人之间世代往来也很密切，如左、胡两家就是世交，当胡达源、左观澜读书麓山时，胡林翼、左宗棠几乎同时降生，两人曾举酒相庆，这也为左宗棠、胡林翼两人以后的友谊打下了基础。《胡文忠公政书》中曾载胡林翼语："林翼之先人与先生（左宗棠）之先贤交最厚，林翼与先生风雨联床，彻夜谈古今大政，前后十余年。林翼曾荐于林文忠公，文忠一见倾倒，诧为绝世奇才。"①

湖湘书院中有影响的山长与后来成为"中兴名将"的许多学生之间的关系，也是构成权力凝聚的一个要素。湖湘的书院有一个传统，其山长聘任基本以本籍士人为主，很少聘用外地儒师。山长聘用本籍人有利于在书院就读的湘籍学人形成传承湘学的知识关系网络，如左宗棠为在岳麓书院倡立湘水校经堂的学者、城南书院山长贺熙龄②的学生。欧阳厚均③主教岳麓达27年，其门下弟子中后来称为"中兴将相"的就有曾国藩、刘蓉、郭嵩焘、胡林翼、左宗棠等人。故有人称这批大多肄业于湖湘经世派。由此可见，书院不仅是晚清湖湘士人在科举正途之外接受地域化儒学熏陶、磨砺其道德品行的传统场所，也是湘人经世派集聚力量，以便在乱世中获取权力的象征符号。

---

① 胡林翼：《胡文忠公政书》，湖南粮储道署清光绪25年刻本。

② 贺熙龄（1788—1846），字光甫，号蔗农，湖南善化（今长沙）人。与其兄贺长龄同举于乡，嘉庆十九年（1814年）进士，选庶吉士，授编修。历任河南道监察御史，湖北学政，山东道监察御史。以目疾乞归，官终台州知府。回长沙后主讲城南书院，达八年之久，倡立湘水校经堂于岳麓书院内。

③ 欧阳厚均（1766—1846），字福田，号坦斋，安仁人。进士。曾就读岳麓书院。嘉庆二十三年（1818）聘为山长，连续掌教达27年之久。先后获准记录8次，得旨议叙3次，倍受朝廷嘉奖。弟子数以万计，著录在案的弟子达3000人。

湖湘知识群体的这种以书院为空间的媒介资本积累方式，在戊戌变法期间得到很好的体现。我们知道，湖南士绅既是公车上书的主要发起者之一，又是随后维新活动的重要参与者。当刚刚兴起的维新在北京、上海受阻时，素以“欲新中国，必新湖南”自期的湖南就成为维新的中心，而新式学堂的发展正是维新的要务之一。

应星在其《社会支配关系与科场场域的变迁》一文中，指出这一时期之所以新学堂获得支持是因扣合在士绅暂时的危机共识与湘学的经世指向上。[①] 1895 年，谭嗣同在浏阳筹办算学格致馆，以介绍西洋科技知识为宗旨。次年，湘乡士绅开办东山精舍，仿湖北自强学堂成法，分设算学、格致、方言和商务四斋。谭嗣同、欧阳中鹄等人也在这一年正式开办了算学馆。湖南学堂建设的突出成就是 1897 年 10 月在长沙创办的时务学堂。它是在上层士绅诸如王先谦、熊希龄与省级官员诸如陈宝箴、黄遵宪的一致支持下的结果，后来又请进了一批如梁启超和韩文举粤籍士人，一下子就成为名闻中外、专门培养新式人才的学堂。时务学堂创设后，刺激了各府县的开明士绅，他们纷纷改革书院章程。千年书院之一的岳麓书院甚至“不用时文，课经史兼算学”，此外还开设外语课程。

但是，尽管戊戌时期书院和学堂取得了暂时的一致，这并不代表这两种新旧媒介空间没有任何冲突，事实上，它们必然为争取自己的文化霸权而展开曼海姆所言的“atomistic competition”，这种竞争先后在两个层次展开。按照应星的分析，第一个层面是书院与学堂的斗争，其中岳麓书院与时务学堂的斗争特别具有代表性。书院既代表着湖湘知识分子传统媒介空间，又表征着科举制度在地方上的运作；学堂则代表着西方文化传播的空间，又表征着西方的教育模式，因此，岳麓书院与学堂的斗争就有了两重性质。按照杨念群的说法，它既是科场与学堂争夺（总体）文化霸权的前哨战，又是湖湘文化与西方文化争夺“区域文化霸权”[②]。从斗争的结果来看，似乎是书院最后成功地压

① 应星：《社会支配关系与科场场域的变迁》，见杨念群：《空间 · 记忆 · 社会转型》，上海人民出版社 2001 年版，第 223 页。

② 杨念群：《地域文化冲突的近代缩影——时务学堂之争再评析》，《中国社会科学季刊》1993 年第 2 期。

制住了学堂的挑战，因为时务学堂于1898年被迫改为求实书院。第二个层面的斗争是学堂和科场的正面交锋。《奏定学堂章程》于1903年正式颁布施行——它标志着学堂被赋予了完全的合法性。

应星认为，西学学堂作为新的文化资源进入科场场域之后，由于具有高度严密而强制的地方控制性，故而迫使传统科场行动赖以维系的士绅关系发生了很大的变异。而在1905—1913年间，学堂积累起替代科名的新的文化资本，学堂与各个权力场域的关系也发生了变化，尤其是皇权对学堂的支配实际上已为官绅富商所排斥。但是，学堂不仅没有从根本上改变社会支配结构，为原来的被统治阶级带来更多的上升机会，反而使文化资本与经济资本、政治资本的交换日渐公开化，从而使这种支配关系的合法化了，如此一来就造成了科举废除后的“后科场场域”状态。

第二节　岭南知识群体

岭南知识群体之所以在中国知识群体中地位凸显，是与岭南特有的自然和人文环境分不开的。海洋的环绕和五岭的隔绝，在古代的经济与社会条件下起着天然屏障的双重作用——好处在于利于防御，坏处在于阻抑。由于秦朝的统一和中央集权制的逐步形成，又使岭南文化较早地接受了中原文化和周边文化的影响。到中世纪的后期，尤其是迄于近代，岭南还成为中西文化交流的津梁，海洋文化对岭南文化的作用趋于明显。到了封建社会中叶后，岭南文化的发展较快，明清以降特别是近代，则在不少方面走在全国的前列。当然，这个过程是与岭南的经济、社会发展同步的。

就岭南文化，学者对其现状和走向的认识不尽相同。大体说来，岭南文化的近现代趋势无疑是中西交汇。它与西方文化形成了“相倚”和“相辅”的关系，开通了中西文化交流的风气，导致传统的文化架构蜕变为中西交汇的文化架构，近代岭南的社会政治、经济的演变，商品文化的表征，开放与变革的观念，传播媒介的发达都显示了新的文化架构的内涵和风貌。

一、类宗教的知识结构

人们通常把近代中国最先独立地达到进化论的荣誉归于康有为，他的历史进化论思想以著名的“公羊三世说”的新诠释为外形。但是，“进步”的公设一定要先于这种诠释。我们有理由把部分原因归诸康有为的创造力，也有相当的理由归因于他对基督教的某种汲取。之所以这样认为，是由于康有为同李提摩太等传教士保持着相当密切的私人交往，曾经广泛阅读所能搜集的西学著作。尽管他惯于不透露其思想的来源，但我们仍然可以推论他的“枕中鸿秘”——三世说，与其所处的岭南地域的宗教情结有着密不可分的关系。

在1895年的《公车上书》中，康有为开始全面宣传自己的变革主张，并希冀通过重构孔子改制这一宗教神话来加强政治话语，如他在“下诏鼓天下之气”、“迁都定天下之本”、“练兵强天下之势”等等“权宜应敌之谋”及富国六法等立国自强之策的基础上提出：“盖风俗弊坏，由于无教，士人不励廉耻，而欺诈巧滑之风成；大臣托于畏谨，而苟且废弛之弊作。而‘六经’为有用之书，孔子为经世之学，鲜有负荷宣传，于是外夷邪教，得起而煽惑吾民，直省之间，拜堂棋布，而吾每县仅有孔子一庙，岂不痛哉！”[①]要求光绪皇帝“扶圣教而塞异端”，传孔教于海外。在上海强学会的机关报《强学报》上，康有为及其弟子也不断地强化尊崇孔子的社会宣传：“凡百世之义理制度，莫不曲成，凡异族殊教之精微，皆在范围者，其惟孔子乎？凡所称为尧舜禹汤文武成功盛德，皆孔子所发也。孔子既损益而定制，弟子传其道，弥塞天下。”[②]康有为的这种类宗教的思维方式，与西方近代奔涌而来的坚船利炮下的宗教理想力量有了某种暗合。康有为在朦胧之中似乎意识到，西方新教作为独立势力的崛起，经过马丁·路德与加尔文的宗教改革之后，日益成为独立于政治大系统之外的精神监护人，成为驾驭王权，呼唤文明的文化预言者。因此，梁启超这样评价康有为的宗教事业：“泰

① 康有为：《上清帝第二书》，见谢遐龄编：《变法以致太平：康有为文选》，上海远东出版社1997年版，第283页。

② 康有为：《孔子纪年说》，《强学报》第一号，光绪二十一年十一月二十八日出版。

西历史家，论近世政治学术之进步，孰不以宗教改革之大业，为一切之原动力乎？后有识者，必能论定此公案也。”[①]

梁启超曾经对康有为进行过这样的评论：“先生则独好陆王，以为直捷明诚，活泼有用。故其所以自修及教育后进者，皆以此为鹄焉。既又潜心佛学，深有所悟。以为性理之学，不徒在躯壳界，而必探本于灵魂界，遂乃冥心孤往，探求事事物物之本原。大自大千诸天，小至微尘芥子，莫不穷其理，常彻数日夜不卧，或打坐，或游行，仰视月星，俯听溪泉，坐对林莽，块然无俦，内观意根，外察物相，举天下之事无得以扰其心者，始如世尊起于菩提树下，森然有天上地下唯我独尊之概，先生一生学力，实在于是。”[②]康有为后来办报讲学，正是这种心理历程的放大。

为了实现自身的抱负，康有为企图通过借孔教改制，“以其改制，而曲成万物，范围万事也”，他将自己塑造成如同马丁·路德般的宗教领袖，在传统意义上的宗教机制符号内，完成政治结构的转型。他甚至不惜违背史实，割裂曲释儒典。此举如果用一种功利和激进的政治尺度衡量，当然可称之为大破大立之革命典范，尤易满足处于焦灼彷徨状态下的士人渴望喧腾激变的心态。特别是类似的激变情绪如果再与传统“心学”中的神秘主义魅力相结合，或更易把经典的实证诠释完全转化为一场“圣经托古”的政治运动。而冷静平实的学术典范至此就会在熊熊的变革的烈火中焚化殆尽[③]，其实质与洪秀全企图建立的“中世纪神权政治”的取向一脉相承。这套按照“理性乌托邦”原理设计出来的“政治神话”可谓是贯通古今，荡气回肠，充分体现了岭南思想家知识结构中的类宗教色彩。

康有为的大同学说不但可以拿来与基督教人道主义在观点言论上做比较，而且也可以在两者的理论特征和结构的对照中，找出两者的相同之处。近代大同学说与中国士大夫中一般流行的治世之学、避世之学、全性之学明显不同，它在憧憬未来中饱含着人性的寄托；在对

---

① 梁启超：《南海康先生传》，见康有为：《康南海先生遗著汇刊》，台北宏业书局有限公司 1987 年版。

② 同上书，附录页。

③ 杨念群：《儒学地域化的近代形态》，三联书店 1999 年版，第 152 页。

现实的批判中散发着浪漫主义的气息。《大同书》作者的很大一部分兴趣,是在空想一个伊甸园式的无界之邦。这种超出尘世,向往未来的理论,突破了儒家的思想体系。不言自明的是,它虽然可能受到佛教来世说的启发,但它与19世纪末期传教士大力宣传过的基督教空想社会主义的乌托邦思想更接近。它对合理社会的强烈渴望,对未来生活的具体规定,以及对子虚乌有世界的细节化描述的做法,都是明显地受到了基督教社会主义思想的影响。在考虑怎样才能实现这个乌托邦空想时,康有为也采用了基督教提供的模式。他期待着类似上帝的"圣人"降世;他呼唤并自诩为孔教的马丁·路德;还仿照教会组织,积极筹办自己的孔教会。凡此种种,也证明了康有为的大同学说与基督教的密切关系。

岭南知识群体将传教士来华布道的几十年的成果应用来与岭南地域化的知识接轨,这种方式正是传教士盼望的,但是接轨的形式却是传教士始料未及。事实上,岭南知识群体并没有接受基督教内容,而是主张把中国固有之学宗教化。有人主张把儒家上升为宗教,康有为孔教的言行,则代表这一倾向;有人主张综合科学、佛学、儒学和基督教建立一种新式宗教,维新派领袖之一的谭嗣同所作的《仁学》代表了这种见解;还有人主张复兴佛教,早期章太炎持此说。这些思想家之所以将中国固有之学宗教化,一是认识到了宗教的教化作用,二是这些学者所处的地域化知识有着宗教倾向的特质。

杨念群曾条分缕析了岭南学派的宗教化倾向的来源。一方面从岭南的地理环境看,濒海粤人视野宽阔,"工习技巧,商勤逐末",世风侈靡竞华,喜尚新奇。浓厚的理想主义色彩构成了濒海粤人的鲜明性格特征。另一方面,岭南之地又是文明开发较晚充满蛮俗,属于百越之地。蛮荒之地容易滋长出神秘主义的价值取向与非理性的情绪,正如英国人类学家马林诺夫斯基(Bronislaw Kaspar Malinowski)认为,"关于巫术和宗教仪式的最基本的特点就是:它只有在知识退步不前的地方才能登堂入室"。自慧能创建南禅宗一派以来,禅学逐渐渗入岭南知识分子群体的思维意识中,明代中叶,陈白沙的崛起把"援禅入儒"之风推向了顶峰,并逐步将岭南儒学导入神秘主义一途。

二、以政论报刊为空间的媒介资本的积累

具有神秘主义的岭南知识群体在晚清时期的知识生产更多地是倚重于的报刊这一媒介作为宣传的武器。以康有为、梁启超为核心的岭南知识群体无论是在戊戌变法前后，还是变法逃往日本，他们的知识生产和传播均很明显地使用了“制度性报刊”①。从1895年8月在北京创办的双日刊《万国公报》到1903年在日本创立的《新民丛报》，通过报刊这一意见之窗，维护着这一群体的知识权力边界。

“宣传”一词在中国古已有之，它的运用与军事和战争活动关系密切。《三国志》中多次出现：“延熙五年还朝，因至汉中，见大司马蒋琬，宣传诏旨，加拜镇南大将军。”②“先生亦以为奇，数令羕宣传军事……”③“今城中强弱相陵，心皆不定，以为宜令新绛为内所识信者宣传明教……”④在上述语句中，“宣传”的含义为宣布和互相传布。

在西方，宣传的对应物是“propaganda”，它源于罗马教皇格里高利十五世于1622年创办的“信仰宣传圣教会”（Sacra Congregatio de Propaganda Fide），该机构的宗旨是维护天主教的统治地位，对抗方兴未艾的宗教改革运动。

1627年，教皇乌尔班八世建立了一个专门研究和训练宣传员（教士）的学院——Collegium Urbanum。对于天主教来说，“宣传”这个词

---

① 美国学者张灏将维新时期到“五四”时期的中国报刊称作“制度性报刊”。张灏分析，1895年以前，中国已有近代报刊杂志的出现，但是数量极少，而且多半是传教士或者商人办的。前者主要是有关教会活动的消息，后者主要是有关商业市场的消息。少数几家综合性的报纸，如《申报》、《新闻报》、《循环日报》，又都是一些当时社会的“边缘人士”，如外国人或者出身买办阶级的人办的，属于边缘性报刊（marginal press），影响有限。1895年以后，最初由于政治改革运动的带动，报刊杂志数量激增。根据布里滕（Roswell S. Britton）的统计，1895年中国报刊共有15家。1895至1998三年间，数目增加到60家，1913年是487家，“五四”时代数量更为激增。这些新型报刊杂志的主持人多出身士绅阶层，言论受到社会的尊重，影响容易扩散。因此，这种新型报刊可称之为精英报刊（elite press）。此外，这些新型报刊的性质与功能也与前此的“边缘性报刊”有很大的不同：它们不但报导国内外的新闻，并具介绍新思想及刺激政治社会意识的作用。详见张灏：《中国近代思想史的转型时代》，《二十一世纪》1999年第4期。

② 陈寿：《三国志·蜀志·马忠传》，中华书局1997年版。

③ 陈寿：《三国志·蜀志·彭羕传》，中华书局1997年版。

④ 陈寿：《三国志·蜀志·贾逵传》，中华书局1997年版。

是一个带有正面感情色彩的概念，但是对于新教徒来说，宣传则代表着歪曲事实和传播错误的思想。因此，在不同的宗教信仰者看来，"宣传"这一概念具有不同的感情色彩。

"宣传"这一来自宗教的概念，直到近代才逐渐被引入到政治领域。1718 年，"宣传"一词在英语中首次使用。19 世纪在美国最早把政治含义引入宣传的概念中。1843 年，字典开始将非宗教意义写入这个词条。

有着宗教情结的岭南学派，极容易接受来自西方宗教思想渗入政治领域的"宣传"观念，无论是康有为还是梁启超，都可以从他们的办报言论和办报实践中反映出来。在办报实践层面上，近代以来来华传教士的办报风格，特别是《万国公报》对岭南学派的知识分子影响甚剧。

维新期间康有为、梁启超向世人展示了一种将学会与媒体结合的"机关报"模式。康有为在上海《强学会章程》特别说道："士皆散处，声气不通"，[①]所以要开学会，沟通学术。由学会群集士人，互通声气，再通过书籍报刊散播其意见，增加影响力。显然，这种形式是模仿传教士机构广学会的运作模式，并受到该组织举办的《万国公报》的影响。

1895 年 8 月，康有为在北京创办了《万国公报》。由于当时北京尚无铅印设备，《万国公报》委托《京报》报房木版雕印，并雇佣当时贩卖《京报》者，随宫门抄免费分送到京中官绅手中阅读。当时每册内容有《论说》一篇，大部分由梁启超等人所撰，或者是转载广学会刊物《万国公报》上面的文章。《万国公报》无论从形式还是内容上看，都像是鼓吹维新的政治宣传品，而非一般认定的刊物。

当时《万国公报》一刊行，就引起了很多人的注意，有人认为是外国人所办，有人认为是总理衙门所办。由于广学会与《万国公报》在京中士大夫间颇有影响，因此，康有为从一开始就将其刊物取名为《万国公报》，想借助广学会的同名刊物夹带宣传，而后广学会教士如李提摩

① 康有为：《强学会章程》，见张静庐编：《中国近代出版史料初编》，中华书局 1957 年版，第 38 页。

太等人更直接参与强学会的活动，以至于许多人认为强学会和《万国公报》是由英美教士所“指导”。

康有为受到广学会的影响很大。就在1894年，康有为还参加了广学会刊行的《万国公报》的征文活动，并取得了第六名的成绩。因此，在宣传其政治主张期间，极容易挪借宗教的传播机构。像广学会这种以“学会”加上“传播工具”的“机关报”形式，为近代中国政治团体所沿袭，成为日后政治性组织与刊物的主流，新式传播媒体至此开始与政治性的团体密切结合。

《万国公报》以及其后易名为《中外纪闻》的新式刊物，首次在政治中心的北京出版，并取得了位居政治核心的大臣的支持。尽管不久被封禁，但是对于全国士人而言，产生的影响要超出了边缘报纸《循环日报》等华文报纸。而诞生于上海的《时务报》，凭借租界的保护，得以持续近两年。

《时务报》在1896年8月创刊，很大程度上利用的也是官方的通道，凭借的主要是广东籍和浙江籍的官员和士大夫的大力帮助。正如台湾学者李仁渊所称，《时务报》是帝党、后党以及维新派集合一起的产物，随着这三者矛盾的推进，《时务报》馆中的主办人汪康年和主笔人梁启超之间也在发生着一场纷争。

汪康年（1860—1911），字穰卿，晚号恢伯、醉醉生，浙江钱塘（今杭州市）人。在《时务报》办刊期间，与梁启超不和，大多数学者将他们的矛盾归结为维新派与洋务派之间的斗争，以往的论者多依据戈公振《中国报学史》中所收录的汪康年启事与梁启超《创办〈时务报〉原委记》，解释报馆主要负责人汪康年、梁启超与黄遵宪等人为《时务报》归属问题，在当时主要的报刊中大打笔战的原因。如桑兵就这样分析道：“戊戌前，康有为、梁启超与汪康年原属志同道合，他们共同经营的《时务报》，堪称风气之先。后因汪康年秉承张之洞旨意压制梁启超言论，并对两其所有所不恭，双方失和。”[①]台湾学者汤志钧的观点则偏向梁启超，认为《时务报》的冲突代表的是洋务派与维新派之争。虽然他们的说法都有一定道理，然而最近的史料则显示汪康年与梁启超之争

① 桑兵：《清末新知识界的社团与活动》，三联书店1995年版，第98页。

有着更为详尽的原因。

汪康年与梁启超早期曾如同知己，但后来终于决裂，究《时务报》内部之矛盾，主要可以从两个方面分析。其一是浙江籍与广东籍人士对报馆主导权的争夺，其二为言论走向的分歧与尺度争议。无论是前者还是后者，我们都可窥见地域化知识在其中的作用。

报馆成立之时由浙江籍贯的汪康年负责运营，而广东籍的梁启超担任主笔，负责言论。汪康年在张之洞幕下做事时培养而成的灵活的处事能力，加之梁启超极具煽动力的文字，是报馆成长的关键。其后报馆的人事多由双方援引同籍人士担任，如汪康年的弟弟汪诒年与其兄弟管理账务，梁启超则引进康有为的弟子麦梦华、徐勤等人撰写文章。然而随着《时务报》业务的拓展，汪康年有意介入论说，而梁启超则有意介入馆务。汪康年除了自撰数文之外，更是介绍与之有姻亲关系的章炳麟等人进入主笔群，而梁启超则引进其弟弟梁启勋与康门弟子龙泽厚等人进入报馆司务。有两件事情成为了汪梁之争的导火索。一是1897年4月发生的章炳麟与康门弟子的门殴事件。缘由是章炳麟酒醉失言，"诋康长素教匪"，引起康有为弟子梁作霖等人的不满，来与章炳麟论辩，甚至挥拳。此事引起了江南士人的论争，罗振玉的说法就很有代表性，"报馆中主撰述者某某，以私意忿争"、"于是杭粤遂分党派，渐成水火"①。二是梁启超通过粤籍的、极为欣赏其的黄遵宪，在1897年3月与7月两次致信汪康年，认为"此馆既为公众所设，当如合众国政体"，希望改成总理与董事，由吴樵或梁启超推荐的龙泽厚任总理管理馆务，而汪康年改任董事。② 此提议让汪康年大为不满，认为黄遵宪等欲削己权，外界甚至传言《时务报》将尽逐浙人而用粤人。

坊间更是称百日维新期间，康门师徒仰仗光绪皇帝的支持，可谓是"布衣沐皇恩"，因此不免有"腾驾云雾之势"。以康有为和梁启超为主的草堂系飞扬跋扈，不仅与日本、港澳的革命党关系趋于紧张，也得罪了湖南、京沪等地的非草堂系维新人士，不少人鼓动汪康年出面与

① 罗振玉：《贞松老人遗稿甲篇·集蓼篇》，见廖梅：《汪康年：从民权论到文化保守主义》，上海古籍出版社2001年版，第184页。

② 蔡乐苏等编：《戊戌变法史述论稿》，清华大学出版社2001年版，第422页。

梁启超相抗衡。[1] 康有为借光绪龙威压制《时务报》，排挤汪康年，激怒汪康年与之公开论争，“南北诸报，纷纷评议，皆右汪而左康”[2]。当时日本人这样评论道：“日清交战后接踵而起者，在民间有广东的康长素派和上海的《时报社》馆派等，这两派表面相结托，其实完全不同，如广东人与江苏一带的中国人的差别。特别是康派稍带宗教味，外面观之，有东林党之嫌。”政变后双方关系有所缓和，但芥蒂甚深，积怨难消。

《时务报》最引人注目的是梁启超主导的言论部分，许多读者投书报馆都是对于报上言论的赞赏与批评，其中以梁启超连载的《变法通议》最为瞩目。而汪康年则着重从地方社会中的士绅从下而上做起，故在报馆之外发起了农学会、蒙学会，并推动士绅从事工商实务。两人相比，梁启超更具有一套完整的学术和政治思想，论说文是他这方面才能的出色表现。然而对于当时多数的士人而言，无论倾向守旧或是维新，康有为的《孔子改制考》等学说仍然被视为异端。而梁启超却要维护其师康有为的尊严：“公等在上海歌筵舞座中，日日以排挤、侮弄、谣诅、挖苦南海先生为事。南海固不知有何仇于公等，而遭如此之形容刻画。然而弟犹腼然为君家生意出死力，是亦狗彘之不如矣。”[3]梁启超将康有为视为舆论领袖：“故以良知为本体，以慎独为致之之功，此在泰东之姚江，泰西之康德，前后百余年，桴鼓相应，若合符节，斯所谓东海西海有圣人。”[4]因此，《时务报》报馆之争的实质是地域化知识之争。

第三节　江浙知识群体

明末清初的社会动荡，掀起了地域化的文化反思。在浙江，黄宗

---

① 上海图书馆编：《汪康年师友书札》，上海古籍出版社1986年版，第1951页。

② 《王照复江翊云兼谢丁文江书》，见中国近代史丛书编写组：《戊戌变法》（二），上海人民出版社1972版，第573页。

③ 梁启超：《梁启超致汪康年》，见上海图书馆编：《汪康年师友书札》，上海古籍出版社，1986年版，第1853—1854页。

④ 梁启超：《新民说·论私德》，见梁启超：《饮冰室专集》（第三册），台北中华书局1986年版，第139页。

羲开堂讲道，其余韵波及近代浙江地域诸多文化精英：龚自珍、俞樾、章太炎、王国维、江标、蔡元培、汤震、夏曾佑等。江苏地域经学之盛则有顾亭林、阎百诗开其先河，以“经学即理学”为宗旨，摒弃王学，力主通经以致用，中经宋翔凤、朱骏声、孙滋九等人的补充修正，形成江苏一隅的地域文化群落，以冯桂芬、马建忠、薛福成、王韬、华蘅芳、徐仁铸、刘师培、罗振玉、盛宣怀承继精神余绪。正如梁启超所言：“无论何派之学术、艺术，殆皆以兹域为光焰发射之中枢焉。然其学风所衍，有自有分野，大抵自江以南之苏常松太，自浙以西之杭嘉湖，合为一区域，江宁淮阳为一区域，皖南徽宁广池为一区域，皖北安庐为一区域，浙东宁绍温台为一区域，此数域者，东南精华所攸聚也。”①

一、以考据为特征的知识生产方式

江浙一带传统知识分子是知识分子、官僚、乡绅三位一体的角色结构，在这个总体结构中，知识分子是指基本上从事纯粹学术研究和知识传播的那一部分儒生。② 官僚是政治结构的运作者，乡绅则是地方性事务的管理者。清兵入关后，考虑到江浙一带儒生数量之众③，为了巩固统治，清廷将部分儒生纳入至皇家组织的大规模学术事业之中。这样，三位一体的儒生阶层中，就可能分化出一批凸显其学术主导角色、而相应淡化政治身份的地域知识分子共同体。④ 经清朝确立起来的江浙儒生阶层的学术职业化，使得乾嘉以后的江浙知识生产表现出与以往极为不同的地域特色，即对经典的注释与考证代替了道德主体价值的反省与阐扬，形成了以考据学为中心的知识生产。

艾尔曼（Benjamin A. Elman）曾对江南学术共同体进行的考察，就

① 梁启超：《近代学风之地理分布》，见梁启超：《饮冰室专集》（第九册），台北中华书局 1979 年版。

② 其中有一部分儒生在清末入督抚之幕僚。

③ 南宋以来，状元大多集中于南方。全国 305 位状元中，南方有 240 位，占 79%。江苏有状元 73 名，浙江有 62 名，分别占全国的 1/4 和 1/5。南宋和明朝，状元最多的是浙江省；清朝状元最多的是江苏省。详见胡兆量、阿尔斯朗、琼达等编著：《中国文化地理概述》，北京大学出版社 2006 年版，第 185 页。

④ 杨念群：《儒学地域化的近代形态——三大知识群体互动的比较研究》，三联书店 1999 年版，第 282 页。

是依据了库恩(Thomas Kuhn)"科学共同体"理论以及福柯的"话语"理论,指出考据学就是一种话语,是一种学术性谱系和意义。在太平天国运动爆发前,长江下游地区已存在着一个聚集了一群最优秀学者的学术共同体,"他们通过知识传播的组织与机制走到一起,就寻求、发掘知识的途径达成共识",也"形成一个相当自主,拥有独特学术规则的社会群体"①。他还分析了导致这种现象的原因:

> (1) 考据学者占据了一个特殊的职位,这类职位是建立在持续性研究和智能训练基础之上。这使得他们能够为了得到金钱支持和庇护,而为别人提供技术服务和咨询。他们的学术角色和社会责任已经被职业化了。
>
> (2) 判断职务的标准,已经从重视拥有广博知识和经世参与意向,转移到重视精确地考证学术的专家知识上来,标志其有向职业化方法移动的趋势。
>
> (3) 考证方法所具备的专门技能,只是在大量知识积累的基础上才能得到应用,这类知识要求被用于保证这一特殊学科的形成、发展和传播。拥有这些专门知识的结果,使得这些学者与官僚、乡绅和外行区别开来。

由于制度化的因素,考据式的生产方式使得江浙知识群体陷入一种相对封闭和孤立的状态之中,忽略了当时许多重要的社会理论问题。如江南一带知识分子像梅文鼎、王锡阐等人常常通过数学归纳改变"理"的意义,使之变为某种易于把握的概念,至少不再使"理"成为宋代新儒家那种超自然的神秘原则。考证方法要求江南知识分子努力集中在经典问题的梳证考释上,使解决经典疑难困惑的专门化探索代替了对伦理的反省与形而上学的思辨。这种相对封闭的学术氛围使得江浙知识群体与政治总是保持一定距离,埋头于对经典或自然科学的考察,形成了所谓的"技术传统"。在近代西学的冲突中,有可能突破早期"专门化"学术大师所设定的界限,从而日益使研究对象脱离

---

① 〔美〕艾尔曼:《从理学到朴学——中华帝国晚期思想与社会变化面面观》,赵刚译,江苏人民出版社1998年版,第28页。

传统形而上学精神的羁绊，这种变化大致可以晚清江南知识分子“格物”对象中观察到。

杨念群认为，江浙学人对“格物”对象的认识基本上可以分为两个阶段，在第一个阶段中，其知识群体仍然把形而上学的“义理之学”与形而下的“器技工艺”两类内容混淆在一起，作为客体认知的对象。如陆世仪①已把学术研讨的范围扩大到“凡古之专家伎术，如天文、形胜、兵农、水利、医药、种树、阴阳伎巧之类”，皆认为切于世用，不可不讲。方以智②也认为，“历代学术”应包括“杨墨、名法、纵横、兵、象纬、算测量（附太西算学奇器）、医农、卜筮、艺术小说、物理全书”。

在“格物”认知对象演变的第二个阶段中，江浙学人力图最大限度地剔除“格物”传统观念中混淆着的“精神象征”成分，主要是指包括一些程朱义理之学的内容，格致的重点已经疏离形而上的内容，转向“器技之学”的一切领域。江浙学人在西学的对冲中，学会了如何用实验使得“格物”变为更加客观化的过程，从而不断拓展“自然经验的空间感”，这是江浙知识非常了不起的转折。这种技术传统，在西学东渐时与湖湘的实学传统有了对接之处，两派共同演绎了中国近代对西学的迎接与拒斥；这种技术传统，导致清末民初唯科学主义在长江三角洲地区的滥觞。

二、以幕府为空间的媒介资本积累

由于学术的职业化，使江浙知识分子往往只能运用自身的学术资源，去寻求一种不太稳定的地区性职业，而晚清农民起义以及地方官僚势力的壮大，则为其提供了担任幕僚的可能。

自清以来，通过一系列文化政策以控制学额规模及铲除异己的知

① 陆世仪（1611—1672），明末清初著名的理学家、文学家，被誉为江南大儒。字道威，号刚斋，晚号桴亭，别署眉史氏，江苏太仓人。明亡，隐居讲学，与陆陇其并称二陆。他一生为学不立门户，志存经世，博及天文、地理、河渠、兵法、封建、井田无所不通。其理学以经世为特色，这既是对晚明理学空疏学风的批判，也适应明清之际社会变革的需要。著有《思辨录》、《论学酬答》、《性善图说》、《淮云问答》及诗文杂著等40余种、100余卷。

② 方以智（1611—1671），明代著名哲学家、科学家。主张中西合璧，儒、释、道三教归一。一生著述400余万言，多有散佚，存世作品数十种，内容广博，文、史、哲、地、医药、物理，无所不包。

识分子,清廷迫使相当部分江浙儒生[①]无法通过“正途”进入“政治轴心”。而且由于特科举荐的名额也十分有限,因此无法使江浙儒生摆脱“边缘状态”的命运。在这种情况下,“由官而幕”似乎是为江浙过剩人才提供地方性流通渠道的最佳变通途径。[②] 由于幕府人员由幕主自己选聘,与正规官吏由考试选拔有所不同,在选择幕僚时,府主也往往对应聘者不限资格,不分亲友,不问相识与否。这样就为饱读诗书、窘迫于科举名额之限的江浙士子,提供了一种新的谋生归宿。尤其是做大僚名宦的幕僚是很好的出路,不但可以发展人际关系,而且有机会接触到由开明官员主导的新事业,如浙江的汪康年、叶瀚等人通过辗转引介,到张之洞幕下工作。特别是汪康年,在《时务报》办报期间与梁启超有过节,正是依靠着幕主张之洞的建议将《时务报》的人和财物转移到《昌言报》,将空架子《时务报》留给了梁启超。

幕府招聘制省略了科举中层层筛选的考试制度,自由荐选的择士标准也没有类似科举程序那样统一规定的内容,学识阅历及其经世之才成为自荐和选拔的首要标准,道德评价倒在其次。所谓“自己用人,权度在我;故虽小人而有才者亦可以器任”[③]。这与清廷科举择人首在“器识”,扬弃所谓“私智小慧”的取向截然不同。幕府对江浙儒生的吸纳至少有两点作用:第一点作用是,无形中拓宽了基层儒士研治学问的空间,使一些终身钻研科举范围以外的地方士子,有可能在幕府中发挥其经世安邦的才能,极大地缓解了江浙区域由于学额所限造成的人才爆炸的压力。与此同时,幕府的择人标准无意中也强化了江浙儒生的“学者化”倾向,使其把研治经史舆地之学作为入幕参政的基本修养。这样既促成了清代学术界风气向“实学”转变,形成了新的地域性

---

① 根据张耀翔在《清代进士之地理的分布》一文中所做的统计,清代一甲状元、榜眼、探花共计 342 人。其中江苏即有 119 人,占总数的 34.8%,浙江 81 人,占到 23.7%,安徽 18 人,占总人数的 5.2%,这是仅就狭义的科举人才范围所做的统计。转引自朱君毅:《中国历史人物之地理的分布》,厦门大学油印本。

② 除了做幕僚以外,还有几条路可走,但是均没有幕僚体面。周作人曾言:“除科举正路之外,还有几路岔路可以走得。其一是做塾师,其二是做医师,可以号称儒医,比普通的医生要阔气些。其三是学幕,给地方官‘佐治’称作‘师爷’,是绍兴人的一种专业。其四则是学生意,但也就是钱业和典当两种职业,此外便不是穿长衫的人所当做的了。”见周作人:《知堂回想录》,台北龙文出版社 1989 年版,第 64—65 页。

③ 王守仁:《答方叔贤》,见王阳明:《王文成公全集》(卷之五),商务印书馆 1930 年版。

儒学传统；在一定程度上，又使江浙儒生在一定程度上摆脱了政治上的“边缘地位”，为晚清学界形成与科举制度相抗衡的新学术格局奠定了基础，也为现代学校制度在江南的开展埋下了伏笔。幕府的第二个作用是，能够使江浙区域的饱学儒士，通过自择其主的方式，使经济利益与经世手段直接挂钩，学术本身在“谋生”功利意识的遮蔽下，保持相对稳定和独立的空间。江浙儒士入幕之初一般都在二十多岁左右，而且经常频繁易主，流动性很大。

江浙儒士入幕除了以学术修养换取一定的经济收入，显示其“职业化”的特征之外，尚需保持人格的相对独立和自由流动的较大空间，因为这两大要素是学术“职业化”阶层有可能与科举系统中经济与政治优势相抗衡的关键条件。士人入幕与应试之间的张力，恐怕最终应以空间活动的自由度作为两者差异分野。如果没有经济利益的驱动和人格的相对独立，再加上空间流动的自由，江浙“职业化”阶层就很难在科举制之外开辟出广阔的新天地。然而现实的情况是，江浙许多儒生经常在参加科举考试和进入幕府之间左右摇摆。应当注意的是，入幕之士人并非始终以居幕府之位为唯一的职业归化。许多江浙幕客在入幕一段时间后仍然醉心科举考试，只不过幕府职业为此一大批落第士子提供了补偿失败的机会，使之不会把科举作为唯一的谋职选择罢了。

在江浙新兴的这批“职业化”儒士阶层中，以低级功名身份游幕而终，或以入幕达于荣显的现象很常见。李鼎芳在其编纂的曾国藩《幕府人物总表》做过一个简单统计，曾国藩幕府之中共有江浙籍幕僚 42 人，占全部幕僚总数 89 人的 47%。从这 42 人的出身分析，没有功名记载者竟然高达 11 人，其余拥有各种功名之人的分配比例是：监生 2 人，贡生 9 人，诸生 4 人，举人 7 人，进士 9 人，没有功名或有低级功名者总共 26 人，大大高于拥有高级功名者 16 人的比例数字。而后来这些人中受到曾国藩荐举的就有 12 人，其中安徽 4 人，江苏 6 人，浙江 2 人，占荐举人数 24 人的一半。① 曾国藩幕府既有终身未仕的经学家戴望，也有以布衣领蓝翎六品的算学家华蘅芳，还有以贡生擢为副都御

① 李鼎芳：《曾国藩及其幕府人物》，岳麓书社 1985 年版，第 71—75 页。

史的洋务名幕薛福成。可见，幕府这一途径，使得江浙处于"边缘状态"的儒士，能够绕过以官方意识形态为依据而设定的官学化儒学的应试程序，从而在科举系统之外，相对自由地拓展学术研究的空间，并有可能凭借科举技能之外的学术修养登于社会之高位。

江浙地区学术氛围的形成，一方面促使江浙儒生由浸染于性理之学到深研考据之术的转化，进而淡化乃至剔除官方儒学纯粹追求道德用世的功利特征，由此出发重新构成了地域化儒学对官方意识形态的抗衡格局。即使是清统治者自身也没有意识到，学术"职业化"区域氛围的形成，虽然暂时压抑了江浙知识分子的反叛情绪，却为官方儒学结构的坍塌造成了最终的隐患。因为江浙"实学"是以拒斥"道德性理"的姿态出现的，其最终的结果是诱发了晚清的教育改革，清末中国教育社这一重要学会的创立，就与江浙地域的士人的努力分不开。

以上晚清的三大知识群体，为清末民初在城市得以形成以学堂、报刊和学会的三大媒介生产空间埋下了伏笔，见图 1-1 所示。

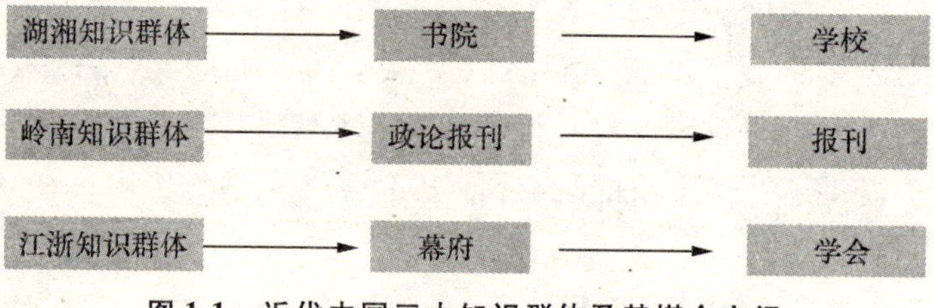

图 1-1　近代中国三大知识群体及其媒介空间

在清末民初这一中国重要的转型期间，报刊、学校与学会三者同时出现，互相影响，彼此作用，使得新思想的传播达到空前未有的高峰。

小　　结

中国现代媒介变革根植于中国本土的媒介集群。所谓媒介集群，指的是"在一定时间内生存和坐落于特定区域或环境内的各种媒介实体所形成的集合体。在这一区域内，各种媒介之间由于媒介人员交流、信息互动、资源互换、自由竞争以及特定地域的历史文化、风俗习惯和政治经济生态的影响，从而会形成自己的地理优势、传播特色、媒介形态和特殊功能”①。近代在湖湘、岭南和江浙三个地域形成的以学校、报刊和学会为特色的媒介空间，与这三个地域知识群体和知识生产空间——书院、政论报刊、幕府有着千丝万缕的关系，三者在推进中国传统媒介向现代媒介的转型中，既互相牵制，又互为补充，使得中国的舆论环境发生了前有未有之变化，给中国媒介空间的生成造成了两点显著的影响：一个是它们的出现是20世纪文化发展的基础建构（infrastructure）的启端，另一个就是舆论或公共舆论（public opinion）的展开。就后者而言，在一个尚没有发育成为民主制度的社会里，不可能出现哈贝马斯所言的公共领域中的两大现象——政治参与和理性批判意识。学校、报刊和学会所起的作用恰恰就是政治参与的重要通道。同时，这三种媒介，不论是透过传统儒家“公”的观念或是新的民族主义与民主自由观念，都是以理性的讨论来表达批判意识。就此而言，我们可以说，这三种媒介所造成的舆论，代表公共领域至少在转型时代有相当程度的出现。

在三大媒介成为中国近现代社会转型的舆论动力之前，它们的发育和生成掩映在地域化的知识集群当中。它们在意义协商当中伴有冲突，而且初期似乎冲突更多一些，因此，引发人们探究这一冲突背后的原因。

探讨中国近现代媒介组织的冲突时，许多人倾向于简单地归结于抽象概念的中西文化之争，实际上，各个媒介组织中的成员在观念上的冲突，固然存在着对西方文化理解的不同，但是各个成员背后的地域文化背景似乎也应当引起我们足够的注意。媒介组织成员背后的地域文化背景应该就是布尔迪厄提出的“惯习”。所谓“惯习”（habitus），与“习惯”（habit）不同，它是某个媒介共同体成员在长期的共同社会实践中所形成的高度一致、相当稳定的品味、信仰和习惯的总和，是特定的媒介共同体的集体认同和身份徽记，也是其内部整合和区别于其他共同体的最重要标志。从媒介共同体的内部关系来考察，每一

① 邵培仁：《论中国媒介的地理集群与能量积聚》，《新闻大学》2006年第3期，第105页。

个地域的媒介共同体也是一个具有自主性的场域,其成员是由一群拥有共同惯习的知识分子所组成的,共同的意识形态或出身、知识类型、道德价值、文化品味、生活兴趣使得他们物以类聚。知识分子对共同体的选择,也就是看哪一种共同体惯习更符合自身的口味。

从晚清以来的一次次比较剧烈的媒介组织中成员的冲突便能窥见地域化的知识和惯习的差异。以维新期间的时务学堂为例,时务学堂最初是由湖湘士绅与地方官吏联合发起并创办,主要以务实经世、倡导时务为主,与湖湘知识群体提倡实学的传统相吻合,然而当梁启超、韩文举等岭南儒生介入后,立即就产生了冲突。湖湘学人叶德辉认为梁启超等人是岭南学术败类,王先谦也再次强调对时务实学的尊崇和对不尚空谈的提倡,争论的结果是岭学儒生及其追随者被驱逐出湖南。

由此可见,各个地域知识生产传统对知识分子心理和行动取向有着不同的铸模作用,一旦地域化知识到达了人的潜意识层次,就会形成一定的心理选择机制,从而制约着媒介组织的行动模式。这种心理选择机制的相对凝固化,会对异地的地方性知识及其思维方式采取排斥的态度,即便是在被迫吸收的情况下,各个地域也会形成不同的节奏与层次。

本章在此要表述的意义是,地域性媒介是现代中国现代媒介得以产生的前提。正是在西学东渐的背景下,在地域性媒介的冲突、融合中,方可生成中国的现代媒介,也可以说,传统地域性媒介是中国现代媒介生成的逻辑起点。

第二章　媒介空间感的失落

传统群体信息特征的改变导致了两种互补现象的产生：传统的群体联系重要性降低，其他联系类型的重要性上升。

——〔美〕约书亚·梅罗维茨

美国学者罗杰斯·戴副士（Rogers V. Des Forges）曾经把中国历史与外界的关系比拟为三个阶段，即“中国在中国”、“中国在亚洲”和“中国在世界”。依他判断，“中国在世界”的时期是从明末至今，中国一直承受着更大的外来压力，特别是现代化西方的压力，欧洲的文化冲击波，从 17 世纪的基督教，到 19 世纪的马克思的社会主义，可谓连绵不绝。[①] 这一特征清末民初变得更加明显，中国一方面融入由资本主义主导的体系，另一方面这一体系又不断将其边缘化，即世界体系不断包容新的国家和地区并重新安排它们的空间位置。在本章中，主要就第二个方面的内容进行探讨。

1905 年对于传统知识分子而言，是一个悲大于喜的年份。这一年，维持了一千二百多年的中国传统知识格局的体制——科举制度被迫废除了。科举制度使得士者具有了知识政治化的价值取向、“学而优则仕”的求知动机，将求取功名成为衡量一个人成功与否的唯一标志。通过这样一种体制，将传统知识分子与社会紧密联系在一起，从

① 〔美〕罗杰斯·戴副士：《中国历史类型：一种螺旋理论》，见刘东等译：《走向未来》第二卷第一期，四川人民出版社 1987 年版。

而使知识与权力的紧密连接在社会各阶层达到了空前一致。这一制度的废除，使得士者失去了其制度化的再生机制，只剩下其无形的躯壳。知识生产者的断裂，使得传统知识权力也发生着断裂，随之，传统媒介的空间感也逐渐消失。

第一节　双轨政治的断裂

清末民初中国所处的社会不再是一个以读书人为中心的四民社会，而是一个无中心的断裂社会。依照许纪霖的解释，断裂社会有两方面的含义，其一是国家与社会的断裂。士大夫原来扮演着将国家与社会一体化的枢纽功能，随着科举制度的废除，士大夫阶层瓦解了，国家与社会之间再也无法建立起制度化的沟通，二者之间发生了严重的断裂。精英流失到民间，流失到社会各个领域，导致国家统治集团的非精英化。断裂社会的第二个含义是社会各阶层的断裂。原来的四民社会中，以士大夫阶层为核心，士农工商阶层的消亡、农民阶层的凋敝以及商人和军人地位的上升，阶层与阶层之间断裂了，社会不再有中心，彼此之间也缺乏制度化的有机联系。在断裂社会中，社会各个阶级和阶层之间，由于缺乏公共的价值观和制度基础，无法形成有序的联系，也缺乏稳定的制度化分层结构，而是呈现出一种无中心、无规范、无秩序的离散化状态。[①]

双轨政治的消失是导致中国断裂社会的直接原因。费孝通在2006年将中国传统政治的基本特征概括为双轨政治，所谓"双轨"由自上而下的皇权和自下而上的绅权构成，县以上的政治通过正式的官僚机构来实现政治整合；县以下的政治奉行无为而治，政权悬空，主要通过乡绅用私人关系来实现社会的整合。尽管中国传统政治表面上并不承认自下而上的这一政治轨道，但自上而下的单轨到县衙门就终止了，事实上必须要铺下双轨，自上而下的命令才可能最终被人民接受，地方自治也才可能得到维护。

---

① 许纪霖：《"断裂社会"中的知识分子》，见许纪霖：《20世纪中国知识分子史论》，新星出版社2005年版，第2—3页。

在双轨政治中，士绅处于关键位置，他们身在民间，却行使统治治理，可谓“民间统治精英”。当然，他们在社会生活中行使统治职能时所依赖的资源，并不是由国家所赋予的行政性治理权，而是来自非正式的影响力，包括声望、知识、财富和能力等所派生的影响力。士绅处于国家和民众两者之间，因此往往成为两者的中介和纽带。他们虽身处国家之外，却是定型国家制度框架的基本社会力量；在民间的基层社会生活中，士绅又是实现社会整合、造就社会的自我组织，以及自我形成秩序的重要社会力量。传统社会被称为“四民社会”——士农工商，士为四民之首，可见其在社会结构中举足轻重的位置。

太平天国起义后，清政府为捐军饷而大量增加生员名额，致使士绅数量大量增加，而士绅的素质则相应开始下降。地方的军事化，又使士绅对国家的依赖降低。这一切初看起来似乎是地方士绅的势力增强，独立性加大，但实际上，士绅存在和发挥作用的基本条件已逐渐被破坏，士绅势力在 19 世纪末的一时膨胀成了其瓦解前的回光返照。

1905 年科举制度被废除，猛然间将扩大数量的士绅变得不知所措。科举制度这项使得政教相连的传统政治理论和耕读仕进的社会变动落在实处的制度，是一项集文化、教育、政治、社会等多方面功能的基本体制。废除科举后，士的主要来源被切断，绅权最重要的基础被摧毁。清末士的裂变和消失成为中国近代社会区别于历朝代社会的最主要特征之一。

科举制度废除后，有人欢喜有人忧。当时各媒体纷纷发表文章评论这历史性的举措。《时报》在废科举后的第四天就发文欢呼道：“盛矣哉！革两千年沉痼之积弊，新薄海臣民之观听，驱天下人士使各奋其精神才力，咸出于有用之途，所以作育人才而兴中国者……十年以后，必有奇才异能之士，足以备国用而济时艰，而学问艺术日进，当有可与东西诸国争衡者。盖兴国救亡之策，固未有善于此事者也。”[①]《万国公报》也随之发表评论，称赞中国政府废科举，“取数十年来败坏中国及近日屡蹶屡起、根深柢固附属物一旦拔弃之，是真中国历史上新

① 《读初四日停废科举上谕恭注》，《时报》1905 年 9 月 7 日。

纪元，而东方大局之转移在此矣”[①]。《申报》发表评论，称“停罢科举实为当今第一救亡之大计”，“举千余年之秕政一扫而空，举各行省之耳目焕然一新”，是“中国转弱为强之大关键”，此举“足以风厉我一国之人士，振刷我一国之精神，使之急起直追，各为储才以待用”[②]。

在华的外国人士也高度评价废科举。传教士林乐知在废科举不久即发表评论：“停废科举一事，直取汉唐以后腐败全国之根株，而一朝断绝之，其影响之大，于将来中国前途当有可惊可骇之奇效。”[③]莫里循在信中道：“中国能够不激起任何骚动摆弄废除建立那么久的科举制度，中国就能够实现多么激烈的改革。”[④]

然而，与科举制度紧密相关的旧式士人对此感到沮丧。废除科举不但意味他们特权的消失，而且也意味着废除他们家庭所享有的和期待享有的特权。士人或“组织学堂，经营书报，然而纷张失皇之态，不可讳饰”；或“强学时装，汲汲于涉猎，将涂泽其外观以合时，悻悻于时政，以破坏其巢穴而饮恨”。山西士人刘大鹏在获悉废科举之后，“心若死灰，看得眼前一切，均属空虚”，并感叹“吾辈生路已绝”[⑤]。而江西经训书院学生则“招集旧学界人开院会议，拟联名公禀学务处，须将本省举贡生员均送入学堂肄业，以图出身，否则应完国课亦不交纳”。为了维持特权和寻找出路，士人迫不及待地送其子弟入新学堂学习，希望以此保持他们的特权；另辟新学堂以保存他们特权的出路。[⑥]

较早与传统知识权力制度割裂的新知识分子对此反应则相当坦然。“及废除科举，大家竟毫不惋惜，而新编译的属于洋务及声光化电数理地志等书籍，则甚为流行”，新学堂创办后，“送遣弟子入学肄业的情况，盛极一时，亦有出国留学的。往昔专事钻研讲章策论的读书，是

---

① 《中国振兴之新纪元》，《万国公报》1905年。

② 《恭读八月初四日上谕停罢科举谨注》，《申报》1905年9月6日。

③ 林乐知：《中国教育之前途》，见《万国公报》（第三十九册），华文书局影印本：总24014。

④ 骆惠敏：《清末民初政情内幕——乔厄·莫里循书信集：1895—1912》（上），知识出版社1986年版，第473页。

⑤ 刘大鹏：《退想斋日记》，山西古籍出版社1990年版，第29页。

⑥ 〔美〕费正清（John King Fairbank）：《剑桥中国晚清史，1800—1911》（下卷），中国社会科学院历史研究所编译室译，中国社会科学出版社1985年版，第440—441页。

大大变了面目了”[①]。蒋梦麟指出科举废除使“年轻一代迷恋过去的大门从此关闭”[②]。曾任《万国公报》主笔的范祎听到废科举之令后，激动万分，“中国一线之生意，始从此而有复苏之望，一切救亡之册，甫能植基于此”。海内人士则望治喁喁，同声赞美[③]，以为培植国民，挽回国势均于此基。[④]

双轨政治的断裂使得过去曾有过相当高同质性和内部整合的士绅大部分离开农村进入城市，沿着三个方向分化：一部分转变为近代工商业者，一部分演化为近代知识分子，一部分转变为新式军人。一些原居中国社会边缘的社群（如军人、商人和小知识分子）逐渐进据中心，而传统的主流人群——读书人反倒退居社会边缘。[⑤] 社会的各个阶层之间缺乏真正的中坚力量来进行有机连接，因此，整个社会结构真正显现出孙中山所说的“一盘散沙”的特点。

由于士绅群体的瓦解和社会侵蚀的持续失去，四民社会中心的失去，中国20世纪前半叶一直缺乏能够定型社会基本制度框架的社会力量，结果，在发生政治解体的同时伴随着社会解体，在士绅分化的同时产生了社会整合的危机。

科举制度的终结意味着士绅的没落，也使官僚的制度化来源和价值信仰的基础从此丧失。在现代知识阶层，激进主义成为思想主旋律，自由主义与保守主义一直处于劣势，而知识分子在鼓吹革命的同时也在经历着革命无情的冲击。民族工商业阶层则像一个始终长不大的孩子，在懦弱的依附中寻求着自保。军人则异军突起，成为中国近代社会的主导力量。士绅政权先是演化为“军绅政权”[⑥]，而后再演化为军阀政权，在这个过程中，军人在其政治影响日增的同时也伴随

---

① 何一民：《转型时期的社会新群体——近代知识分子与晚清四川社会研究》，四川大学出版社1992年版，第25页。

② 蒋梦麟：《西潮》，台北世界书局1974版，第30页。

③ 《论学堂仕进不宜混合为一》，《申报》1905年10月25日。

④ 《旧学举贡生员另开学堂说》，《申报》1905年11月28日。

⑤ 包天笑（1876—1973）的表兄尤子青原在科场上相当得意，但是科举废除之后，反倒是由得新学风之先的包天笑，将新资讯传告给他。而且后来包天笑在协办山东青州府中学堂时，学生中多有年纪稍长者，甚至已获得秀才、举人等功名，这使得只是生员资格的包天笑“很为惭愧”。见包天笑：《钏影楼回忆录》，山西古籍出版社1999年版，第128、297、365页。

⑥ 陈志让：《军绅政权》，广西师范大学出版社2008年版，第8页。

着道德资源的全无。而农民先是被精英集团排挤到社会的最边缘位置,而后又由共产党以革命的口号动员起来,成为社会最底层的强音。

第二节　空间感的位移

在士人政治形态下,科举制为士人的中心地位提供了制度化的保障,并且也是维持传统中国社会的经济、社会与政治高度一体的核心制度。一个成功的改革必须在新旧规则之间形成一种过渡的连续性,晚清政府在 1905 年废除科举制度必然引起传统社会的震荡和失序。西方现代性的冲击使晚清政府陷于全面危机,而科举制的废止导致原有的社会整合机制和社会凝聚机制瓦解,也促使皇权国家趋于崩溃,导致传统知识分子在权力结构中的地位不断地被边缘化,从而产生大量的处于政治权力结构边缘地位的边缘化知识分子,并且迅速地"游离化"。伴随着这个过程,作为传统知识分子的士也开始向近代知识分子转化。美国学者张灏曾将士与知识分子做过这样的比较:

> 现代知识分子是什么样的人?这是一个很有争议性的问题。我个人认为,大约而言,知识分子是一群有如下特征的人:(1)受过相当教育、有一定知识水准的人(此处所谓教育不一定是指正式教育,也可以指非正式教育,例如自修求学的钱穆、董作宾等人),因此他们的思想取向比一般人高。(2)他们的思想取向常常使他们与现实政治、社会有相当程度的紧张关系。(3)他们的思想取向有求变的趋势。若与传统士绅阶层相比较,更可衬托出现代中国知识份子的特殊性。就其与现存的社会结构而言,传统士绅是与他们所来自的乡土社会有着密切的有机关系。他们是当地社会的精英,不但在地方上具有各种影响力,而且参与地方政府,发挥许多不可少的行政与领导功能。而现代知识分子多半脱离了他们本乡的乡土社会,寄居于沿江沿海的几个大都市,变成社会上脱了根的游离分子。他们所赖以活动或生活的组织,常

常就是我前面所谓的三种制度媒介(学校、报刊、学会)。[①]

一、士者的边缘化

就中国知识分子问题,余英时先生写过一篇非常著名的文章《中国知识分子的边缘化》,在该文中,余英时先生认为,从1905年科举制度被废除开始,“士”或“士大夫”为知识分子所取代,丧失了往昔的社会枢纽地位与尊贵,随着中国社会历史的嬗递,知识分子也日渐式微,渐次退出了社会政治、文化中心地带而自动退居边缘。笔者只能对余先生的观点持部分赞同的意见。的确,传统士者在中国传统社会中的地位随着社会的变迁日益退出了中心,余先生提到士的地位被知识分子取代了,并未必然得出这样的推论,知识分子的地位也日趋退居边缘。事实上,士和知识分子是两个时代的产物,士诞生于封建社会,而知识分子则是资本主义下的产物,两者的关系是此消彼长,知识分子虽脱胎于士者,但是与士者有着本质的区别。余先生提出中国知识分子的边缘化问题关键是,立论的起点是“士”或“士大夫”,逻辑思维的主线是“士”与“知识分子”的一脉相承,言语内外流露出对现代社会中,知识分子不再具有传统社会结构中“士”或“士大夫”中心枢纽地位的愤怒与苦恼。在其逻辑归纳中,实际上仍把中国传统的“士”或“士大夫”等同于现代社会的“知识分子”,这显然是不妥的。因此,在此节中,笔者将把士与知识分子分列出来,认为清末民初是士者出现了边缘化,而知识分子则向着中心化的位置转移。因此可以说,边缘化和中心化是一个问题的两个方面。

1905年科举制的废止使士与政治权力变得疏远,其相对于政治权力的地位开始不断边缘化。在传统政治形态下,“士”承担着知识精英与政治精英两重角色,而参与到传统政治中的士人集团实现这两种角色的有机融合,从而也满足了士的“超越”与“参与”的两个传统,科举制度则是其制度依托。科举制不仅是一种精英选拔制度,而且也是一种教育制度。由于科举考试是以儒家思想为考核内容,因此,皇权国

① 张灏:《中国近代思想史的转型时代》,《二十一世纪》1999年第4期。

家拥有了维系儒家思想的正统地位的根本手段，从而实现传统中国社会价值的高度一体化，维系社会各阶层对君主、儒家意识形态和皇权国家权威效忠的基础。以儒家思想为核心的传统意识形态为皇权国家政治权威提供了合法性，同时也为整个传统社会提供了精神支柱。对科举制度采取迅速取消的办法，其结果使儒家思想的正统地位开始衰落，士人陷入认同危机之中，社会的凝聚机制趋于瓦解，从而产生严重的社会失序和社会整合危机。同时，由于科举制的废止，也使士人通过科举考试进入仕途的渠道不存在了，导致士人政治的解体，士在传统政治形态中的中心地位也随之消失。原来效忠王朝的士人阶层从原有的政治权力结构中脱离出来，这不但使现有政权失去了原来的社会支持基础，而且也使传统的联结社会各阶层的聚合力急剧消解。这样，近代士者与政治权力的关系变得模糊了，被边缘化了。

众多士绅知识分子和从新式学堂毕业和留学的青年知识分子处于被边缘化的地位，而且不能被当时的制度体系所吸收，从而迅速地"游离化"。民国初年的著名记者黄远庸把那些从原有生存结构中脱离出来又不能被新的生存结构所吸收的社会成员称为对社会稳定具有破坏力的"游民阶级"，"游离化"知识分子产生也包含其中。而导致这种"游离化"知识分子产生的原因有：一方面，科举制的废止使大批士绅知识分子失去了通过科举考试进入仕途的希望，又由于知识结构、经济能力、年龄等原因，而无法进入新学堂。科举制度的废除为新教育的发展扫清了道路，在科举制度的废墟上，新教育建立起了一个性质与科举完全不同的崭新的教育天地。中国近代教育实施新学校制度当始于同治二年（1862）京师同文馆的建立，但其还有些书院性质；到甲午战争前，共计创办各种语言学堂、技术学堂、军事学堂二十六、七所；到八国联军攻入北京，中华民族从未经此大辱，举国均感危亡无日，在这种情况下，开始厘定学堂章程，在 1903 年经修改后，颁布全国，这便是"癸卯学制"，此后又颁布了壬子癸丑学制。1922 年民国政府又颁布了壬戌学制。新学制的逐步建立与完善，是大量边缘知识分子生成的一个直接原因。在科举时代，读书人"向学"之心从少到老不疲，清代便有百岁童生的盛举。但是晚清末年出现的新学堂却对学生年龄加以限制。在科举制度废除之初，20 岁上下的中小学生并不少见,但是过30岁者却十分罕见了,后来,新学堂对学生的年龄有了比较严格的限制。可以这样解释,科举制度的废除直接断掉的是大量读书人不顾出生年月进学的可能。在新教育体制下,任何读书人到了一定的年龄还未跨入知识分子阶层,就已不再有希望。而新式教育制度却无法在短时间里建立起来,办理学堂的条件并不成熟。因此,出现了大批既无法进入新式学堂、又无法通过科举考试取得功名的边缘化知识分子。

另一方面,大批从新式学堂毕业和留学归来,但又无法被现有制度所吸纳的青年知识分子成为边缘化知识分子的一个重要来源。由于科举考试的废除,进入新式学堂与出国留学便成为了士获取功名和社会地位的主要途径。然而,晚清作为一个后发现代化国家,其社会经济发展水平还远远无法提供足够的位置与就业机会来吸纳大批从新式学堂毕业和留学归来的青年知识分子。因此,伴随着科举制度的废除,中国传统知识分子也开始了边缘化的过程,其实这个过程也是从士到知识分子的社会转化过程,而边缘化知识分子的兴起是这个过程的必然结果。

二、知识分子的中心化

进入20世纪后,中国知识分子队伍愈益凸显转化格局,尤其是科举制度被废弃后,各类新式大、中、小学校雨后春笋般涌现,教育趋向民间化、世俗化,读书明理已非“士”或“士大夫”阶层的特权。教育的普及,逐渐泯灭了读书人与非读书人的界限,各阶层都有自己的读书人。正是在这种前提下,认定知识分子不必属于哪一特殊的社会阶层,任何一个阶层中如有注意、关心精神问题者,皆可称之为知识分子。社会分工精细化、知识分子队伍日趋庞大化,所造成的后果只能是知识分子愈益中心化,而不是边缘化。中国近代社会制度性的演变均已清晰无误地表明了这一现象。

在科举制度废除之前,日益扩大的科举规模已经造成了大量过剩的功名人士,而洋务运动和军事地方化所带来的城市社会结构的变化,恰恰给这些无法向传统仕途发展的读书人——买办、商人、出版家、律师、医生、幕僚、军人等等以新的扩展空间。即使没有功名,通过这些职业,一个读书人也同样有其拓展的空间。

1898年戊戌维新对于许多在举业或另谋他图、理想与生计间翻滚的士人而言[1],是一个不小的刺激。在维新风潮下,许多新学先进名声渐显。如严复,当年未走科举之路,入新式学堂学习继而出国留学,以其贯通中西知识的特殊条件引介西学,他的译著成为当时士人必读之书。甚至原先“名声甚坏”、过着为传教士佣书生活的王韬也被重新肯定为新学先驱,这些先进者逐渐成为后来者的典范。

在维新变法期间,维新派鉴于朝野内外顽固势力的拼死反对,不敢奢望维新大业能够一朝成功,想把变法的重点放在兴学育才上面,为进一步改革做准备,在此推动下,新式教育骤然出现了迅猛发展的势头。辛丑条约签订后,兴学又成为主要内容。虽然1862年同文馆之设是新式学堂发展之嚆矢。洋务学堂虽然开风气之先,却并未深入到乡村社会,真正在乡村社会建立起学堂是从清末新政之时开始的。20世纪初,清政府迫于内外形势的压力,只好在1901年下诏变法,实行“新政”。其中的教育改革方案规定:“除京师已设大学堂应行切实整顿外,著将各省所有书院,于省城均改设大学堂,各府厅直隶州均设中学堂,各州县均设小学堂,并多设蒙养学堂。”[2]新式学堂开始在基层社会设立。1905年,清政府下令:“自丙午科始,停止各省乡、会试及岁、科试。”[3]沿袭数千年的科举制度终于寿终正寝,基层社会的新式学堂从此大量兴起。乡村新式学堂成立后,其教学内容以中学为主,西学为辅,一改过去儒学独占的地位。在《钦定学堂章程》中,政府为寻常小学堂设立的课程门目表为:“修身(取《曲礼》、朱子《小学》诸书之平近切实者教之);读经(《诗经》);作文(教以口语四五句使联属之);习字(今体楷书);史学(上古三代之大略);舆地(地球大势);算学(加减乘除);体操(柔体操)。”[4]由此,新学日渐融入基层教育体系之中,成

---

① 1898年戊戌维新一度废除科举。1901年科举制度又一次改革,改八股为策论经义。到了1905年废八股,塾师们更是无生计,许多教了一辈子的塾师坐困愁城,无路可走。

② 《德宗实录》卷四八六,中华书局1987年影印,第419—420页。

③ 赵尔巽主编:《清史稿》第十二册,卷一百七,上海联合书店影印1942版,第3135页。

④ 《钦定学堂章程·钦定小学堂章程》,见朱有瓛:《中国近代学制史料》(第二辑上册),华东师范大学出版社1986年版,第164页。

为规范人们思想和行为的最基础的“社会化”内容。

随着新式教育的发展，中国的学生队伍迅速扩大，虽然当时主要还是初等教育，而且学生年龄一般偏大。截止到1905年，中国新式教育体系已经初具规模，学生人数从1902年的6912人猛增到1905年的258876人。[①] 其中西人举办的教会学校学生人数也有较大的增长，截止到1906年，仅基督教系统的学生就有57683人，其中小学生42546人，中高等学生15137人。[②]

学生群的出现，是近代中国社会关系变动的重要方面。在此之前，一批刚刚脱胎于士的维新人物如康有为、梁启超和一些在海外接受西方教育的知识分子如孙中山、容闳、严复等，已经举起大旗登上了历史舞台，向社会中心迈进。当时的读书人对他们的政治主张和活动往往采取怀疑观望甚至反对的态度。桑兵曾分析了学生群体崛起对边缘知识分子走向社会中心的作用：“阶级力量严重不足，无法进行广泛的社会动员和组织，是造成革命党人活动困难和戊戌变法骤起骤败的重要原因，近代学生群的崛起，使这种状况得以改观，在进步势力的队伍里平添了一股生气勃勃的生力军，加强了它的行动力量。”[③]

1903年1月创刊的《湖北学生界》尽显学生群体从边缘走向中心的感受。从该杂志的内容看，里面的“学生”显然已经不是清代科举中人的谦称，而是一个开始独立的有自觉意识的社会群体。该刊第二期发表的李书城写的《学生之竞争》一文，很能反映出新型读书人要主动异化出“士”这一传统读书人群体的自觉意识。李书城将学生列为一个单独的社群，居于由士大夫组成的上等社会和基本不识字的下等社会之间，并明确指出上等社会已崩溃决裂而不能救国，只能“待继起者收拾之”；下等社会则不知祖国历史地理而使爱国之心无由产生。“学生介于上等社会、下等社会之间，为过渡最不可少之人。”不但要肩负其救国重任，而且要为“下等社会之指向针”[④]。

---

① 吴研国、翁之达：《三十五年来中国之小学教育》，商务印书馆1931年版，第26—27页。

② 《全国基督教会学生历年增进表》，《新教育》第5卷第4期，1922年11月。

③ 桑兵：《晚清学堂学生与社会变迁》，广西师范大学出版社2007版，第65页。

④ 李书城：《学生之竞争》，《湖北学生界》1903年第2期。

当然,20世纪初年的学生群体中虽然有人有肩负历史使命感,但是对于大多数学生来说,他们在政治上是不成熟的。他们大多出身封建家庭,从小受到传统的旧学教育,甚至一些人在入学前还得过功名。这样的身份背景也妨碍其走向中国社会的中心。按照当时学生的情形,可以分为三类。第一类是“无宗旨,无思想,所谓公等碌碌,因人成事者”。第二类是“学问深,见识高”。这两类学生人数较少,而占学生之大多数的,是那些年幼学浅的少年,入学后“略读西书,稍及报章,其脑筋渐活泼焉。而又得一二通达精进学术之议论,其心之所期者,日以发达,其身之所受者,日以促逼”。他们爱闹风潮,正是“由其屈于抑制者半,由其得于学问者半”[①]。他们往往成为学潮运动的主力,影响和引导者大多数。从晚清历史来看,在各种社会风潮中,决定学生群体社会属性与政治动向的,不是它的落后部分,而是能够左右其主体动向的先进分子。这些先进分子,往往带有激烈的反抗情绪、浓厚的主体意识、执著自由追求和明显的革命倾向。这使得学生群以及学生运动,不仅从属于开明进步势力,而且逐渐成为社会运动的重要社会基础和组成部分。

第三节　传统媒介中心的消解

废除科举制度削弱了北京作为传统媒介中心和信息中心的地位,使东南沿海在条约制度下成长起来的影响力日益超乎北京之上,这是对北京一省会一府一县的权威传递结构的另类解构。在传统政治条件下,朝廷与地方、朝廷与社会的连接路径本来就不多,每隔几年的科举考试便是其中除行政方式之外的最重要的形式。一个个儒生由生员成长为举人再升格为进士的过程实际上浓缩着由乡村一县治一府署一省会一京师的信息流。考生逐级赶考可以不断汇集社情,如“公车上书”。朝廷主持各级的考试本身就是一种严肃的国家行为,也是朝廷向社会强化道统、传递大政方向信息的方式。如清末开设的经济特科、改试策论以及出题转向时务等,左右着士者学习的方向。通过

① 《破坏之教育》,见《选报》第35期。

科举考试，朝廷及各级官府可以提取社会名流，这对传统政治来说，既是对其合法性的支持，也是其合法性的重要象征。特别是在北京可以聚集一批批硕儒翰林，他们的言论对地方的舆论有很大的影响，有利于强化北京对地方的整合。

当晚清政府决定奉行与国外制定的条约之后，率先在东南沿海成长起来的新理念、新知识、新经济、新生活方式不断向内地辐射，构织起一种社会新潮的话语权，同以北京为中心发出的传统社会的话语权形成对抗。新理念、新知识和新群体的权威主要以口岸条约制度作为支撑，而旧道统、旧学和旧士人的权威主要以科举制度为依托。清廷中条约制度与科举制度相对峙，使两种话语权的生命力更似朝阳与夕阳之别。北京作为传统的堡垒不可能成为新社会文化资本的集散地，这更决定了北京对地方的影响力会越来越减弱，而地方从东南沿海得到的信息和启示则越来越多。特别是清末废除科举后，读书人每隔几年集会北京、省会和府县的机会也没有了，北京又失去了向地方施加影响的一种基本形式，纵向权威不如横向权威的趋势更加明显。

下面的几组数据足以说明沿海呈强势的社会导向能力：19 世纪 40 至 90 年代，外国人主要选择在广州、厦门、福州、宁波、上海等五口通商地创办了约占中国报刊总数 95% 中文报刊。1895 至 1898 年 4 年间，维新派阵营创办的 27 种(除日本神户 1 种)报刊外，东南沿海有 22 种(含长沙 1 种)，而上海一地就占了 15 种。1905 至 1911 年，革命派在内地办报 116 家，长江以南诸省占了 91 家，其中上海、广州各 15 家。相比之下北京仅有 3 家。19 世纪中国出版机构共 10 家，除了京师同文馆以外其他 9 家全部集中在五口。1843 至 1898 年，全国出版各种西书 561 种，其中上海出版 434 种，而五口出版西书总数则占到全国的 90% 以上。1895 至 1898 年创建的 68 个学会中，江苏一省就超出 1/3。1895 至 1899 年新办学堂 101 所，设在北京的仅有 7 所，江、浙、沪多达 31 所。更不要说洋货、新生活方式对内地的影响无不是来自沿海。

正是在这个意义上，当时报人汪康年专门撰写《论朝廷宜激励国民多设报馆于京师》一文，直言北京既不能成为思想论说中心，又不能与各省互相开引，则朝廷势益孤、垮台是迟早的事。

科举制的废除也破坏了中国传统以乡村为中心的知识权威结构，

迫使乡村精英不断向城市聚集，还中断了社会纵向流动的制度化途径，使朝廷完全失去了与乡村和下层社会联结的渠道。朝廷整合士绅、士绅整合民众是建立于士绅在乡村社会的稳固权威之上的。在科举制支配下，读书人过着耕读的生活，大都出而为官，居乡为绅。乡村精英是循环流动的，不至于流失。由于乡村是他们的根，因此，无论他们是在外地任官，还是已退居故里，都关心乡村社会的变化，形成了以家乡公益事业为己任的氛围。朝廷可以从不断循环的乡村精英那里了解乡村的情况，并以他们为纽带将乡村整合在朝廷的体制之内。根据张仲礼的研究，68%的士绅对社会活动积极响应。[①] 他们正是依靠科举制赋予的特权和自身的社会活动在乡村社会建立了稳固的权威。有人曾这样记述传统社会中下层民众对士绅的敬重："吾少时居乡，见闾阎父老、阛阓小民同席聚饮，恣其笑谈，见一秀才至，则敛容息口，惟秀才之容是观，惟秀才之言语是听，即有狂态邪言，亦相与窃笑而不敢言短长。秀才摇摆行于市，两巷人无不注目视之曰：此某斋长也？"[②]刘大鹏在1892年记载的情形还依然如此：普通人乘坐的轿车须为"儒冠儒服"的孝廉乘坐的轿车让路，而且"士人皆叹服孝廉"。然而随着科举制不断被削弱，这样的情况已越来越鲜见。1894年初，他在日记中就开始谈道："世风之凌夷，不可言矣。邑人之视读书甚轻，视为商甚重。"1896年，"事态"的发展更有损读书人的威望，出现了"读书之人往往被人轻视，甚且被东家欺负，而犹坐馆而不去，做东家者遂以欺侮西席为应分"的情形。到了1904年，刘大鹏更发出了士人"穷困者十之七八，故凡聪慧子弟悉为商贾"，"读书之士往往坐困，并无生路"的感叹。而当地和他乡里的读书人得知废科举事后，顿时茫然无措。他"心若死灰"，"同人皆言科考一废，吾辈生路已绝，欲图他业以谋生，则无业可托，将如之何"[③]。

清末废科举对传统乡村社会的权威结构产生了深刻的影响。一方面，他将读书人—功名—入仕之途永远关闭了，乡村无法再产生士

① 张仲礼：《中国绅士：关于其在19世纪中国社会中作用的研究》，李荣昌译，上海社会科学院出版社1991年版，第28页。

② 吕坤：《居官必要》。

③ 刘大鹏：《退想斋日记》，山西古籍出版社1990年版，第46页。

人,不能按一致接受的标准形成权威阶层,传统的权威结构再也不能在乡村发挥功能,恶霸、会党、匪患充斥乡里。另一方面,它断绝了朝廷对士人权威的制度化供给,这在士人身价直线下滑的世态里,对士人在传统权威链条中的地位更是釜底抽薪。已离开家乡的士人无法荣归故里,而乡间士人如果不想困顿于乡里,就必须另谋出路。但无论经商、从戎、还是进新学、成为自由职业人,其中心都在城市。这意味着,士人必须从传统的权威据点——乡村抽身而出。他们从乡村撤走的不仅是资金,更主要是对乡村的关爱和责任。乡村精英的流失不仅使乡村与城市的差距扩大了,还使之与外界社会、官府的沟通困难重重。所谓的城乡"二元结构",追根索源的制度安排恐怕就始于废科举。

小　　结

在列斐伏尔看来,空间本身具有生产的意义,因此他强调不仅要从物质意义上认识空间,而且还要从精神和社会的角度认识空间,承认空间是特定的生产力、生产方式的产物,空间与社会实践是一种相互生产、相互影响的辩证互动关系,空间的类型与特定生产相联系。他用一种总体性的视野,"将不同种类的空间和它们起源的形态集合在一种理论之中,来揭示实际的空间的生产"①。空间生产不但具有经济学的意味,即事物的生产,更是具有哲学意义,即知识的生产、体制的生产等,甚至可以关联于尼采的"创造"②。

可见,空间之于媒介生产也不可或缺,当传统媒介空间被破坏掉,知识分子遭遇到的是前所未有的失落,因此,本章的标题列为空间感的失落,重点论述了失落的空间感的推力。从宏观而言,在中国传统社会到现代社会的转变中,双轨政治发生了断裂,所谓双轨断裂,一为国家与社会的断裂。士大夫原来扮演着将国家与社会一体化的枢纽

① Henri Lefebvre, *The Production of Space*. translated by Donald Nicholson-Smith. Oxford, OX, UK & Cambridge, Mass., USA: Blackwell, 1991, p16.

② Stuart Elden, *Understanding Henri Lefebvre: Theory and the Possible*. London & New York: Continuum, 2004, p44.

功能，随着科举制度的废除，士大夫阶层瓦解了，国家与社会之间再也无法建立起制度化的沟通，二是社会各阶层的断裂。原来的四民社会中，以士大夫阶级为核心，士农工商阶层的消亡、农民阶级的凋敝以及商人和军人地位的上升，阶层与阶层之间断裂了，社会不再有中心，彼此之间也缺乏制度化的有机联系。从微观而言，集笔墨于士向知识分子的转变，这种转变包括这两方面的含义，一是传统士者社会地位的边缘化，二是从事新知识生产的知识分子逐渐走到了社会的中心。由于双轨政治断裂和士者的边缘化，使得原有的媒介空间发生革命性的变化，原来政治与文化同构的空间将让位于政治宽松、文化自由的沿海沿江的条约口岸，这样就为地域性媒介从乡村转向城市提供了先决条件。

地域性媒介主要根植于乡村，依赖的是书籍，由于成本的昂贵、发行环节的不畅，书籍的传播受到极大限制，受众人数并不多。鸦片战争后魏源所撰的《海国图志》，介绍西方各国的基本情况，该书刊行后在社会上广为传颂，成为当时的畅销书籍，然而据估计，其受众人数仅仅为一万人左右，占当时有阅读能力者的1/7000。[①] 与乡村相比，城市的媒介发展空间要广阔得多，一方面，城市是各种传播媒介坐落的最佳地理环境，也是信息的生成和传播中心。另一方面，城市为各种媒介提供了大量的具有人文素养和有消费能力的受众，也为吸纳和集中了大量受到过专门训练有素的优秀媒介人才提供了便利条件。以《时务报》为例，1896 年 7 月 1 日，该报在上海正式出版，由梁启超任总主笔，到 1898 年 6 月，该报停刊。在两年时间内凭借遍布全国甚至东亚的 202 个发行网络，《时务报》成为“一时风靡海内，数月之间销行至万余份，为中国有报以来所未有，举国趋之，如饮狂泉”[②]的报纸。据统计，《时务报》馆实际印成 784500 册，再加上第 1—30 册的缩报 300000 册，合计 1084500 册……实际售出的《时务报》当在一百万册左右。[③]而“《时务报》的直接读者约二十万人”，“《时务报》受众的总人数在一

① 闾小波:《中国早期现代化中的传播媒介》,上海三联书店 1995 年版,第 5 页。

② 梁启超:《本馆第一百册祝辞并论报馆之责任及本馆之经历》,见《清议报》第 100 册。

③ 闾小波:《中国早期现代化中的传播媒介》,上海三联书店 1995 年版,第 89 页。

百万以上当是可能的”[1]。

然而，由于清末民初中国城市发展具有不平衡性，因此地域化知识群体进入城市后所遭遇的媒介环境也是不同的。仅以报刊为例，按照媒介集中程度不同，可以划分为三个层次的城市。处于第一层次的城市是上海和江南各主要城市，如南京、苏州、杭州等，在报刊出版和发行商，这些江南的主要城市与上海发生联动效应。毋庸讳言，上海在第一层次的城市中独占鳌头，1875—1894 年间，上海租界发行了 30 种报纸，占同期所有中文报刊的 40%；1895—1898 年间占 38.9%；1899—1905 年间占 30.2%，1906—1911 年间占 22.9%。[2] 另外在海外出版的报刊，也经由上海分销到全国各地。位于第二层次的是东南沿海与湖广通商口岸的城市，如厦门、汕头、汉口、九江、青岛、烟台、天津等，在这些商业较为发达、政治干涉较少的地方，所出版的报刊仅次于上海。此外华北地区的北京、直隶、山东和河南也属于这一层次，虽然 1875—1894 年发行的中文报刊占全部报刊的 4.1%，但是 1906—1911 年上升至 18%，这六年间共有 168 种中文报刊创刊。第三层次的城市是位于东北、西北、西南的省城，1894 年前没有一种中文报刊，到 1906—1911 年间，西南地区有 53 种期刊创刊、东北有 50 种，西北有 15 种。[3] 因此，清末民初的媒介是以上海为中心，向四周圈状递减分布的。下一章将探讨地域性媒介如何从乡村汇集在上海的，各种媒介是如何在上海布局的。

---

① 闾小波:《中国早期现代化中的传播媒介》，上海三联书店 1995 年版，第 180—181 页。

② 史和、姚福申、叶翠娣编:《中国近代报刊名录》，福建人民出版社 1991 年版。

③ 同上。

第三章　地域性媒介的汇集

——从乡村到城市

城市的具体性源自结点性、空间和权力的集合体。城市是特殊化了的结点性凝聚，其建设是围绕社会权力的工具性“在场有效性”这一中心。

——〔美〕爱德华·W. 苏贾

清末民初，从乡间来到城市的文人，一方面痛骂城市和城市生活的罪恶，一方面并不拒绝城市。城市成为他们认知的空间。尽管他们嘴上说着“村甿不解事，妄意城市娱。岂知金闺彦，亦复怀村墟”①，但又频繁涉足城市的各个媒介空间，充分利用像藏书楼和书肆云集这样只有城市才可能拥有的基础设施和居住在城市的知识分子的人际网络。因此，城市的基础设施、城市的知识环境、城市知识分子的网络给知识分子的精神赋予了足够的营养，大大地刺激了他们的精神活动。正因为如此，许多知识分子在言不由衷地说着“不入城市”的同时纷纷移居城市。中国城市研究的专家施坚雅（William Skinner）指出，人们被城市诱惑是因为城市的经济机能和政治机能所给予的两大机会——商业的成功和科举及第的捷径。② 虽然 1905 年后，科举及第的

---

① 黄淳耀：《和归田园居六首》，见黄淳耀：《陶庵全集》（卷十），台北商务印书馆，1983。

② William Skinner, *The City in Late Imperial China*, California: Stanford University Press, 1977, pp. 539—540.

捷径不复存在，但是毕竟城市给他们带来了较乡村更为恣意的生存空间。

另外，1905 年科举制度废除后，更多的士人选择留学日本，据日本学者实藤惠秀的估计，赴日留学潮在 1905 年至 1906 年间达到高峰，这两年留日学生达到八千人①，其中包括地方与中央官派的公费生，以及人数更多的自费生。如此大规模的留学潮在世界历史上亦为少见，粗略估计从 1896 年至 1912 年间留日学生人数共有两万五千人，“是世界历史上第一次以现代化为定向的真正的大规模的知识分子的移民潮”②。

晚清媒介空间局限于城市，这是因为言论的限制受到两方面力量的牵制。一方面是横向的、地域上的。中国的媒介空间与西方最大的不同是媒介的言论空间是移植过来的，并且具有深刻的政治性，因此在发展之初就要仰仗着诸如租界或者海外这样的特殊地带。另一方面是纵向的、垂直的，表现在社会阶层上的。按照李仁渊的分析，晚清的媒介空间唱主角的是士人，士人之外的大部分民众对媒介空间的接受度还不够，缺乏操作文化符号的能力是这些民众无法接近媒介空间最主要的因素。这两项限制对媒介空间的完整性与正当性有所妨碍，同时也阻碍了新国家的熏陶。③

无论是国内城市还是日本的城市，都提供了乡间士人从未有的获取新知的空间。仅以发行中文报刊为例，城市具有得天独厚的地位。在西南、东北、西北等偏僻的地方，绝大部分的报刊都集中在省城；在华南、湖广与华北等地，除了省城之外，不少报刊集中在通商城市，如厦门、汕头、汉口、九江、青岛、烟台、天津等，在这些商业较为发达、政治干涉较低的地方，所出版的刊物数量甚至与省城不相上下；而在江南，上海则占据着中国报刊发行的半壁江山，吸引江浙士人聚集在上

① 〔日〕实藤惠秀：《中国人留学日本史》，谭汝谦、林启彦译，三联出版社 1982 年版，第 22—25 页。

② Douglas R. Reynolds, *China, 1898—1912: The Xinzheng Revolution and Japan*, Cambridge, Mass.: Council on East Studies, Harvard University, 1993, p. 43.

③ 李仁渊：《晚清的新式传播媒体与知识分子》，台北稻香出版社 2005 年版，第 247—248 页。

海办报。当时上海所拥有的最先进的印刷技术和宽松的办刊环境，甚至吸引着海外出版物转运至此或印刷或发行。

在这里不妨借用一下日本学者樽本照雄的一个形象的图表（见图3-1）。其图表描述的是清末民初期刊发行情况，在图中可以清楚地看出一个出版大三角。按照樽本照雄的分析，清末尽管汉语期刊在世界各地出版，但在上海、北京和日本三地创办的约占总数66%左右，上海创刊还是占多数。20世纪初年在日本创刊的比较多，而20世纪第一个十年后则在北京创刊者居多。[①] 这个刊物发行情况也可折射出当时的媒介空间的由海外向海内延伸的状况。

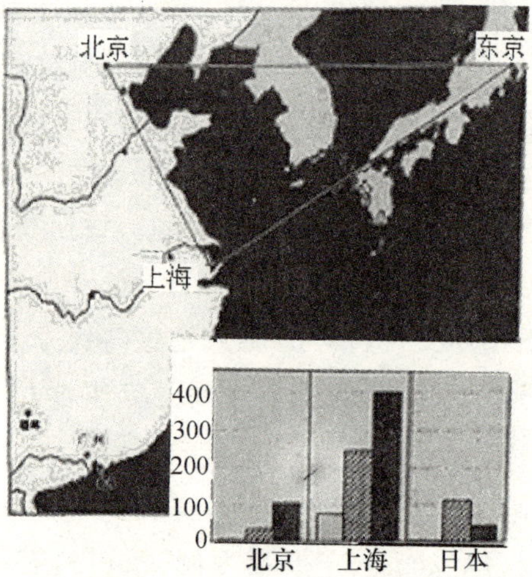

图3-1　清末民初出版大三角与期刊发行情况

第一节　以上海为中心的媒介空间

由于多种因素的因缘际会，近年来，上海这个城市不但在国际政治经济上享有举足轻重的地位，在学界也成为学者研究的热门题材。当年十里洋场中的新思潮、新生产、新财富、新娱乐、新女性等等，至今

---

① 〔日〕樽本照雄：《清末民初的翻译小说》，见王宏志编：《翻译与创作》，北京大学出版社2000年版，第152页。

仍让研究者心驰神往,而此地多代表的革新与守旧、提升与堕落之间的纠葛,也仍待厘清与诠释。就中国媒介的发展来说,晚清以后的上海也具有特殊的意义。从清末起上海租界风起云涌,各种新的信息生产方式不断地出现在这个远离清政府控制的大城市。可以说,清末民初上海地区所滋养的媒介摆荡于新与旧、公与私、前卫与陈腐之间,与中国传统知识或分或合,为后来的研究者留下了无尽的诠释空间。正因为如此,上海的地域特质与中国现代媒介的发展发生了交集,也使得研究擦出火光。不过,在相关研究中,上海媒介中的商业化的现象,历来不是受到忽视,就是遭到贬抑,直到最近几年才开始被重新评价。最近的研究,则是将上海的商业化媒介与上海地域合并考虑,侧重其反映的都市商业文明与媒体文化,以及对中国现代媒介的影响。

根据史学家的观察,中国媒介生产的重镇在晚清时期迁往南方,尤其以上海为中心。上海在开埠后迅速发展为中国最繁荣的新型都市,外国文明大量输入,新闻杂志纷纷刊行,促成传媒界的新现象,再加上上海作为通商口岸,与日本声息相通,方便了上海通过日本取法西方各种信息,并与留日知识分子进行交流。另一方面,晚清变局激发了知识分子所谓的“感时忧国”的精神,纷纷开始宣导小说的社会功能,推崇小说有推动国家改革的不可思议之魔力。① 在种种因素的影响下,晚清媒介遂由上海领其风骚。

媒介中心之所以转移至上海,其最重要的原因是上海具有得天独厚的条件。首先是上海独有的地理位置。它的港口通过沿海和内河航道,特别是通过长江水系各条支流,与几乎包括半个中国的内地贸易区直接联系;同时通过外洋航线,跟西欧、北美、日本、东南亚诸重要港口相连。② 上海的崛起,还缘于租界的迅速发展和太平天国革命对江南地区的冲击而导致的人口迁移。据统计,1865 年上海总人口达 69 万,其中租界人口近 15 万,绝大多数为江南前来避难者。到了清末的 1910 年,上海人口已经远远超过北京,达到 130 万人,其中租界人口大

---

① 崔波:《政治化阅读与反阅读》,杭州师范学院学报 2007 年第 3 期,第 42 页。

② 〔美〕罗兹·墨菲(Rhoads Murphey):《上海——现代中国的钥匙》,上海人民出版社 1986 年版,第 18 页。

约62万，几乎占到总人口的一半。[①] 上海发展成为中国乃至远东最大的城市，这本身就是一个信号：它宣告了新的具有若干近代色彩的城市体系的胜利和传统的专制王朝体系无可奈何的衰竭。

20世纪初，活跃于上海的知识分子，多数出身江浙一带，尤其是以苏州及江苏各县为主。盖晚清以来，附近的苏州、杭州等历史悠久、人文荟萃的城市，此时却不得不退居二线，扮演媒介人才提供者的角色，让文人与文化汇流到上海。换言之，清末民初多数的上海文人，其实是都市新移民，他们通常出身江浙地区的士绅家庭，本来应该循科举之路走上仕途，却在晚清的时代变局中顿失方向。上海这个新城市代表了一切新的可能，吸引他们前去探索、冒险、追求时代新定义下的成功。[②] 根据柳存仁的归纳，他们的职业生涯有中学教师、大学教授、大学生、日本留学生、中下级公务员以至高级官吏、军官、编辑、记者、律师、中医、说书人等等。[③] 到1903年，上海已至少汇聚了3000名拥有一定新知识的知识分子。我们发现，这些职业生涯可谓新旧杂陈，既有记者、律师等新时代行业，也有中医、说书人这样的传统生计。虽然这些资料显示，当时的文人还不能完全算是职业知识分子，但他们在新型都市里立身的选择，显然比往昔多得很多。在上海当职业写手，不但不必藏头露尾，还可求得名利，晋升名流，这也唯有上海的报刊、学堂和学会等媒介空间才能促成。

近代上海的媒介空间，在其形态上，主要是由学校、报纸和学会组成的，它们甚至组成了“三位一体”的关系：报纸背后有学会，学会背后有学校。当时知识分子早已注意到报纸、学会和学校三者的关系，认为这三者是聚集知识权力的主要要素。康有为曾言：“思开风气开知识，非合大群不可。”[④]如20世纪初“三位一体”的代表是《苏报》、中国

① 张开敏等：《上海市人口》，见中国社会科学院编：《中国人口年鉴》，中国社会科学出版社1985年版，第448页。

② Perry Link, *Mandarin Ducks and Butterflies. Popular Fiction in Early Twentieth-Century Chinese Cities*, Berkeley and Los Angeles: University of California Press, 1981, pp. 156—160.

③ 柳存仁：《关于鸳鸯蝴蝶派》，《人文中国学报》1998年第4期，第7页。

④ 楼宇烈：《康南海自编年谱》（外二种），中华书局1992年版，第29页。

教育社和爱国学会。[1] 通过这些媒介空间结构,一方面形塑着类似哈贝马斯的公共领域,另一方面,实现着传统媒介形态向现代媒介形态转化的努力。

清末上海的信息生产颇为繁盛,各种各样介于个人、家庭和国家之间非官方化的社会组织、机构、社会公共事业以及自律性交往场所,全面勃兴,呈现出一派欣欣向荣之势。究其原因,除了城市社会自身所固有的活力之外,按照方平的分析,还有两个方面的外部因素也是不容忽视的。

第一个要素是受国家的影响。国家与社会乃是同一事物的两个面向,彼此之间相互关联、相互制约。[2] 依照朱英的分析,一般来说,国家对社会发展的影响无外乎三种情况:第一,国家对社会的发展放任自流,不加干涉;第二,国家以政治权力压制、阻碍社会的发展;第三,国家出于特定的目的,有意识地实施某些政策,扶持社会的发展。[3] 就清末国家对社会的影响而言,接近第三种情况。甲午战争后,由于受民族和政治统治双重危机的刺激,清政府开始调整原有的统治方式,进行多方面的体制变革,力图在加强中央政府政治统摄力的同时,适当地放宽对地方社会的限制。因此,尽管一波三折,但从宏观政策面上看,国家对社会的发展基本上是采取了一种积极鼓励的态度。

《马关条约》换约后的第三天,清廷即发布上谕,表示将痛除积弊,"详筹兴革"。两个月后,光绪帝再发"因时制宜"诏书,提出要力行实政,"以恤商惠工为本源"[4]。戊戌变法期间,清廷推出多项改革措施,涉及政治、经济、文化、教育等各个方面。虽然戊戌变法本身以失败而告终,但不可否认的是,它为社会的自主化发展奠定了思想和舆论基础。一批民办报刊、学会的兴起,不仅丰富了媒介领域的结构样态,也确立了思想变革和文化转型的基础性建构。

---

① 1902 年 11 月 14 日,上海南洋公学学生因抗议校方压制学生言论自由而退学,要求协助。中国教育会于 21 日决定办学,定名爱国学社。

② 方平:《晚清上海的公共领域(1895—1911)》,上海人民出版社 2007 年版,第 397 页。

③ 朱英:《转型时期的社会与国家——以近代中国商会为主体的社会透视》,华中师范大学出版社 1997 年版,第 36—37 页。

④ 世续纂:《德宗景皇帝实录》(卷三六九),中华书局 1987 年版,第 837—838 页。

20世纪初，清政府实行旨在全面变革体制的“新政”。“新政”中虽然也不乏种种弊端，但就整体而言，它毕竟是一场具有现代性导向的变革运动，其中一些具有资本主义性质的改革措施，如奖励工商、劝办商会、废科举、兴学校、鼓励游学等政策，对社会的自主化发展起了重要的推动作用。尤其是1906年以后的几年间，清政府开始“预备立宪”，积极推行地方自治，将先前掌控在官府手中的地方学务等社会公共事务交由有关民间团体和民间社会自行办理，更进一步促进了非官方的媒介空间的拓展。

第二个要素是受租界的影响。租界虽是中国领土，但是这里的各项主权却并不受中国政府府管辖。在租界，西方人不仅拥有相对独立的行政、立法、司法自主权，而且还设置了巡捕、军队、监狱等国家机器。外国殖民者在这里禁止中国军队随意出入，视中国的法律如同一纸空文。中国政府不光对外国侨民无司法管辖权，甚至连华人犯法也不能独立审判和惩处。在外国人的殖民统治下，租界成了中国政府权力难以企及的一块“飞地”。

19世纪末20世纪初，内乱频繁，外患日进，各种社会矛盾愈演愈烈，租界空间的自由效应在中西对峙、官民对立的畸形政治格局中日趋彰显。一批又一批具有民族主义意识和反抗精神的新派人物从日本、中国香港、东南亚以及内地各省聚集于上海，以租界为掩护，进行新型媒介生产活动，他们或组织学会、成立社团、发行报刊、出版书籍、举行集会等等，将上海变成一个从事新型媒介生产的中心，清政府虽虎视眈眈，必欲除之而后快，但因权力所不逮，常常是无可奈何。即便是受到清廷的迫害，报刊也可采用“挂洋牌”的办法逃避。《时务报》受清廷干预，收归官办后，上海的汪康年改办《昌言报》。好友钱恂向汪康年历数报纸“挂洋牌”的好处：“贵报亟须用洋牌，首载阳历年月日，与阴历并。论中称我英人，或某人云云，彼中国云云，不但无疑，并可畅论一切，抵否？不销官场耳……此后《昌言报》截止已归洋人，登一告白便可面面周到矣。目下借洋人保官险，他日併可藉洋人报康险，固非仅为一端计也。”①

① 上海图书馆编：《汪康年师友书札》，上海古籍出版社1986年版，第3005页。

租界对清末上海新媒介空间形成的另一个影响是提供了某些现实样本,并刺激了上海知识型社会的公共意识的萌芽。租界代表的是一个西方世界。租界内的物质文明、市政风貌、政治制度、法律体系以及生活方式、伦理道德、价值观念、审美情趣等,与上海社会原有的文化格调截然相异,形成巨大的文化“势差”。由文化“势差”引起的文化冲突和碰撞势不可免。但是通过租界展示出来的近代西方强势文化,也对上海华人社会产生了强烈的示范效应,推动上海人向西方学习。诸如筑路、修桥、浚浦、开通电车、设立路灯、安装自来水等等,每一项新的市政设施,租界创设于前,华界必踵其后。同样,近代上海国人自办的报纸、学会、商会、学校、出版等,也无不从模仿西人而起步。

毫无疑问,甲午以后的十多年间,清政府的国家政策以及租界这一特殊的社会政治生态环境对上海新型媒介的孕育、发展、壮大,起到过积极的促进作用。

一、学会:以中国教育会为例

学会这一媒介的产生,直接受到两种社会趋势的推动,一是开明士绅与青年学生的结合,二是都市与城镇趋新势力的聚集。两种趋势往往互相渗透。因此,学会社团的成员主要是开明士绅和青年学生,开明士绅在其中起着主导作用,是精神领袖和财政支柱,而青年学生则是行动队。1902 年的中国教育会就能凸显出这样的特点。

中国教育会于 1902 年在上海成立,这一年的 4 月 15 日,蔡元培、叶瀚、蒋智由、王季同、汪德渊、黄宗仰、王慕陶等人商议筹备中国教育会。随即致信江浙各地人士赴沪,于 5 月 4 日召开成立大会。当时入会的人中有教师、编译员、新闻记者、学生等。可以看出,新型知识分子构成该会的主体。中国教育会的出现,表明在上海这个中西交汇的新兴大都市中,新知识群体已经聚合发展,形成独立的社会力量,具有相对固定的角色地位,并要求通过自己的社团组织与活动,进一步扩大社会影响。

研究者一般往往注意到清末学会的地域色彩,并将其归因于学会成员的主观意识,然而,中国教育会从一开始就没有用狭隘的地域观念把自己局限起来,而是力争成为一个全国性的组织。在教育会从成立到涣散的六年间,其成员籍贯分布于江苏、浙江、福建、安徽、直隶、湖北、湖南、广西、广东、甘肃等省,虽然以江浙人士居多,但是其他省籍会员如湖北的王慕陶、戢元丞,广西的马君武,安徽的汪德渊、蒯寿枢,湖南的章士钊、陈范,福建的林森、林獬,直隶的张继,广东的徐敬吾,甘肃的陈竞全等人都起过重要的作用,甚至有人还担任过职员。教育会成为各地新型知识群体中精英分子荟萃的空间,他们时而聚会上海,时而分散各地,使得上海与各地知识界保持着密切的联系,符合教育会创办时的章程——"本会置本部于上海,设支部于各区要之地"①以及后来的宗旨——"本会设中央事务所于上海,其会员在各地至十人以上则设一地方事务所"。蔡元培对教育会的功能做过如下的描述:"上海全国交通之毂辐也,内之可以输进文化,外之可以联络声气,非于此设一教育会以媒介之,尤不可。"②

教育会的直辖分支机构一般分布在江浙一带,同时通过各种渠道,与许多重要省份的新知识界甚至日本留学生建立密切的联系。如1903年春成立于上海的福建学生会,会长林森及骨干林獬都是教育会会员,其活动往往借助于教育会所获爱国学社校舍。王慕陶、戢元丞等与湖北进步知识界联为一体,他们创立的国民丛书社,"同乡公举以为上海机关,于吾湖北关系甚大"③。

桑兵在解释中国教育会不曾以狭隘的畛域作茧自缚的原因时这样说道:"这不仅是沐浴欧风美雨的结果,也由于传统天下观的熏陶和严酷社会现实的逼迫,使他们打破地域界限,因为他们共同面对的强大敌人,是统治整个中国的专制王朝。……靠文化凝聚的民族,作为文化载体的知识人始终是国体命脉所系,这时更将士人的天下己任抱负转化为国民意识,结成统一整体。诚然,乡土社会的影响在一些人身上留痕,中国教育会内部也曾因地域之别发生矛盾冲突。但是,他们还不至于把决定国家民族及群体命运的革新大业也装进地域之见的囚笼。……新型知识分子很早就呼吁建立全国性团体,他们从不同

---

① 《中国教育会章程》,见《选报》1902年7月5日,第21期。

② 《蔡民友演说绍兴教育会之关系》,见《苏报》1903年3月12日。

③ 《湖北在沪学生代王刘二君公告》,见《大陆》1903年10月28日,第12号。

的方面、区域朝着这一目标努力奋进，直到同盟会的成立。而中国教育会正是这一过程中的重要一环。”①

中国教育社凭借上海许多得天独厚的条件生存发展起来，这里地处中外交汇的中心点，又是国内新知识群荟萃之地，外部信息灵，内向辐射广。当然，我们不能想当然地认为，在上海的汇集，就意味着来自各地知识群体的完全融合。事实上，在租界特殊环境和清末专制统治秩序调整松动的情况下，由于成员背景各异，思想驳杂，性情相悖等，个人能力和才华得到较大程度的发挥，相互摩擦和倾轧的事情也因此加剧。因此，教育社内部始终存在着争斗，然而这种争斗已经不像维新期间的社团办报期间更多地聚集于地域知识之间的冲突上，而表现在教育社办社宗旨的冲突上。

中国教育社分为激烈派和温和派，其中，“激烈派主张以学生为革命秘密机关，蔡孑民主之；温和派则以名实应求相副，不如纯粹办教育，培养国民，叶浩吾等主之”②。其核心会员所持的秘密革命宗旨与整个组织的公开宗旨并行共存，围绕教育会宗旨，两派展开的关系既是相互借重又是互相冲突的。激烈派希望借助中国教育社开展革命活动，而温和派则企图将其变为纯粹的教育机构。温和派不参加激烈派的反清密谋，激烈派则有意避开温和派。因此，当激烈派在进行革命活动时，一般不是以组织的名义出现，而是由学会中的秘密核心成员来实施。在会务迭遭挫折的情况下，温和派对于激烈派“诸君子身在教育会中，而尽力于教育者甚少”的现状极为不满，屡次企图取消秘密宗旨，主张“本会非他会可比，可以直接或间接尽力于教育者为界，非如秘密党可以杂然并蓄也”。进而指出，“我会之根本宜确定者”③，就是改宗旨为单纯普及教育。要求将中国会由一个以激进地全面地变革社会为目的的政治团体变为纯粹的教育机构。另一方面，激烈派须借助温和派公开其教育宗旨来保障团体的合法生存，以便于活动，

① 桑兵：《清末新知识界的社团与活动》，三联书店 1995 年版，第 212 页。

② 上海通社：《中国教育会之回忆》，见上海通社：《上海研究资料续集》，上海书店 1998 年版，第 98 页。

③ 蒋维乔：《鷦居日记》甲辰二月十八日，上海图书馆藏手稿本。

贯彻秘密宗旨。[①] 温和派则须借重激烈派保持其力量。由于合法和秘密两方面的事业不能始终并行不悖，温和派和激烈派的冲突最终导致该学会的涣散。

二、报刊：以《东方杂志》为例

门户之见和省界意识在维新变法时期就为人注目。在第一章中提到的《时务报》之争折射出的就是地域性知识冲突的典型事例。然而，在上海的书刊报编辑室成员的关系，已经逐渐脱离了师徒关系或者幕府之中高官与幕僚之间的“资助”关系。尽管像编译社这样的文化机构打上了传统幕僚与幕主关系的烙印，但是晚清最后几年，在这样的新型文化机构，成员最主要的特色是利用文化操作的技能，为共同的理想和利益走到一起。他们或在编译社担任报刊和书籍的翻译，或在报馆担任主编、记者或校对，定期供稿给报纸或文学期刊，受出版社委托编纂教科书。这里以《东方杂志》为例，探讨围绕在这一中国近现代史上刊行时间最长的大型综合性学术期刊的编辑和作者是如何聚合的，以及这种聚合背后的推力。

1904年3月11日，由商务印书馆出版发行的《东方杂志》创刊，为我国期刊史上首屈一指的大型综合性杂志。初为月刊，后改半月刊，至1948年12月停刊，共出四十四卷，是商务印书馆继《绣像小说》之后创办的第二种杂志，其历经清末、辛亥革命、“五四”运动、抗日战争、解放战争等各个重大历史时期，紧跟时代的脉搏，忠实地记录了我国近现代发展的历史轨迹，成为了近现代史的见证，被称为“中国近现代史的资料库”、“杂志界的重镇”、“杂志的杂志”，同时也是名人发表作品的园地。

在创刊号上的“简要章程”中，《东方杂志》明确提出“本社同人”这一名称。然而，自创刊至第五年第六期这一时期，《东方杂志》上从

① 在辛亥时期，特别是同盟会成立前，无论是保皇——立宪派还是革命派，在新兴势力中都只占少数，而包括教育会温和派在内的趋新力量，则具有数量的绝对优势，成为双方依赖和争取的社会基础。他们的追求与政治动向，是制约时代潮流主导方向并推动其发展的重要因素。这些人对于反清革新具有广泛共识，而并不重视政治派属在宗旨策略上的分歧。详见桑兵：《清末新知识界的社团与活动》，三联书店1995年版，第205页。

未刊登过编辑人员名单，因此，“本社同人”究竟包括哪些人很难确凿考订。然而，可以明确的是，《东方杂志》的编辑事务由商务印书馆编译所主持，因此从商务编译所的成员名单中确定这一“本社同人”的大致规模是符合实际的。然而，商务编译所1902年方才建立，最初仅在“北福建路唐家衖租屋三楹”、“规模甚小”①，1904年《东方杂志》创刊之时，编译所方才成立两年，“同人甚寥寥”②。

根据丁文的考证，初创时《东方杂志》的编辑群体不外乎当时人数实为有限的商务编译所成员，即蔡元培、张元济、夏曾佑、高凤岐、高凤谦、徐珂、蒋维乔、杜亚泉、长尾雨山等人。《东方杂志》的“本社同人”群体，根据其职责，可以分为三个层次。核心层是商务印书馆编译所的领导张元济、高梦旦，总体上把握《东方杂志》的办刊思路与整体定位，并对具体编务进行监督和审定。这一层中还应当包括与张元济关系密切、对其思想有很大影响，并与商务编译所关系密切的蔡元培。中间层是主编徐珂，由他负责《东方杂志》的具体编辑工作：包括从众多报刊中选择可供《东方杂志》各栏目转载的论说，将核心层的意愿具体贯彻融合到刊物面貌中去。基层则包括了编译所内的众多成员，如蒋维乔、夏曾佑、长尾雨山等人，他们不固定地担任一些《东方杂志》的编辑工作，并撰写一些“本社撰稿”。除此之外，还有一批身处馆外、不负责刊物编辑，只是受邀参与“本社撰稿”写作的一批人，如以汪允宗为代表的馆外人士。这些人物共同构成了《东方杂志》的“本社同人”群体。③

颇富意味的是，正是这样一个编辑群体，其个人命运无一不在中国政治、知识变革中发生关键转变。这一群体中的个人在甲午前后均已取得一定的科举功名，以此为标准，可将其分为三类：即进士、举人和秀才。蔡元培、张元济、夏曾佑三人都是进士出身，举人身份的只有

---

① 蒋维乔：《编辑小学教科书之回忆1897—1905年》，见商务印书馆编：《商务印书馆九十年》，商务印书馆1987年版，第57页。

② 庄俞：《悼凤谦高公》，见商务印书馆编：《商务印书馆九十五年》，商务印书馆1992年，第58—59页。

③ 丁文：《甲辰年间的“甲午记忆”——《东方杂志》创刊前后的话语空间与人员聚合》，《学术界》2008年第6期，第221—228页。

徐珂，而其他人如高凤谦、蒋维乔、杜亚泉等则都是秀才。由于各自的科举功名级别不同，这群人在进入商务印书馆之前的地位与身份就已经存在着很大差异了，因此甲午以来的一系列历史事件虽然对这一群体产生了普遍冲击，然而具体的方式却不尽相同。身为秀才的高凤谦、蒋维乔等人多身居乡里，相对处于时代漩涡的外围；而蔡元培、张元济等却处在政治中心，与前者相比，他们的内心振荡显得更为强烈。

关于《东方杂志》的文章作者，由于刊载的文章数目极大，资料纷繁，加上笔名使用比较频繁，很难有一个确切的统计。将每年发表文章署名超过两次以上作为《东方杂志》较为忠诚和主流的作者群体，根据等距抽样原则，选择 1904 年、1908 年、1912 年这三年的作者作为研究对象，如表 3-1 所示。

表 3-1 《东方杂志》主要作者抽样统计表①

年份	平均作者数/期	主要作者数
1904	2	5
1908	3	10
1912	15	19

从表 3-2 可以看出，《东方杂志》的较为忠实和主流的作者数目，从最初的寥寥数人，逐年递增，但是在晚清还是增长缓慢的。而除了上表列出的作者之外的其他作者数目的统计，规模要比前者庞大些。

表 3-2 《东方杂志》一般作者抽样统计表②

年份	人数
1904	11
1908	10
1912	43

以上两表反映的情况反映出《东方杂志》在清末的作者群体，之所以增长缓慢，主要是清末和民初这一刊物更多的是依赖于杂志编辑的社会工作。这一点可从《东方杂志》选报栏目中反映出的编辑与上海

① 根据石雅洁的《〈东方杂志〉办刊特色研究》一文整理而成。详见石雅洁：《〈东方杂志〉办刊特色研究》，上海社会科学院 2007 届硕士论文。

② 同上。

各主要报刊的联系得到证实。之所以选择选报作为考察，主要是《东方杂志》在实际的运作中，对于“选录”各报这一部分用力最勤，不仅位列卷首、地位最为凸显的“社说”栏主要以“选论”为主，其他各栏开头也几乎都要择取一到两篇各报论说，“选论”成了这一时期杂志的重头戏。“简要章程”从报刊的官民属性与出版周期两个角度划分报种，后面又补充说“本杂志分门别类，搜罗宏富，选择精审”，这便给人留下了《东方杂志》在报种取材范围上视野广阔的印象。而后来《东方杂志》又在不止一次的新年广告中对这一“材料最富、价格最廉”的形象进行强调。

这从创刊到1908年这四年半间的时间里《东方杂志》一共选入各报论说546篇，其中“社说”栏188篇，其他栏目总共358篇，对这些选论进行一番梳理与分析之后，会发现遍布之中的媒体人网络。

表3-3　《东方杂志》从创刊号至五卷6号征引的前14种报刊情况统计表①

（以征引文章总数超过10篇为限）

栏目 报刊名	社说	内政	军事	外交	教育	财政	实业	交通	商务	宗教	总计
时报	37	18	15	7	10	16	5	6	2	2	118
中外日报	34	16	13	10	11	7	4	8	2	5	110
南方报	13	7	2	4	4	5	1	3		2	41
外交报	10		2	19				3	2	5	41
警钟报	12	1	1	3	3	2		1	1	3	27
商务报	1					1	11	1	12		26
新闻报	2	1	5	3	3	3	2	2	1	3	25
天津日日新闻	6	6	2		2		2	1			19
岭东日报	8	1		2	2	1	1			1	16
大众报	3	1	1	4	4		1		1		15
汉口日报	2				4	1	4			1	14
神州日报	8	2		1							11
申报	6			1	3					1	11
北洋学报	1	2		2	2	1		1	1		11

①　转引自洪九来：《宽容与理性：〈东方杂志〉的公共舆论研究（1904—1932）》上海人民出版社2006年版，第355页。

在《东方杂志》的选报中，曾经选过 12 种官办报刊上的 59 篇论说，占选论总数的 1/10，但是《东方杂志》还关注一些并非站在政府一边、甚至持对抗态度的刊物，甚至是被政府封禁的《民报》。其中《警钟日报》、《中华报》、《京报》这三份报纸被选入 30 篇论说，而且将近一半（16 篇）篇目选入了卷首的“社说”栏。在《警钟日报》被查封后，上海的革命派大型日报《神州日报》亦选入 10 篇，其中 7 篇选入“社说”栏；同样属于革命派刊物的还有《大陆报》，选入 1 篇；另外还有 1 篇排满色彩浓郁的《国粹学报》论说选入了“社说”栏。留日学生刊物选入 3 种，共 11 篇。这些刊物的被选总数与官报总数之比为 60∶59，而且有将近一半的篇目进入了核心栏目“社说”中。

之所以会发生这种“厚民报薄官报”的情形，一个重要的原因是《东方杂志》的编辑与这些民报有着紧密的联系。以《警钟日报》和《神州日报》为例，《神州日报》其主笔之一汪允宗，同时也用“蘧照”的笔名为《东方杂志》“社说”栏的撰稿，被划定为“本社撰稿人”。该报于 1907 年 4 月才创刊，其文章却能入选《东方杂志》10 篇之多。更能说明这一问题的是《警钟日报》。其前后两位主笔分别为商务印书馆编译所第一任所长蔡元培以及汪允宗，商务编译所的国文教科书的重要编纂者蒋维乔亦为中国教育会的成员，而《警钟日报》正是中国教育会的机关报。《警钟日报》从创刊到被封仅历时一年稍多，但《东方杂志》却从中选取了 29 篇文章。

《东方杂志》还对张元济与高凤谦交游密切的汪康年①所办的两种报纸——《京报》和《中外日报》都有选摘。尽管汪康年所办《京报》只存世了 5 个月，但《东方杂志》却选入了 6 篇。对于《中外日报》，张元济曾于 1905 年一度入股，后又因故撤回。而当 1905 年张元济退出股份后，《中外日报》入选《东方杂志》的篇目便大大减少了。

如果过度追寻《东方杂志》这种对具体人事安排，那么将会使我们陷入这样一种简单认识：以人际关系为纽带，《东方杂志》的选报举动

---

① 汪康年一生办过《时务报》、《时务日报》、《中外日报》、《昌言报》、《京报》五种报纸，其中《中外日报》与《京报》均被《东方杂志》转载过。

仿佛仅仅是在报刊的众声场中呼朋引类，其出发点完全是基于一己好恶与个体利益，但事实却又并非如此。

事实上，无论是比《东方杂志》晚三个月创刊的《时报》，还是汪康年兄弟所主办的《中外日报》，都与维新派有着紧密关联。同为沪上大报，《东方杂志》是因为属于维新派报系而对《中外日报》与《时报》选择甚多；至于过分守旧，志不同道不合的《申报》、《新闻报》自然选择很少。决定各种报纸出现在《东方杂志》上比重的，很大程度上不在于其是否与《东方杂志》有人事关联，而在于其是否志趣相投而被《东方杂志》引为同道。

三、学校：以南洋公学为例

在中国媒介空间的各种形式中，学校是最早、最初的形态。本来，按照现代的教育理念，学校只是一个传授知识和技能的场所。然而，在古代中国的教育，特别是宋明以后的传统书院中，学校还负担着教化民众、移风易俗、领导社会风气的使命。

上海在开埠之前，是一个名不见经传的滨海小城，文化教育并不发达，据同治年间的《上海县志》记载，元明两朝，上海先后有清忠、沂源、仰高、启蒙等书院。后因种种原因，这几所书院或毁损，或改作他用，皆不存于世。

如果说书报是一种社会教育形式，使一般西学知识得以广泛传播的话，那么学校这种专门的教育机构，便使专门系统的西学知识有了传授的渠道。上海通商后即出现了一批传授西学的新式学校。最早的新式学校是外国传教士办的教会学校，较早的有怀恩小学（1847年）、徐汇公学（1849 年），到 1860 年的十几年间，上海地区就开办有教会学校 15 所。[①] 教会学校招收到的学生，主要是一些教徒和下层人家子女，除了传习西教外，也教授一些西学知识及实用性知识。1863 年，

① 熊月之：《西学东渐与晚清社会》，上海人民出版社 1994 年版，第 288—289 页。

清廷开办了学习西学西语的广方言馆。[①] 后来适应商人学习西语的需要,民间西人还开办了一批应用性的西语学校。1890 年代,上海租界地区教习西文的学塾已有数十处之多。[②] 此外,还有一些中西人士合办的书院,如格致书院、中西书院等,后来一些原来的旧书院有的也增加了一些西学内容,使一些文人士子也开始学习西学知识。新式学校是西学新知集中、专门化的传授渠道,这些面向下层、商人、士人等各个阶层的西学学校的出现,使西学新知在不同阶层得到传授,为不同阶层培养了西学人才。

1901 年 9 月,清廷诏令各地所有书院,于省城改设大学堂,各府及直隶州均改设中学堂,各州县改设小学堂。自此,延续千年之久的书院制度宣告终结。此后,由于受到清政府教育政策的引导作用以及“学战”思潮的影响,官民大举兴学。一方面,大量兴建新式学堂,另一方面,一些旧式书院也纷纷变革,改为学堂。据《上海县续志》所载,截至上海光复前,在办的各级各类新式学堂有 229 所,加上因种种原因而停办的 25 所,合计为 254 所。其中,小学堂有 154 所,包括初等小学堂 110 所,两等小学堂 33 所,高等小学堂 11 所;中等以上学堂 19 所;女学堂暨幼稚舍 22 所;教会学堂 27 所;各种义学 32 所。这些学堂,以创办者身份为据,大体上分为四类:一是官立学堂,如敬业、养正、梅溪等;二是地方绅商公立或私立学堂,如强恕、澄衷、务敏、同岑等;三是各业商帮公立学堂,如京江、香雪、榛苓、先春等;四是学会附设的学堂,如群学堂、沪学会、商学会、地方自治研究会附设之义务小学等。

新式学堂的基本功能也是传授知识,培养人才。自“癸卯学制”颁布之后,上海新式教育的发展轨迹总体上已是有章可循,并逐渐形成

---

① 1863 年(同治二年)由李鸿章奏请在上海设立,始称外国语言文字学馆、同文学馆。招收 14 岁以下文童住馆学习。聘英国人为西教习,另聘中国人任总教习和分教习。课程有外国语言文字、近代自然科学和儒学。经费由江海关支付。1869 年并入江南制造局,仍保留原名称,分为英文馆、法文馆和算学馆,1894 年(光绪二十年)又增设天文馆。学习期三年,毕业后视成绩分赴各衙门、海关充任翻译等洋务工作。1905 年,改为工业学堂。1864 年,由广州将军瑞麟、两广总督毛鸿宾仿照上海例,奏请设立广州的广方言馆。招收 14—20 岁之间的满汉学生和 20 岁以上有功名的人入馆学习。设有英、法、德文班。学习期三年,毕业后派充各衙门翻译。经费由粤海关支付。

② 李长莉:《晚清上海的知识空间》,《学术月刊》2006 年第 10 期,第 146 页。

了类型多样、相互衔接、梯次递进的教育体系。由于适值新旧教育体制转型时期，许多新学堂尚未完全脱离旧式书塾、书院的旧轨，但新式学堂在课程设置、教材配备、教学内容、教学方法等方面与旧式书院毕竟有很多的不同。一般而言，新式学堂除了设有经史、词章、掌故之类的传统科目之外，还普遍开设外语、算学、理化、西洋史地乃至体操、图画、乐歌、手工等新课程，课程体系较为完备合理，教学内容与社会实际联系紧密，更加切合社会发展的现实需求。在教学方法，则讲究由浅入深，由具体而抽象，循序渐进，符合学生的认知心理。

在上海众多的新学堂中，南洋公学的办学特色鲜明，在上海教育史上书写了壮丽的一页。该校由洋务官员盛宣怀于1896年奏准设立，经费主要来自盛宣怀所主持的轮船招商局和上海电报局。1897年4月开学，由何嗣焜任总办，张焕纶为总教习。在其创办之初，首设师范院，意在为推广新式教育培养师资，随后又开办外院、中院，分别相当于小学和中学。1899年开办译书院，聘请张元济主其事。1900年又设立铁路班，以接纳躲避战乱的北洋大学学生。1901年为经济特科保送生设立特班，由蔡元培担任中文总教习。

南洋公学校纪严明，学风严谨，充任教习的，多是些学殖宏富的名彦硕儒，其中不少是思想趋新的开明士绅和新知识分子，如张焕纶、张元济、蔡元培等，他们“讲新学，讲维新”，积极引导学生尽量抛弃“社会上的旧东西”。蔡元培经常给学生分门别类列书单，指导学生阅读各种新学书籍，撰写读书笔记。根据黄炎培回忆，蔡元培曾对学生说：“现在中国被各国欺负到这种地步。‘知彼知己，百战百胜’。我们要知道自己的弱点，还要了解国家情况。”为此，他积极鼓励学生研习外文，读外国书，学习国际公法和外交知识。当时在特办就读的黄炎培后来回忆道：“每人将所写笔记缴送蔡师，蔡师不但亲手批阅，还每夜轮流召二三学生到蔡师房面谈，或就笔记，或就今天日报所载消息指示种种，学生也可以提出意见请教。不但这种教育方法，切合学生的要求，蔡师语言态度的亲切、谦和，使每一学生都心悦诚服。这些还影响到上院其他各班和中院。”此外，蔡元培还鼓励、指导学生学习演说，组织演说会，“定期轮流学习演讲”，以便日后走出校门，“唤醒民众，开发他们的知识”[①]。

南洋公学的学生在入学前年龄和文化水平参差不齐，但是都在入学前进行过严格的考试，特别是师范班和特班的学生，入学前已有科名，进入公学后接受新知识、新文化的熏陶，思想十分活跃。这些学生除了在课堂上接受教育之外，还经常私下传阅《新民丛报》、《国民报》等新学书报，以了解些“新东西、新思想”，“如对意大利三杰，对卢梭等新人物、新事物都看得起劲”[②]。

20世纪初年，时至教育体制变革之际，学堂内外原本矛盾丛生，而源源不断的新观念，新思想和新知识不断产生影响，新旧冲突愈显激烈，这在南洋公学表现得尤为典型。学校当局和一些思想守旧的教员却禁止学生阅读新书新报，压制学生的言论自由，因而，学生对于学校当局颇为不满，由此也埋下了日后退学风潮的种子。

1902年发生在南洋公学的“墨水瓶事件”[③]成为“中国教育史上留下一页很突出惊人的记录”[④]的事件。后经过各方劝导，多数退学学生返校，然而尚有五十多名学生坚持退学，并拟自组“共和学校，实行学生自治”[⑤]。后经过中国教育社的帮助下自组学校，成立爱国学社，推蔡元培为经理、吴稚晖为学监，章太炎、蒋智由、蒋维乔等人分任教习，义务为学生授课。[⑥]

南洋公学学生退学与学校当局和守旧教习相抗争，反映的不只是

---

① 黄炎培：《八十年来——黄炎培自述》，文汇出版社2000年版，第54—56页。

② 《南洋公学的一九零二年罢课风潮和爱国学社》（座谈记录），见全国政协文史资料研究委员会编：《辛亥革命回忆录》（四），文史资料出版社1963年版，第68页。

③ 1902年11月5日，公学五班上课时，文科教习郭镇瀛发现师座上有一只洗净的墨水瓶，认为这是学生有意捉弄他，便严词追查。五班学生均回答“不知”。郭就恐吓坐在前排的学生贝蝇伯、伍石卿，限他们三日内告发，否则加罪。经威胁，五班有一学生诬告此瓶是伍正钧所放。13日，校方应郭教习的要求，公告开除无辜学生伍正钧，从而引起了五班学生的反对。经过与校长申辩、力争，仍然没有变化，全班学生随即决定集体退学以示抗议，临行前，他们分头去各个班级告别，说明原因，表示反对这种专制压迫，这一行动得到了全校学生的同情。

④ 黄炎培：《八十年来——黄炎培自述》，文汇出版社2000年版，第59页。

⑤ 张大椿：《清末上海两大学潮》，见上海市文史馆文史资料工作委员会编：《上海地方史资料》（四），上海社会科学院出版社1986年版，第120页。

⑥ 蒋维乔：《中国教育会之回忆》，见上海通社编：《上海研究资料》（续集），中华书局1939年版，第86—87页。

学生对“悍然以奴隶待学生”的做法不满，更是以此反对桎梏青年思想的不合理的教育制度以及与此制度紧密联系的文化和政治专制。而因退学风潮成立的爱国学社，则满足了当时青年学生对于言论自由和新书新报的渴望。

在南洋公学退学案发生以后，1903 年和 1905 年先后发生了广方言馆、震旦学院两次大规模的退学风潮。前者主要是因反对顽固守旧、专制无行的总教习舒高第，后者由于在华天主教会干涉学校行政主权、诱迫学生专习法文所致。学生所争者，或是言论自由，或是民族尊严，显示出上海的学生社会的风气发生了深刻的变化，其“权势”逐步上升，并赢得了舆论的支持。《苏报》曾对此作出高度的评价：“姑无论其事之成与否，是固可惊可羡，而为吾国家教育前途方一线之光明。”①

四、私人花园的公共化：以张园为例

在上海的媒介空间之中，报纸、学会和学校是三种主要的形态，除此之外，许纪霖提出了还有两种空间的形态值得注意，其一是集会，其二是通电，其中集会这种媒介空间形式，主要通过公共场所达成。晚清在媒介生产中，昔日的私人花园空间逐渐被赋予了公共空间的特征。张园②这个记录着清王朝的社会中坚向两大帝国交接处的边缘文化的转变的空间，屡次被用作公共空间，充当了帝国权力的变节者和反叛者对中国内部事务和国际事务批判的空间。

从 19 世纪末开始，晚清包括张园在内的上海的私人花园开始向公众开放，成了上海社会多种活动借用的场所，既被用来举办公众娱乐活动，又被用来进行政治和文化活动，既是私人游玩的景观，又是社会团体机会和公众集结的场所。张园地处公共租界的黄金地段，在当时

① 《广方言馆馆舒高第罪状》，《苏报》1905 年 5 月 22 日至 5 月 23 日。

② 张园位于今南京西路以南，石门一路以西的泰兴路南端，其地本为农田，1878 年由英国商人格龙营造为园。1882 年 8 月 16 日，中国商人张叔和自和记洋行手中购得此园，总面积 21 亩，起名为“张氏味莼园”，简称张园。1885 年开始，张园向游人开放，初免费，不久因园内游人太多，收费每人一角，1893 年当时上海最高建筑安垲第（Arcadia Hall）在张园落成后，又改为免费，但设立各种服务设施收取费用。

除了是上海的观光游乐中心之外，也是各种政治舆论公开表达的中心，可以说是上海的“海德公园”。在这里举行的集会和演说，具有公开的、公共的和批判的性质，毫无疑问，具有媒介生产的最典型特征。

按照孟悦的分析，张园之所以能成为特定的文化场所，是因为这一空间被当时中国社会边缘化。她分析道，清代统治者对都市空间是否秩序化一直保持着高度警惕，因为在城里聚集了大量大众这件事本身，便潜在地威胁着处在城里的各级政府，因此，清政府其中一项法令就是不得在城中以任何形式“聚众”。相当多的文献也印证了孟悦的看法。如日本学者松村伸在其《上海：都市与空间》一书中提到，由于租界当局在19世纪80年代之后一直在寻求扩展租界的面积，在中国居民和租界当局之间一直不断发生着同土地及空间有关的冲突。除了要扩展租界、越地筑路外，租界当局还想把公共空间种族化，禁止居民进入位于外滩的黄浦公园。此外，由于上海房地产市场的上扬，而大部分房产又受到外国资本的控制，上海跨文化的城市空间便同时受到了19世纪90年代美国和东南亚新资本的影响。在这样的情形下，张园就变成了19世纪八九十年代上海一个相对少有的大型内景式、有跨文化特征的城市空间，一个为数有限的、公众可公开进入的城市空间。除了强调社会因素外，她还强调说，张园的开放暗示出一个上层文化被逐步边缘化、上层阶级在“离心化”后未能建立新的文化统治领域——“再地域化”(reterritorializing)的过程。中国洋务派因遭到帝国主义国家的战舰、排斥华人政策、乃至海上贸易垄断的阻拦而中断搁浅，导致了洋务派这一上层阶级在内部结构上的转变，以至于本可以成为与西方资产阶级翻版的中国精英们，变成了质疑清朝政治乃至帝国主义全球政治的反叛者。城市景观的私人花园也成为了公众演讲和政治集会乃至组成都市联合阵线的中心场所，它使得远离帝国的内景变成了批评群体的政治前沿。①

从表3-4中我们可以看到清末在张园举行过的多次集会。张园的集会为社会各界聚集一堂提供了机会，其中包括知名作家、各地区的

① 孟悦：《“世界主义”景观与双重帝国边界上的都市社会》，见刘东编：《中国学术》(第十三辑)，商务印书馆2003年版，第61—63页。

具有革新观点的教育家、来自中国和日本的学生、业余科学家以及青年女性学生。集会的组织者和演说者大多是激进的反清活动家、知识分子和激进的记者,“他们把这个原来象征异国情调的梦之乡变成了酝酿反叛的聚会之所。随着上层阶级用财富造建的娱乐之所转化成公众政治集会的场所,清帝国原来安全可靠的都市景观变成了具有威胁性的需要防范的边疆地带”①。

表 3-4　张园的使用(1900—1905)②

时间	事件	发起人
1900 年	由民族主义活动家组织的集会;主题包括弃绝清朝统治,并建立中国民族党	唐才常 章太炎 严复 容闳
1901 年	由著名知识分子组织的集会,敦促清政府拒绝与俄国签订条约	汪德涵 汪康年 温钦甫
1901 年 3 月	为增加民族主义情绪举行机会,敦促清政府拒绝与俄国签订条约。参与者有作家和知识分子	吴沃尧 温欣瑶 黄宗仰
1901 年 4 月 27 日	反对俄国人入侵的公共演讲	汪康年等人
1901 年 4 月 30 日	公共集会,主题是组织国民总会或“国民议会”,其目的是要表达国民对与中国相关的国际事务的观点	冯镜如 易季服 高校学生
1902 年	中国教育会欢迎吴敬恒和孙伯骏自日本归国	中国教育会
1902 年	中国教育会,支持在日旅游及留学	中国教育会
1903 年	绍兴同乡会:建立绍兴教育会。由著名知识分子和学者组织	杜亚泉 蔡元培
1903 年	马君武、蔡元培及其他人公开演讲,主题是中国在大阪世界博览会上受到的歧视	中国教育会
1903 年	学生及其他人的公众集会,声讨广西巡抚王之春为了镇压当地叛乱,不惜以土地为代价收买法军	

① 孟悦:《“世界主义”景观与双重帝国边界上的都市社会》,见刘东编:《中国学术》(第十三辑),商务印书馆 2003 年版,第 61—63 页。

② 同上书,第 58—59 页。

（续表）

时间	事件	发起人
1903 年 4 月	各省士绅和商人组织集会，号召公开拒绝法国在中国边界的骚扰。蔡元培、邹容等人发表了演讲	
1903 年 4 月	来自 18 个省的士绅和商人在此集会，抗议俄国侵占中国东北	
1903 年 4 月	四民同乡会集会、发表演讲，抗议俄国侵占中国东北、批评清政府的对外政策	四民公所
1905 年	震旦公学的学生集会，为了抗议学校侮辱性的课程设置而集体退学，并留影纪念	震旦公学

福柯认为，在现代都市生活之中的人们，处于一个同时性（simultanenity）和并置性（juxtaposition）的时代，人们所经历和感觉的世界，是一个点与点之间互相联结、团与团互相缠绕的人工建构的网络空间，而不是传统社会中那种经过时间长期演化而自然形成的物质存在。[①]在像上海这样一个非人格化的陌生的都市空间里，人们的交往在一定程度上摆脱了传统社会的地缘与血缘纽带，而按照一种新的规则进行。这种新规则，不再是寻求共同的历史根源感，而是取决于多元复杂的空间。聚集在上海的知识分子，正是通过诸如中国教育会等学会、《东方杂志》等同人刊物、南洋公学等学校、商务印书馆等出版社、张园等花园，实现着相互的交往和自我认同。而学会、刊物、学校、出版社、花园则是各种空间汇集的节点，正是这些都市空间之“节点”，编织成现代知识分子公共交往的空间网络。

第二节　以东京为中心的传媒群体

自甲午战争、戊戌变法后，清政府在社会内外压力的夹击下，相应地采取了一些新举措，开始所谓的“新政”。派遣学生留日作为其中的一项主要内容，被加以推行。对派遣出的留学生，清政府不仅要求他

① 福柯（Michel Foucault）：《不同空间的正文与上下文》，见包亚明编：《后现代性与地理学的政治》，上海教育出版社 2001 年版，第 18—28 页。

们需要学习日本及西方的新知识，待回国后派上用场，而且以高官为引诱，答应留学归来以后分别赏举人、进士出身，分配各种官制。为了能够吸引更多的学生留日，清政府还专门拟定章程做出保证（例如，1903 年拟定的《鼓励游学毕业生章程》就有详细的具体的规定）。[①] 时至 1905 年废除科举制度，留学成为知识分子最好的出路之一，加之日本与中国文字的相似、语法的相近、文化的同质，且相距不远，因此，中国学生纷纷到日本留学，况且，清政府也认为日本是中西文化的缓冲区，不会受到西方的毒化，也有值得学习的地方。留日学生人数在清末呈现剧增之势，由 1898 年的 77 人，增至 1905 年、1906 年的 8000 人。之后留日学生人数虽有所下降，但仍保持在 4000 人以上。民初伊始，留日学生人数只有 1400 人，但随后便有很大的攀升（见表 3-5）。

表 3-5　清末民初留日学生人数[②]

时间	1898	1899	1900	1901	1903	1904	1905
人数	77	143	159	280	1000	1300	8000
时间	1906	1907	1908	1909	1912	1913	1914
人数	8000	7000	4000	4000	1400	2000	5000

一、以同乡会为主的报刊生产

在早期留日学生之中，最主要的联系主要还是乡土关系。其标志是各地同乡会的建立。同乡会除了为留学生提供物质上的便利之外，主要提供的还是一种朴素的心理联系。同乡会的建立本身就是集群形成的过程，而其集群的主要纽带超出了物质上的因素。如提议建立江苏同乡会时就有人称："国之存亡，要以能群不能群为断。而欲成大群，又必集合小群以相联结。故各省团体不固不独无以联情谊抑亦何以立自治之本，以战胜于生存竞争之域。"我们可以从留学生办的期刊瞥见其浓郁的地域色彩。

① 李喜所：《近代中国的留学生》，人民出版社 1987 年版，第 122 页。

② 赵冬：《留学生群体的科技活动与中国近代科学的本土化》，社会科学文献出版社，2007 年版，第 225 页。

表 3-6　1900—1904 年间主要留日学生报刊成员籍贯及团体归属①

刊名	创办时间	成员	主要职责	团体	籍贯
开智录	1900 年 12 月	郑贯一	主编	开智会、大同学校	广东香山
		冯自由	创办人	开智会、大同学校	广东
		冯斯栾	创办人	开智会、大同学校	广东
		蔡锷	撰稿	大同学校	湖南
		秦力山	撰稿	大同学校	湖南
译书汇编	1900 年 12 月	杨廷栋	主持	励志会	江苏吴江
		雷奋	支持	励志会	江苏松江
		杨荫杭	主持	励志会	江苏无锡
		戢元丞	主持	励志会	湖南
国民报	1901 年 5 月	秦力山	主编	支那亡国纪念会、东京青年会	湖南长沙
		戢元丞	主持	励志会、东京青年会	湖南
		沈云翔	支持	励志会	浙江
		王宠惠	英文记者	广东独立协会	广东
		卫津煌	庶务	支那亡国纪念会	不详
		张继	参与出版	励志会,东京青年会	直隶
		程家柽	筹备出版	励志会,东京青年会	安徽
游学译编	1902 年 12 月	杨守仁	主编	湖南留日学生同乡会	湖南长沙
		梁焕彝	编撰	湖南留日学生同乡会	湖南
		樊锥	编撰	湖南留日学生同乡会	湖南
		陈天华	编撰	湖南留日学生同乡会	湖南新化
		周家树	编撰	湖南留日学生同乡会	湖南
		周宏业	编撰	湖南留日学生同乡会	湖南
		杨度	编撰	湖南留日学生同乡会	湖南
		黄兴	编撰	湖南留日学生同乡会	湖南善化
湖北学生界(后改为汉声)	1903 年 1 月	刘成禺	主编	湖北留日学生同乡会	湖北
		李书城	撰稿	湖北留日学生同乡会	湖北
		吴炳枞	撰稿	湖北留日学生同乡会	湖北
		程明超	撰稿	湖北留日学生同乡会	湖北
		时功玖	撰稿	湖北留日学生同乡会	湖北
		吴炳枞	撰稿	湖北留日学生同乡会	湖北

① 根据李仁渊:《晚清的新式传播媒体与知识分子》,台湾稻香出版社 2005 年版,第 202—203 页整理而成。

（续表）

刊名	创办时间	成员	主要职责	团体	籍贯
浙江潮	1903 年 7 月	孙翼中	主编	浙江留日学生同乡会	浙江杭县
		蒋智由	编撰	浙江留日学生同乡会	浙江诸暨
		许寿裳	编撰	浙江留日学生同乡会	浙江
		王嘉祎	编撰	浙江留日学生同乡会	浙江
		蒋方震	编撰	浙江留日学生同乡会 东京青年会	浙江诸暨
江苏	1903 年 4 月	秦毓鎏	主编	浙江留日学生同乡会 东京青年会	江苏无锡
		张肇桐	编撰	浙江留日学生同乡会 东京青年会	江苏无锡
		汪荣宝	编撰	浙江留日学生同乡会 东京青年会	江苏元和
		黄中央	协助	浙江留日学生同乡会,东京青年会	江苏常熟

就在日本的媒介空间生产,不得不提及流亡于日本的维新派领袖梁启超。曾经在戊戌变法期间以办《时务报》、《湘报》给知识界留下振聋发聩的快言利论,在日本以《清议报》酣畅淋漓的抨击和《新民丛报》精辟独到的政论时评引起其新知识群、特别是国内热血青年的风靡崇拜:他们身处逆境,又正当发萌,无缘也无力与大千世界交流沟通,只得开怀畅饮由梁启超加工的西方近代思想的清泉,以满足了解外部世界的渴求,而不能像游历士绅或留日学生那样,亲历其境,接触原本,从而察觉梁启超的肤浅驳杂。诚然,这些从睡梦中被梁启超一掌拍醒的青年往往一跃登上革命战车。①

留学生在日本学习到爱国救国的民族概念与反抗专制的民主概念,这些概念又随着留学生办的刊物渡海回国。不仅留学生在海外创立各种翻译社、政治刊物,回国的留学生尤其在上海也发展他们的文化事业,各种进步的期刊、翻译书籍、乃至革命刊物,随着留学生的来去,以实体形式把这些书刊运送回来,在概念形式上则带来民主与民族,且提供了内地士人模仿的范例。

① 桑兵:《清末新知识界的社团与活动》,三联书店 1995 年版,第 217 页。

二、以文科见长的信息生产方式

根据周策纵的分析,中国现代文学的创造主要也应归功于从日本归国的学生。现代中国文学在很大程度上是模仿俄国和西方国家的技巧和主题,但这些作品多半是"五四"时期由日文转译后才为中国读者所知的。在新文学的风格方面,日本的影响也是很明显的。例如"五四"运动初期仍在许许多多作家中相当流行的梁启超的风格就带有日本影响的痕迹。许多在新文学的建设中起过重要作用的中国文学家,如鲁迅和他的弟弟周作人都曾在日本留学。郭沫若说,"中国文坛大半是日本留学生建筑的"。事实上,日本先于中国几年经历了新文学特别是新诗的改革以及新思想的浪潮,这些做法对中国的改革有着一定的影响。

可以说,留日学生所推进的是一种以兴知识与"兴政"并举的政治体制改革。这时候的留日学生对社会科学的重视程度要高于自然科学,他们渴求在更深层次上学习西学,把政治制度的改革与科学、教育、实业紧密地结合在一起,以新知识分子的角色,主动推动了思想观念的解放和社会科学在中国的传播和本土化。

留日学生在日本学习的对象,以"普通学"和"宪政"为主,要实行宪政,必先普及教育,因此,这一时期翻译最多的是关于教育和法律的书籍,这类图书的大量出现,成为当时上海和日本出版界的一大特色。罗振玉将《教育世界》登载过的一文,分类辑录于《教育丛书》和《科学丛书》中的,便有好几集,每集几十册。会文学社刊行的《普通百科全书》,一共有一百册。湖北官书处的《师范教科丛编》有十四册。东亚公司的《普通科师范科讲义》也有十四册。此外有《湖南师范讲义》,但册数不明。①

法律方面的书籍,群益书局的《法政讲义》有十五册,湖北法政编辑社的《法政丛编》有二十四册,丙午社的《法政讲义》第一集有二十九册,而第二集的新书预告有十四册。此外,还有《早稻田大学政法理财科讲义》有十二册,戢翼翚、章宗祥、马岛渡、宫地贯道共同编辑的《政

① 〔日〕实藤惠秀:《中国人留学日本史》,三联书店1983年版,第241页。

治类典》有四大册。《六法全书》的全译本——《新译日本法规大全》，则有线装八十册。[①] 这一时期著名的译者有国学大师章炳麟[②]、蔡元培[③]、王国维[④]等。

杨寿春就 1901 年至 1904 年翻译出版的图书，编制过一个表格。笔者根据其收集的日文翻译书籍，绘制出图 3-2，从中大体可以看到文科类图书主导的情形。

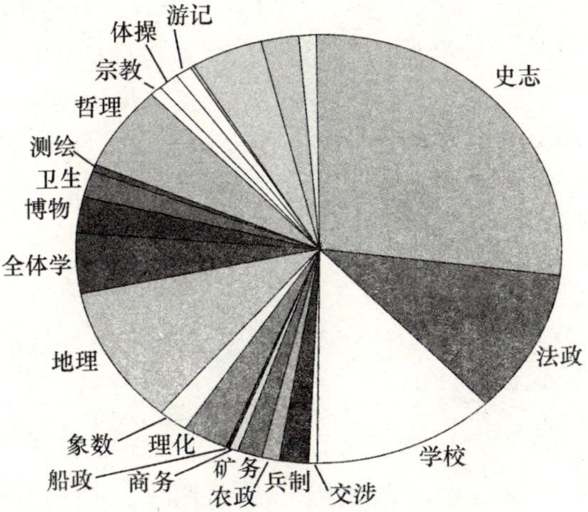

图 3-2　1901—1904 年日文引进版图书

"五四"期间之所以无政府主义和机会主义得到广泛传播，在很大程度上也与留日学生有着密切的关系，这两种思想在 1919 年的中国青年中都很时髦。从 1902 年到 1911 年期间，中国保皇党和国民党的前身同盟会，都曾在某种程度上宣传过社会主义。他们在日本出版的中文机关刊物上对社会主义进行了讨论。1902 年，梁启超在他主办的《新民丛报》上第一次提到了麦喀士（马克思）的名字。在最早输入中国的论社会主义的著作中，有一本是赵必振 1903 年翻译的日人副井准造所著的《近代社会主义》(1899)。同一年，其他几本由日文翻译的关于社会主义的无政府主义的书，也在上海出版。《共产党宣言》中的十

① 〔日〕实藤惠秀：《中国人留学日本史》，三联书店 1983 年版，第 241 页。

② 译著有《社会学》（岸本能武太郎著）。

③ 译著有《妖怪学讲义》（井上园了著）、《哲学要领》（下田次郎著）。

④ 译著有《日本地理志》（中村五六、顿野广太郎著）。

项建议由国民党员朱执信(1884—1920)1906年译成中文,刊于其机关报《民报》上。1906年2月成立的日本社会党对中国留学生产生了很大影响。他们常常参加由日本社会党发起的公众集会,并于1907年前后成立了自己的社会主义讨论小组。据说,当时许多在日本的留学生都与日本社会党领导人有过接触,并从他们那里吸收了社会主义的思想,这些人包括安部矶雄、片山潜、大杉荣、荣德传次郎(幸德秋水)及堺利彦等。当时,17岁的江亢虎1900年在日本学习的时候,受到无政府者如张继(溥泉)、吴稚晖、李石曾、褚民谊和古代中国理想主义的启发,1911年9月2日在上海创立了社会主义宣传协会,并刊行《社会主义明星报》。1911年11月15日,江亢虎把协会改组为中国社会党,并在上海召开了第一次全国代表大会。这是在中国成立的第一个社会主义政党。

第三节　海内外传媒群体的互动

1895年以后,随着外来信息和思想的来源从传教士入境宣传到主动向东洋取经,上海扮演的角色除了是向西方开放的窗口,还加添了中日之间的角色。距离东京、横滨、神户最近的地方不是辽东或华北,而是上海。虽然留学生从中国到日本最主要的路线有“上海—神户”、“上海—横滨”、“烟台—神户”等选择,但绝大多数,尤其是来源于留学主要地区,如江南、湖广、闽粤的学生都要取径上海。各省同乡会除了在横滨、神户等地设联络员,以接待在沪下船的同籍留学生外,也在上海设联络员。来自各种各省的留学生搭江轮、乘陆路抵达上海,再坐上赴日的轮船。原本就是各方人士汇集的上海,又成为各省留日学生的中继站。

不仅去往日本途经上海,而且许多留学生回国后,便留在上海从事媒介空间生产活动,他们或是进学堂当教员,或是自行开设学堂(尤其是东文学堂),或者开设翻译所,或者加入出版社。一方面这些留学生显然是受到上海文化产业的吸引,另一方面,他们的加入也使得上海的各式文化、传播机构更为兴盛,形成海内外媒介资源互动的情形。这里仅以翻译出版物为例来说明上海与日本之间的互动关系。

从日本转译进来的西方思想，凭借留学生、海外刊物、书籍来往，从上海逐渐散布到省区。上海在这个过程中的特殊性，表现在以下三个方面。其一，由于1895年之前文化产业奠定下来的基础，让上海已经集中了全国最多的印刷机器、印刷工人、出版社与书商，书刊的商业化也就此形成，如利用可缩小的石印技术生产出的许多科场书刊很畅销。在此时，由于新学书籍逐渐流行，书刊商业化的脚步也亦步亦趋地扩展至新学书籍上。原先这些书刊由留学生或士人翻译或托带，但眼见受众市场逐渐形成，有利可图遂有商人介入。在上海不仅出现许多转售新书的书店、出版新书的出版社，许多原先卖科场书的书商也运用它们原来的招式来贩卖与推销新学书籍，各种盗版、速成书籍和粗制的翻译书开始出现。原先是对新书的需求促使商业因素加入，而商业因素的加入与扩展，又进一步拓展了新学书籍的影响范围。其二，由于上海汇集的大量文化机构，诸如报馆、出版社、翻译所等等，让上海逐渐成为士人聚集之地。一方面长江流域的留日学生都由上海出入，许多人便留在上海发展，如江苏籍的戢翼翚等留学生在上海创办了《大陆报》，这是第一份留学生回国创办的刊物；四川籍的邹容在剪断了南洋学生监督姚文甫的辫子之后回到上海，发行《革命军》；湖南籍的秦力山则与日本人合作创办新社。另一方面，上海周边的趋新江南士人和留日学生，也汇集到上海，寻求新发展。这些汇集在上海的士人与传统地方社会中的士绅不同，他们脱离了原有的社会关系，受雇于各种新兴的文化传播机构，包括报馆、学校、出版社，以操作文字的能力换取金钱报酬，从而改变原有的经济基础。其三，上海租界与其他地方另一个不同点是它处于华洋交界，可说是国内的外国，为清廷专制权力施展不到的地方，相形而言提供了新式传播媒体一个政治干预较小的批判性言论空间，这个空间不仅存在于政治目的明显的刊物书籍中，甚至在小报或文学创作中也得以展现。[①]

1895年前后，中国信息生产的空间发生了深刻的变化。之前，与传统知识相对立或冲突的信息生产主要局限于沿海和沿江条约口岸，主要原因是中国内地不发达的交通邮递、商业经济、思想观念，阻断了

---

① 李仁渊：《晚清的新式传媒与知识分子》，台北稻乡出版社2005年版，第272页。

新信息传播的通道。这些条约口岸对于那些以资本主义为力量的外国商人而言,相当于从无到有地建立与中国社会未必相容的传播通道,但是其影响有限,主要到达传教士可及之处,也主要聚集在中国沿海和南方的沿江地区。而中国知识分子面对的环境是内忧外患,他们主要的意图是利用学会、学校和报刊来调整旧有的官绅关系,但是他们并无意以此挑战旧有的政治权威。创立学会、学校和报刊等媒介对他们的意义只停留在两点。首先,作为联系分散在各地的知识分子的联络纽带。其次,作为越过层层遮蔽中央的腐败官僚,成为士人直接向有权者进言的通道。中下层知识分子欲摇动官僚体制的惰性,从而改变缓慢的官方权力,跳出来领导改革的步调。

需要注意的是,这时知识分子所开办的学会、学校和报刊等媒介,具有高度的政治化,且是依靠旧有的关系维系的。此关系有两种,一是官方上对下的阶层式关系,即纵向传播关系;二是以私人面对面的、或以亲缘或以友谊为基础的私人关系,即横向传播关系。就前者,他们巧妙地利用中央与地方对改革主导权的争夺,说服地方督抚大吏支持其开办学会、学校和报刊。就后者,则是要利用私人间的往来,利用地方士绅此时对地方事务的积极参与,以推展其事业。正是利用固有的官方网络与私人网络这两方面既有的社会关系,新式传播内容可以散布到中国各地,突破以往仅限于口岸的局面。然而,创办学堂、报刊和学会作为中下层官僚和士人之间的纽带后,他们之间又建立起一种不同以往的新关系。这种新关系以报刊为核心,以学堂和学会为两翼,人与人之间逃脱了纵向的秩序,以一种平等的、非个人的交往模式,公开而理性地讨论知识。

无论是上海或是上海附近的地区,他们的共同点是学堂在传递新式出版物具有重要的地位,凭借师长的引介、同学之间的传看,聚集许多同龄青少年的学堂极其容易激发出集体的热情,革命的书刊在学堂学生间迅速流传,如常德中学堂学生集资刻印了留日学生宣扬民族主义的书刊《死里逃生》;江西营学学堂购买阅读《警世钟》、《钟界魂》等书籍的学生络绎不绝。[①] 针对那些身处僻壤的学生,图书室和藏书室

① 桑兵:《晚清学堂学生与社会变迁》,三联书店1995年版,第314—315页。

则为他们提供了使用的图书,即便是那些由于经费短缺,无法为图书室购置图书的学堂和学生,也能从定期来学堂促销的书商那里受益。桑兵曾在《晚清学堂学生与社会变迁》一书中写道,1904 年清廷颁布《奏定学堂章程》,规定高、中、小学堂要设立图书室或藏书室,大学堂要设立图书馆,但限于经费大部分学堂都没有办法购置太多图书。然而学堂与学生自行采取各种应变方式,包括:(1) 设立阅报处,以报刊代替书籍;(2) 利用各地正在兴办改造的图书楼;(3) 学生自办书报,彼此交换;(4) 同学集资购买。[①]

小　　结

在以上海为中心的媒介空间中,媒介的跨地域整合是一个引人注目的特点。这一特点表现在两个方面:一是动员了南方地区和海外的媒介资源,特别是江南的媒介资源。我们知道,传媒群体中掌握象征符号之诠释意义的少数阶层,在以之象征意义区分群体的边界时,必须要有此符号操作展演的空间。而上海这个不属于官方,为知识分子所建立的空间,便成为知识分子操作的符码,以此熏陶国民,建立新的媒介空间。都市媒介空间,除了在形成共识、制造认同之外,同样也可在区隔彼此上发挥作用。他们依托书刊、学堂和学会等组织机构,在原有的知识体制框架之外构建出一种新的知识参与通道。就形成共识、制造认同而言,表现为宣扬国民观念与爱国主义的下层启蒙运动;就彼此区隔而言,表现为民族和种族主义运动。两者均通过学校、学会和报刊之传播内容,以不同形式,如文字,集会、演说等方式传播给更广大的受众。

媒介跨地域整合的第二个方面的表现是,通过发行报刊、组织学会,民间人士能够相互聚合,推进教育、出版的发展。由上述媒介空间生成的知识的作用是对传统知识权力的批判。报刊、学会在鼓动舆论方面还具有"倍增的放大器"的功能,能够将精英人士的求新求变思想加以鼓吹,使其影响成倍放大,并转变为全社会的广泛攻势,进而在整

① 桑兵:《晚清学堂学生与社会变迁》,三联书店 1995 年版,第 314—315 页。

个社会创造出一种新的思想空间和舆论空间，从而刺激公众舆论的产生。[①] 而公众舆论的兴起，不仅有力推动了新思想、新观念的传输，而且也增强了民众对知识变革的心理预期，为媒介空间沿着社会维度进一步扩张奠定了良好的社会心理基础。

需要注意的是，报刊、学会和学校作为媒介的基本结构，并非上海长时间的特征，它只是清末这一短时期的情形。民国成立后，这种三位一体的情形有很大的变化。学会和报刊，从整体而言，不完全是媒介空间固定的一部分，学会在很大程度上党派化，失去了其专业化和学术化的意味，而报刊日益商业化，受制于市场和受众。

以往很多论者常采用哈贝马斯的理论，试图说明上海的媒介空间在中国都市的出现是伴随着新阶级的“上升”而来的，但是笔者试图要说明，上述变化与其说是伴随着新阶层产生而来的，不如说同已有的阶层的“下沉”和“离心化”密切相关，正是清帝国的知识中坚的自我离心化过程，又最终导致了对清朝政府和帝国主义世界秩序的双重反叛。都市又在这段历史中扮演了特殊的角色，媒介从乡村到上海这一都市空间的迁移，以及空间意义在这个过程中的变化，记载、展示并参与了中国都市知识主体的这一离心化、边缘化乃至双重反叛的过程。

本章主要从三个层次上展开，第一，以上海为中心的城市媒介空间的出现，是因西方知识入侵以来的以跨地区性的地方性实践以及世界主义的空间特征为重要标志，并试图找到乡村与城市媒介之间的差异。

第二，通过对教育社、《东方杂志》、南洋公学、张园的个案分析，表明以上海为代表的城市媒介空间特征不仅是西方影响的结果，而且是地方性知识实践的产物。这些空间展演了新型知识集团如何利用外来的知识挑战已有的知识秩序。

第三，也是最重要的是，随着晚清政治的一系列失败，清王朝的知识中坚开始出现颇为反讽意味的、辩证的转变。上海的媒介空间见证

---

① 在南洋公学“墨水瓶事件”事件发生后，《苏报》特辟“学界风潮”专栏，大量刊载各地官私学堂、书院以及教会学校种种专横、腐败的消息，对学潮大家揶扬，不啻火上浇油，于是，学生反抗学校当局，遂演变成全国普遍之风气。

并参与了这个转变：在那里，本可能成为西方资产阶级翻版的中国精英们，变成了质疑清朝政治乃至帝国主义全球政治的反叛者。城市媒介空间变成了公众演讲和政治集会乃至组成都市联合阵线的中心场所，它使得原来的帝国的内景变成了批判群体的政治前沿。

另外，我们还应当注意到，在都市媒介空间中，传统的血缘、地缘的自然关系虽然不起主导作用，但是在相当程度上，依然发挥着潜在的作用，宗亲关系、同乡关系，深深地镶嵌在现代都市的人际交往中，与现代的文凭身份等级、意识形态认同和都市地域文化交织成一个巨大复杂、相互缠绕的交往关系网络。在这个迷宫一般的彼此重叠的关系网络中，每一个知识分子的团体认同、交往空间和身份归属都不是单一的，而是呈复数状态，可以按照不同层次的价值和身份取向，有多种团体认同和身份归属，这形成了知识分子个体身份的复杂性和多元性。

第四章　媒介空间的位移

——从上海到北京

空间是被实践了的场所。由都市规划所定义的几何性街道在行走者(的脚步下)转化为空间。同样,阅读行为也是经由对某一特定地点的实践所生成的空间;一部被书写的文本,亦即一个由符号系统所组成的地点。

——〔法〕米歇尔·德塞图

西欧有一句与法律有关的谚语——"城市的空气给人以自由",城市培育自由的市民的同时,市民也守护着城市的自由。如此相互作用之下,产生了西欧近世的城市和城市文化。马克斯·韦伯却认为,"中国的城市没有出现像西欧城市的誓约结社和自律政治团体那样促使城市在法制上、军事上获得独立的力量。因而,中国的城市一直停滞在前近代的性质"①。因此,如果我们将晚清以降在上海形成的近代媒介空间完全认同为现代媒介生产的空间的话,那么还得观照国家与社会对媒介生产的扶持和制度安排。

对于晚清媒介与城市空间的探讨,研究者多集中于上海、武汉、成都这些城市。比如方平的博士论文就是对晚清上海的公共领域进行探讨的力作,而王笛则以个案的形式对晚清长江上游地区公共领域的

---

① 〔德〕马克斯·韦伯(Max Weber):《儒教与道教》,商务印书馆 1995 年版,第 18 页。

发展进行了研究。① 许纪霖的研究表明：晚清以来的上海公共空间，以1896年梁启超在上海主持《时务报》开始，随着各种具有时论功能的报纸、杂志以及知识分子社团、沙龙的涌现，20世纪上半叶的中国有过一个类似欧洲那样的生产公共舆论的公共领域。以地方士绅为主体的管理型公共领域不同，它在中国的历史中自有其渊源可循，来自儒家的民本主义思想、古代士大夫反抗性的清议传统，这些传统因素在清末公共领域最初的形成和合法性方面，扮演了重要的作用。批判性公共领域的主体不是那些地方性士绅，而是具有现代意识和救世关怀的全国性士大夫或知识分子，他们通过公共媒体、政治集会和全国通电，形成了颇为壮观的公共舆论，对当时的国内知识界产生了相当的影响。

然而，可以观察到，大多数学者对于上海媒介空间的探讨，特别是公共领域对现代中国知识的探讨，止步于1911年，之后上海的媒介空间逐渐让位于北京的媒介空间。

第一节 媒介空间的让渡

20世纪初年，由于清政府推行"新政"以及城市经济、文化的快速发展，极大地激活了整个社会的自主意识和创新潜力，上海的媒介空间的发展也因此获得种种更加有利的基础性条件和更加广阔的社会活力，呈现出全面勃兴的态势，展示出前所未有的生机。由于自身的扩张在很大程度上受惠于"新政"的推行，因而媒介空间在推动社会朝着独立与自主的方向迅速发展的同时，对于国家也不无依附性与眷顾之情，尤其对官方的某些改革政策，更是采取积极配合、支持的姿态。然而，时至辛亥前两三年，旧人办"新政"的种种弊端日益暴露，令社会各阶层强烈不满，加之各种内外矛盾的激化，知识分子中激进实力派逐渐占据主导地位，引导上海为中心的媒介空间发生某种转折，趋于激进化，并最终汇入资产阶级民主革命的洪流之中。民国以后，无论是社会自身内部结构的调整，还是社会与国家之间相互的变化，较之

① 王笛：《晚清长江上游地区公共领域的发展》，历史研究1996年第1期，第5—15页。

晚清已经不同，媒介空间有一个急转，转向了政治一向保守的北京。

虽然近代中国，新媒介空间在上海已经出现雏形，但是民国以来，干扰媒介空间正常发展的主要因素也在增加，比如无法建制化或无法控制的激进化和日益的党派化。虽然从19世纪末中国社会已经形成了以上海为中心的媒介空间，民国以后的中国尽管有了言论、出版、集会等自由，但是这些自由仅仅是一纸文书。事实上，社会舆论经常受到政府的干预甚至迫害。与西方自然演进的媒介空间相比，晚清的媒介空间有以下特点。

首先，从中外对比的角度来看，晚清上海的媒介空间与西方的近代以来的媒介空间有所差距。

孟悦曾经在《"世界主义"景观与双重帝国边界上的都市社会》一文中谈到，尽管许多学者观察到在租界当局与清政府管理之间形成的分歧带来了政治公众参与的出现。但是她并不同意这样的看法，即清政府和英帝国在行政上的空白会自动导致公共空间的出现。[①] 她进一步分析道，上海的公共空间与哈贝马斯所言的公共空间有差异。哈贝马斯所言的公共空间的出现与资产阶级的"上升"之间建立的相互关联乃至因果关联，公共空间的形成与资产阶级理性社会的形成之间的联系，在哈贝马斯的著作中是自明的。然而在中国的历史语境中，假定公共空间的"出现"连带一个资产阶级的"上升"，或者相反，假定资产阶级的"上升"可以连带出公共空间的"出现"，实际上可能会带来误导。孟悦通过分析以上海张园为代表的公共空间，说明这一空间所展示的是上层阶级的没落，而不是其"上升"为清末批评群体的出现让了路。这一批评群体具备民主和革命的精神诉求，但它却不是欧美上升资产阶级的翻版，倒是它的另类。从张园"产生"出来的批评群体很可能说明这一点，即清帝国上层阶级的"离心化"的过程，在20世纪初已经发展到容忍"持不同政见"者的程度。在这个意义上，上海的都市内景养育着的是一批新的、与清王朝和帝国主义势力相对立的政治人物。

---

① 孟悦：《"世界主义"景观与双重帝国边界上的都市社会》，见刘东编：《中国学术》（第十三辑），商务印书馆2003年版，第54页。

在许多文学史家看来，上海是小说界革命的阵地、新小说的本营，但是通过小说启蒙并用来建构新知识的思路实在要经过一个漫长的过程，而普通大众的阅读需求，又影响着小说的创作与翻译。就这一点，笔者在《政治化阅读与反阅读》一文中已经做了比较深刻的阐释。因此，人们很奇怪地发现这个现象，即虽然上海是小说界革命的阵地、新小说的本营，为什么好像朝夕之间，又被旧小说“光复”了呢？[①]

胡晓真分析道，民初在上海兴起的旧小说，是与都市文化有着密不可分的关系的。1910 年代，活跃于上海小说界的作家，大多数出身于江浙一带，尤其是苏州以及江苏各县。这个统计资料见证的是上海成为南方新文化中心的历史现实。当时的文人还不能算是职业作家，但他们在新兴都市里安身立命的选择，显然比往昔多了很多。而写作小说，不但不必藏头露尾，还可求得名利，晋身名流，这也唯有上海新兴的报刊杂志等媒体才能促成。[②]

虽然胡晓真在其文章中借民初以弹词小说为代表的文学，说明旧派作者如何在旧形式里，试图突破传统，发展新说；有的要批判新潮流，有的要朝向新社会，还有的要游戏人间，但是他们都是民初上海社会的产物，而且还自以为可以继续影响上海社会。的确，当时的上海以市井为阅读对象的文学创作现在看来，如张华所言：“（清末民初）……启蒙主义高调是丧失自我的趋新赶潮流，张扬娱乐主义才是新潮流中的自我解放。”[③]然而，清末的真实情况是，在中国的上层精英看来，以市井百姓为对象的文学不是真正人的文学，也不是人民的文学。在他们看来，预设文学的目的乃在于启迪民智、改良风俗、重塑国家，所以文学的评价便由其效果而决定。这样一来，形式是新或旧并不重要，其思想意识的正确性才是决定一切的标准。的确，与新文学比较起来，像弹词小说这样的作品，反倒与 1918 以降民间文学运动极力推

---

① 胡晓真：《新理想、旧体例与不可思议之社会——清末民初文人的弹词创作初探》，见 李孝悌编：《中国的城市生活》，新星出版社 2006 年版，第 255 页。

② 同上书，第 258 页。

③ 张华：《论清末民初通俗小说的娱乐主义倾向》，《山东大学学报》2000 年第 1 期，第 13 页。

崇称扬的民间传统关系更为深厚。[①] 按照胡晓真的分析，问题显然不是这么简单，因为无论其意识正确与否，这些旧形式究竟还是被淹没了。

许纪霖曾对比晚清上海的公共领域与哈贝马斯所言的公共领域的不同，在他看来，以上海为中心的现代中国公共领域，依然与哈贝马斯所说的以欧洲经验为历史底色的公共领域，有众多不同：其在发生形态上基本与市民社会无涉，而主要与民族国家的建构、社会变革这些政治主题相关。因而，中国的公共领域从一开始就不是以资产阶级个人为主体，而是以士大夫或知识分子群体为核心，跳过欧洲曾经有过的文学公共领域的过渡阶段，直接以政治内容作为建构的起点，公共空间的场景不是咖啡馆、酒吧、沙龙，而是报纸、学会和学校。[②]

毫无疑问，晚清后十年，清政府的国家政策以及租界这一特殊的社会政治生态环境对上海以学会、学校和报刊为特征的媒介空间的孕育、发展、壮大，起到了积极的促进作用。但是需要指出的是，这两者均不能构成一种基础性的制度构架，也就是说，晚清上海的媒介空间并不是在一种健全的宪政体制的基础之上发展起来的，缺乏完善的法律体系作为保护屏障或法制规范。因此，这一空间在发展过程中既不能平息或整合其自身内部的种种"异端"诉求，同时也始终难以摆脱来自国家政权以及其他外部势力的侵蚀。所以在外界政治风云激烈变幻之际，刚刚构建起来的具有现代性质的媒介空间就发生了某种转折和畸变，而这一变化首先是从报刊开始的。

辛亥革命前夕，一方面由于革命党人舆论宣传力度的加大，另一方面由于清政府的顽固不化，以报刊为代表的媒介空间普遍出现激进化倾向。《民立报》在创办伊始，对于革命的宣传尚比较含蓄。尽管其主张颇为激进，"但论文多以学理为根据，唤起国民同情革命，力除叫

---

① Huang Chang-tai, *Going to the People: Chinese Intelletuals and Folk Literature, 1918—1937*, Cambridge Mass.: Council on East Asian Studies, Harvard University, 1985, pp. 1—12.

② 许纪霖：《都市空间与知识群体研究书系序》，见方平：《晚清上海的公共领域(1895—1911)》，上海人民出版社2007年版，第8页。

嚣之气”[①],凡所议论,“能从根本上反复详言清政府的腐败,唤起国民担负国事的责任心。所以尤受国内外知识阶层的欢迎,学校之内,市肆之间,争相传览”[②]。但随着革命形势的高涨,该报的言论也越来越激烈。至1911年夏,《民立报》的言论已充满火药味。它直斥清政府是“冥顽不仁之政府”、“倒行逆施之政府”、“万无可恃之政府”,公开支持各地的反清斗争,成为上海乃至全国宣传革命的权威报刊。武昌起义爆发后,《民立报》配合革命形势的发展,积极进行舆论宣传,及时报道各地的起义与独立的消息,阐明革命的历史正当性,“每天都登载着振奋人心的专电,激励民气的短评”,销数顿由数千份激增至二万份。报馆门前,还贴着有关最新战况大字报,“不是某处光复,便是革命军怎样胜利”,一天贴好几次,引得市民纷纷前往观看,以至报馆所在的望平街万头攒动,道路为之填塞。[③] 1911年10月28日,《民立报》以《中国革命宣言书》一文作为“代论”,猛烈抨击清政府“殚其凶虐,恣行无忌”,号召全国民众奋起革命,“同指北庭,挞彼元凶”,影响尤大。

《民立报》为革命报刊,对于革命的宣传不遗余力,这比较容易理解。然而,一些原本态度平和、主张渐进改良的立宪报刊在辛亥前的改弦易辙、日趋激进,就让人费解了。1910年2月20在上海创办的《国风报》,主持人梁启超的本意是“以忠告政府、指导国民、灌输世界之常识,造成健全之舆论为宗旨”。先后发表了《国会与义务》、《责任内阁释义》等文章,阐述了中国实行君主立宪制的必要性,论述了君主立宪制的构想,主张改革财政制度,鼓吹发展民族资本主义的实业和金融,还对国情作了多方面调查研究,范围涉及政治、经济、军事、社会等领域。起初,该报言论平和,少有激烈之辞。然而,自1910年国会请愿运动高涨之日起,该报“殆无日不与政府宣战”。因愤于清政府在召开国会问题上一再拂逆民情,梁启超竟公然撰文宣称:“犹记当举国请愿国会最烈之时,而政府犹日思延宕,以宣统八年五年等相搪塞,鄙人

① 王彭年等:《上海国人自办的中文日报》,见上海市文史馆文史资料工作委员会编:《上海地方史资料》(五),上海社会科学院出版社1986年版,第19页。

② 戈公振:《中国报学史》,上海书店1990版。

③ 郑逸梅:《书报话旧》.上海:学林出版社1983年版,第226页。

感情既极，则在报中大声疾呼，谓政府现象若仍此不变，则将来世界字典上，决无复以‘宣统五年’四字连成一名词者，此语在《国风报》中凡屡见，今亦成预言之谶矣。”①

至武昌起义之后，《时报》等立宪报刊转而公开附和、支持革命。1911年10月13日，即武昌起义后的第三天，《时报》发表一篇题为《论政治思想与革命势力之消长》的社论，以“答客问”的方式，一方面说明“革命党所揭橥之主义，为种族革命，而非政治革命”，而“种族革命实缘政治革命而发生，政治革命又缘政治思想而发生”。另一方面也明确指出，“今日革命风潮之所以遍于各省者，实由政府腐败有以致之也”②。此后，该报又陆续发表了《论鄂乱》、《哀哉制造革命之政府》、《忧乱危言》、《鄂乱之各方面忠告》、《政府之让步已迟矣》等文，反复陈论“革命为专制政治下之产儿”，“革命实由今日之政府造成之也”③，公开抨击清政府的专制统治，从舆论上为革命的正当性作辩护。尽管当时湖北军政府已宣告成立，散布在各地的革命党人也正加紧作起义的准备。

相对于清末民初中国的包括上海的其他城市，北京在舆论环境的扩展和多元化方面有着独特的优势，这为新信息的生产奠定了良好的空间。根据杨早的分析，一是庚子事变之后，配合宪政风潮兴起与国族危机意识高涨，中国北方以北京为中心，展开过一场声势浩大的下层社会启蒙运动，相当成功地培养了北京民众对报纸、演说等现代舆论手段的接受；二是民国后的北京各报纸以政党、教会等为依托，各为其主，众声喧哗，形成了相互冲突、竞争的舆论态势。到“五四”前夕，北京的报刊呈现出以下特点：各党各派、各种利益集团均拥有自己的言论机构，令多元化的言论空间成为可能；主流报纸的企业化程度较高，受政治势力控制程度相对减弱；清末白话启蒙传统的延续，使报刊对于北京民众的亲和力高于其他地区，连最“先进”的报界都为之惊

① 梁启超：《初归国演说辞 · 鄙人对于言论界之过去及将来》，见梁启超：《饮冰室合集》（文集二十九），台北商务印书馆1986年版，第3—4页。

② 孤愤：《论政治思想与革命势力之消长》，《时报》1911年10月13日。

③ 孤愤：《哀哉制造革命之政府》，《时报》1911年10月16日。

叹。[1] 以地域而论，选择北京而非更为“先进”、“开放”的上海，除了新文化运动的中心北移的因素外，北京的舆论环境包含着更多的阶层话语与对立元素，从而扩大了公共话语的包容性，也是一个重要的理由。[2]

虽然晚清之际，知识分子已经察觉到了只是启蒙士绅不足以救国，于是提出启民智的口号，最早的当属严复在1895年提出的“鼓民力、开民智、新民德”的口号，梁启超也企图借助小说之不可思议之力开启民智，但是时至“庚子事变”之前，对于下层的启蒙依然停留在少数精英知识分子议论阶段。学者李孝悌就在《清末的下层社会启蒙运动:1900—1911》一书中描述中国思想界的变化：

> 在短短五六年间，由于义和团和八国联军造成的前所未有的危局，使得“开民智”的主张一下子变成知识分子的新论域，“开民智”三个字也一下子变成清末十年间最流行的口头禅，其普通的程度绝不下于“五四”时代的“德先生”与“赛先生”。一般“有识之士”或所谓的“志士”，深感于“无知愚民”几乎招致亡国的惨剧，纷纷筹谋对策，并且剑及履及，开办白话报；创立阅报社、宣讲所、演说会；发起戏曲改良运动；推广识字运动，展开了一场史无前例的大规模民众启蒙运动。少数思想家的言论顷刻间转化成一场如火如荼的社会运动，也为中国现代史上的民粹运动写下动人的第一章。[3]

然而，这场由“庚子事变”带来的启蒙运动，其主要的推动力并非来自南方，而是主要来自于北方。根据杨早博士的分析，由于义和团运动与庚子事变，中国的北部地区受难最重，而南方富庶地区，由于李鸿章、张之洞、刘一坤等地方大员与西方各国签订的《东南互保条约》，所受冲击较小。尽管以上海为代表的南方地区的思想文化启蒙环境

---

① 《警钟日报》1904年11月17日。

② 杨早:《清末民初北京舆论环境与新文化的登场》，北京大学出版社2008年版，第5页。

③ 李孝悌:《清末的下层社会启蒙运动:1900—1911》，河北教育出版社2001年版，第15—16页。

大大优于北方,但北方知识分子与下层民众在这场下层社会启蒙运动中却表现出比南方更大的热情。这也是在上海形成的媒介空间转向北京的一个不可忽视的原因。

其次,上海媒介空间被政治染指。离别了七年之后,1917年夏天,胡适回到了上海,他发现了这个曾经有过激动人心的思想生活的城市,已变得死气沉沉、令人窒息了。几年以后他写道:"我方才知道张勋的复辟乃是极自然的现象。"他在中国所看到的一切证实了他在离开美国之前就已形成了的观点——此时他更为坚信——思想与文化的更新必须先于政治的改革,在满意的政治解决实现之前,新的社会价值必须要取代旧的。由于归国伊始受到的感情震动和失望,胡适下了这样的决心:"20年不谈政治"。因为他相信20年后会"替中国政治建筑一个革新的基础"①。胡适所看到的这一切,正是当时上海媒介空间变化的写照,即媒介空间不再是受租界保护下的自由媒介空间,它已经深受政治的染指,这种现象在报界尤为严重。

民国之后,官方政治势力介入上海报界、贿买报纸,几成冠冕堂皇之举。袁世凯当政期间,不仅在上海办有《亚细亚日报》等官报,还收买了《大共和日报》、《时事新报》等报。一些报人经不住诱惑而纷纷"落水"。曾经在上海创办《中国白话报》、以"白话道人"为笔名的著名报人林獬,民国后转至北京办《社会日报》,起初尚敢直言,但不久即被袁世凯以月给银3000元而收买。自此,林氏"服食以奢",且坦然说道:"吾为金人矣。"②"金人"虽不乏锦衣玉食,但匍匐在权势之下讨生活,作为报人的独立人格和批判精神已经无从谈起,所以亦只能是三缄其口的泥塑"金人"。

较之于以金钱为前驱,诱之以利,贿买报刊,"报案"则是以权威作为后盾,劫之以势,以强权对报界进行打压的一种手段。民国初年,报案屡屡发生在上海。比如,1912年5月,创刊不久的《民权报》就因刊

① 胡适:《我的歧路》,见胡适:《胡适文存》(第二集、第三卷)上海亚东图书馆1929年版。

② 马叙伦:《石屋续沉》,上海书店1984年版,第86页。

载《反对外债》论说时评，措辞过激地批判袁世凯当局，而被租界当局控以“诽谤罪”。结果，主笔戴季陶被拘传，报馆被迫停刊；《民立报》、《民强报》等亦被禁止在租界之外的地区发行等。在这些报案中，虽然都是租界当局出面压制，但与袁世凯政权的黑手在上海报界的活动不无关系。

官府的贿买与打压，租界当局的限制与摧残，极大地损害了报刊业的健康发展。特别是袁世凯阴谋复辟帝制，报纸的公共批判功能日渐式微，“钳口结舌，相率标榜，不谈时政，唯以迎合社会心理为事，其故或以营业为宗旨，不欲开罪于人，或有党派与金钱之关系，不敢自作主张，于是人民无所适从，军阀政客无所顾忌”[1]，造成国内无舆论的现象。尤其是洪宪复辟之后，军人执政，祸乱相寻，因受种种利诱威胁之蹂躏，报界许多从业人员自甘堕落，少有“铁肩担道义，辣手著文章”的勇气和抱负。于是，“因利津贴而办报者有之，因谋差缺而为记者者有之，怪状尤百出，于是杀记者封报馆之案，亦屡见不鲜。自好者流幡然觉悟，改向本身努力，以求经济之独立，然商业色彩太浓，渐失指导舆论之精神”[2]。

再次，上海传统文化底子薄也是制约上海媒介空间进一步拓展的重要原因。上海在开埠之前，在文化上既不如松江，也不如嘉定，更无法与人文荟萃的苏州、常熟相比。正由于传统文化薄弱，上海在接受西方文化影响时阻力较小，而西方文化的影响又帮助壮大了上海的文化实力。但是，上海文化底子薄的状况仍然影响到上海以后的文化发展，其中最重要的薄弱环节，便是对教育不够重视。

上海的近代新式教育起步并不晚，可谓在中国处于领先地位。1850 年，英国传教士就在上海创办了英华书院；1874 年，徐寿和傅兰雅创办了格致书院；1878 年，张焕纶创办了正蒙书院；1879 年，美国传教士创立了圣约翰书院；1882 年，美国传教士林乐知又创办了中西书院。就当时的中国近代教育情况看，上海无疑是处于领先地位的，这些学

---

① 戈公振：《中国报纸进化之概观》，见张静庐编：《中国现代出版史料》（丁编上卷），中华书局 1959 年版，第 12 页。

② 同上书，第 11 页。

校要比1898年创办的京师大学堂早很多年。

然而这些学校也有它的弱点，首先是实用性强，偏重于理工科，而往往忽视了人文学科，即使是文科课程也偏重于文学或法政；其次是招的学生人数很少，教育水平低。一直到1894年，圣约翰书院的注册人数只有6人，到1900年也只有23人。而且在相当长的一段时间内，圣约翰书院只有中等学校的水平。[①] 其他各所学校也大抵如此，招生人数往往最多数十人，实际教育水平只有中等学校的水平。而且教会也带着实用的眼光看待教会学校，着眼点在于培养牧师等传教士，学校课程有很强的教会色彩。正如卢茨所发现的：教会大学"除中文外，只有数学和宗教开有各种高级课程"，而且"并不重视社会科学"，"一般很少开设选修课和高级课程"[②]。尽管在晚清和民初又增加了不少这样的大学，但是总的说来，一直到20年代初，上海依然没有一所像样的大学，一所真正近代意义上的大学。

在近代体制下，大学与报刊出版是媒介发展的两个最重要的方面。尤其是在中国，与东方其他国家一样，由于新知识的社会基础是以新型学生为主体而不是像西方那样以市民为主体，大学所起的作用便更为重要。另外，与新闻出版业相比，大学受到的市场束缚较少，可以比较深入地探索知识，因此大学往往成为新知识的支撑和堡垒。

民初的中国正处于新旧嬗变的关键时期，大学作为文化堡垒理应在上海发挥重要的作用。然而，民初的上海的大学却未曾起到这样的指导作用。这就使得上海繁荣的新知识失去了发展的方向，在市场中随波逐流。[③] 陈独秀1915年在上海创办《新青年》的前身《青年杂志》，是在孤军奋战。蔡元培在1916年回到上海时，北京由于袁世凯去世，黎元洪继任总统，北洋军阀的政治控制大大缓和。蔡元培被邀请出任北京大学校长，当时多数人认为北京大学腐败，劝他不要去就

① 〔美〕杰西·格·卢茨：《中国教会大学史》，曾钜生译，浙江教育出版社1987年版，第27—28页。

② 同上书，第61—62页。

③ 上海是一个近代商业城市，近代化的报刊出版尽管促使它在新知识获取上出现空前的繁荣，然而繁荣并不等于深刻。市民的需求日益起着决定性的作用，发展到了民国初年，大部分报刊和出版物都已经市民化了，肤浅媚俗成为这一阶段的取向。

职，孙中山则认为北方需要传播思想，应当让蔡元培去主持教育。[①] 以往学界认为蔡元培是接受孙中山的意见北上就职的，其实未必。按照蔡元培的思想，教育是应当超出党派立场，超出政治之上的，他最终选择到北京大学出任校长，并立志改造这所大学，是因为他看到了大学的作用，而像北京大学这样具有相当规模、固定经费、师资学生都不错的大学，又是上海所没有的。陈独秀之所以选择北京大学做文科教长，也主要是看上了北京大学的办学条件。1920 年，陈独秀从北京回到上海之后，曾发出这样的感慨："偌大的上海竟没有一个培养高等知识的学校，竟没有一个公立的图书馆，到处是算盘声、铜钱臭。"[②]上海缺乏像样的大学使得蔡元培、陈独秀、胡适、鲁迅、周作人、刘半农等新文化运动的发起者难于再次实现他们的抱负，于是这些知识分子不得不从上海转移到北京。

鉴于上述三点原因的分析，我们就不难理解，为什么上海在晚清成为媒介中心之后，到了民初反倒有一种难以为继的感觉。

第二节 北京独有的启蒙环境

与上海相比，虽然民国时期北京的报纸数量较少，但是传播效果要胜于前者。这样就出现了一个问题：虽然以启蒙为宗旨的白话报热潮起于上海，但是白话报纸真正深入下层民众并造成巨大影响，却在京津两地。杨早分析了三点主要原因，一是语言因素，二是地域文化因素，三是办报方针因素。[③] 此外，笔者还认为商业化程度也是一个重要的因素。

首先看语言的不同。在 1903 年创刊的《中国白话报》是在上海最著名的白话报，为旬刊。《中国白话报》主办人林獬（又名少泉，后改名白水），福建侯官人，留日学生，自号白话道人、林白水。该报设论谈、新闻、实业、文明介绍等栏目。在以往的新闻传播史中，常常提及该报

---

① 高平叔：《蔡元培年谱》，中华书局 1980 年版，第 36 页。

② 陈独秀：《三论上海社会》，《新青年》第 8 卷第 3 号。

③ 杨早：《清末民初北京舆论环境与新文化的登场》，北京大学出版社 2008 年版，第 23 页。

所刊文章通俗易懂，生动形象，深受读者欢迎，是当时出版的白话文刊物中历时最久、影响最大的一种，该报是一份启蒙白话报。其主办人林獬在发刊词中就表示，此报虽然身处上海，却希望“能够叫十八省的人都听得着”，所以必须使用“刮刮叫的官话”。根据杨早的考证，虽是所谓的“官话”，但却不是南方日常通用的口语，而是更多借鉴了明清白话小说的书面语。这种类似明清白话小说的书面语，并非是老百姓的日常生活使用的语言，不免影响他们对报纸内容的理解和认同，尽管初期的《中国白话报》偶然会在新闻或通信中使用苏白，但随着报纸的影响力达到江南以外的地方，苏白已力所不及。上海的白话报之所以求助于类似明清白话小说的书面语，是因为尽管办报人意识到当时在中国同行官话，只需模仿北京官话，自称一种普通国语，但是他们却无法将口语与书面语结合起来，只好往明清白话小说去搬救兵，所以林纾反对白话的理由之一就是“今何尽白话道之，吾恐浙江安徽之白话，固不如直隶之佳也”[①]。相比而言，在北京办的白话报《京话日报》，由于彻头彻尾地使用白话，所用语言与当地民众生活语言基本一致，不仅正报“通篇概用白话”，连商家送来的广告页要求“概用白演”，传播效果极好，以致上海的《警钟日报》记者曾经以惊异的口吻报道北京“担夫走卒居然有坐阶石读报者”[②]，当可看作上海启蒙报人对北京同行对社会底层启蒙效果的羡叹。

其次，地域文化的不同。上海是一个典型的移民社会，“在沪之人多系客居，并无土著”。这个移民社会有两大特征。一是商人和青年学生是移民群体的龙头和骨干；二是移民来源广而杂，遍及二十来个省份。[③] 这意味着上海缺乏严格意义上的本土下层社会，更没有稳固的底层文化。在一个商业化成分较重的社会里，缺乏经费的启蒙知识分子，即使想大量设置阅报处、贴报处，但是操作起来也远比北方困难。除办报之外，其他启蒙手段也难于在上海实行。仅就启蒙知识分子推崇的戏剧改良而言，上海就没有一种底层民众一致喜爱的艺术表

---

① 林纾：《论古文白话之相消长》，见郑振铎：《中国新文学大系·文学论争集》，上海良友公司 1935 年版，第 80 页。

② 《警钟日报》1904 年 11 月 17 日。

③ 乐正：《近代上海人社会心态》，上海人民出版社 1991 年版，第 15 页。

现形式。按照杨早的分析，下层社会缺乏关注重点和表达手段方面的通约性，很容易导致启蒙者的眼光上调至更为稳固和显性的绅商和学生群体。但是，对于这些中等社会群体而言，白话报较之于文言文的优势几乎荡然无存。上海白话报的生存时间不长①，与地域文化的制约应该有着直接的关系。②

再次，办报方针不同。③ 以《京话日报》为例，虽然初期传授的是实用知识，如"造脚踏车"（第 8 号）、"坐火车须知"（11 号）、"谈冰雹的缘故"（15 号）等篇章，但是这些实用知识很快从《京话日报》上消失，取而代之的是与国家、民族存亡相关的时事。如 99 号的"儿童解字"中对"倭"和"韩"两字的解释就渗透着浓厚的时事色彩。

> 倭：就是日本。在明治维新后，国势日强，现与俄国开仗，已把辽东各地占据，我们中国，自居局外，将来怎样了结，甚是可虑。
>
> 韩：就是高丽……我们中国，如不以韩为戒，祸害不小。

《京话日报》的办报方针可谓是重时事而轻新知，这一方面由于北方出现了种种危难局面，一方面由于办报的启蒙知识分子对启蒙运动和报纸功能的认识。在《京话日报》，到处可见由于国难致家道中落的悲凉情形的文字："卖过白面，自己赶车拉过水，扛过麦口袋，还有果子巷摆过挂货摊子。"④反映出自庚子事件之后，北京的社会等级秩序被完全打乱的情形。

《京话日报》第 303 号写道："我说他是一个中国人，生了一个爱中国的热心，他作不了他心的主，愿意我们中国人，都学着他爱中国，知道爱国，就得要强，还要知道什么是公益，什么是私利……总而言之，

① 在上海高度发达的报业中生存，白话报的生存空间较为狭小。因为传播新闻时事和表达公共舆论是由《申报》、《新闻报》、《时报》等大报承担的，白话报既无必要，也不可能（出版周期太长）。《宁波白话报》、《中国白话报》均发行不足一年，分别出版 14 期、24 期；而北京的《京话日报》则发行了两年余，共 753 期。

② 杨早：《清末民初北京舆论环境与新文化的登场》，北京大学出版社 2008 年版，第 58 页。

③ 彭翼仲曾经指出，"南边出的有《中国白话报》、《芜湖白话报》、《杭州白话报》、《绍兴白话报》、《成都通俗报》，都是极好的，但有一层，都是订本子的，不能天天看见，还觉得不大方便。"见《看书比读书还强》，《京话日报》14 号，1904 年 8 月 29 日。

④ 彭翼仲：《诉委屈》，见《京话日报》205 号，1905 年 3 月 16 日。

为开民智，这是他作报的苦心。”这样，《京话日报》对新知的普及让位于爱国的呼吁，启蒙初衷包含的给予下层民众基本知识教育的部分，受到严重限制甚至被取消。

最后，媒介空间受商业染指不同。清末上海的媒介空间已经被商业所染，仅以翻译出版物为例，就出现了以翻译小说为主要内容的诸多刊物，著名的有《绣像小说》、《小说林》、《新新小说》、《月月小说》、《小说月报》。当时一般人对西方的了解，其“国家”与“社会”意识，民主与宪政观念，科学常识，自由、民权、女子解放等流行观念，大都是通过翻译小说获得的。晚清翻译小说，在那个特殊的时代，最大限度地发挥了舆论传播和思想启蒙的作用。

从传播学中传播流的有限效果论可知，传播效果的产生，受到受众某些心理因素的制约。这样就为后人解释因何晚清引进小说中少部分为政治小说，而大部分为言情和侦探小说之现象提供了有力的理论支撑。清末，经过历次政治危机，皇权权威性地位渐降，一直是消极被动接受等级传播信息的大众开始发生转向，其不全是精英知识分子摆布的信息接收者，由大众所衍生的平级传播效果反作用于传播秩序中的主宰势力——“精英阶层”的价值取舍，其影响力有所增大。而小说读者的阅读兴趣驱动着某种类型作品的衍生和大量繁殖，如此便更加剧了这种反作用力。

尽管精英知识分子利用的是小说的教化功能，但小说固有的消遣功能一经大众传播就会凸现出来。加之在商品经济比较发达的大都市，小说的传播更是离不开视其为消遣的大众。翻译小说需要读者，而出版商需要顾客，因此，翻译小说无法回避大众读者口味的影响。言情小说和侦探小说的大量翻译，消解了知识分子启迪民智的意愿，也使上海通过小说的启蒙设计让位于娱乐消遣。

相比而言，北京一直处于政治中心的地位，媒介的商业化倾向未能有效展开，这样就使得其民众相对处于一种封闭、蒙昧的状态，在类似《京话日报》这种急功近利的片面的“启蒙”媒介的作用下，便可以掀起了轰轰烈烈的社会运动。

第三节　作为过渡之知的无政府主义

我们知道,国家与社会的关系可以有高度的同构性,这往往导致两者在功能上重合度亦高;国家与社会的关系也可是强国家、弱社会,或弱国家、强社会。近代中国经历了时空裂变,国家、社会如此,而呈现国家、社会裂变镜像的传媒事业亦如此。救亡图存压力下的国家与社会关系发生了变化,书刊作为呈现时代变迁镜像的载体,其政治舆论聚焦于国家、社会强弱问题的探讨。[①] 除了北京舆论对民众的政治启蒙外,无政府主义思潮和北京启蒙书报刊的结合不容忽视。

中国知识分子最初接触无政府主义思想是从日本,日本可谓是无政府主义的"中转站"。19 世纪末到 20 世纪初,社会主义思潮在日本十分流行。马克思主义、无政府主义以及社会民主主义等各种思想被陆续介绍到日本。一段时间里,这些思想相互混淆,鱼龙难辨。无政府主义被日本一些早期马克思主义者当作革命的、进步的思想接纳,直接影响到当时在日本留学的中国学生。

1902 年上海广智书局发行了马君武翻译的《俄罗斯大风潮》一书,译者在序言中介绍说,无政府主义是一种"新主义"。同年商务印书馆出版的《社会主义广长舌》一书,其中"无政府主义之制造"一章为日本早期社会主义者幸德秋水所作。1903 年上海出版了《无政府主义》一书,是张继根据日文书刊中无政府主义的思想资料编译的。也就是这一年,上海广智书局翻译出版了两本宣传无政府主义思想的书,一本是日本福井准造所作的《近世之社会主义》,其中介绍了普鲁东的生平、著作和学说,以及无政府主义主要的思想主张。另一本是西川光次郎所著的《社会党》,其中详细介绍了欧洲的虚无主义派。此外,《自由血》、《虚无党》、《百年后的新社会》、《近世无政府主义》等都是 19 世纪末 20 世纪初风靡日中两国的无政府主义书籍。这些图书的翻译基本上出自留学日本的中国学生之手。

---

① 王天根:《晚清域外报刊与无政府主义学理的媒介镜像——以《天义》及《新世纪》为中心》,《安徽大学学报》2010 年第 1 期,第 116 页。

无政府主义除了影响留日学生外，还影响了流亡日本的一些资产阶级革命派代表人物和改良派人物。1905 年，同盟会成立前后，资产阶级革命人士廖仲恺、章太炎等人尽管不赞成无政府主义，但都发表过译介无政府主义的文章，同盟会的机关报《民报》上也常有介绍无政府主义的文章发表。改良派梁启超也在《新民丛报》上发表了《论俄罗斯虚无党》的长篇文章，详细介绍了民粹主义者的活动。

20 世纪初，来自法国的各种思潮的影响不可低估。自 20 世纪初以来，法国大革命的政治思想在中国年轻的革命者和改革者中成了独步一时的时尚。在 20 世纪初的 20 年里，它影响了相当一批中国知识分子和政治领导者，如梁启超、陈独秀和许多国民党领导人。陈独秀在 20 多岁时学习了法语，成为法国文明的崇拜者和宣传者。在《新青年》创刊号上写过一篇文章，题为《法兰西人与近世文明》，宣称法国是近代西方文明的创始人。他认为法国创造了三个最重要的近代学说，即拉飞耶特（Lafayette）在他的《人权宣言》（*La declareation des droits de l'homme*）一文里提出的人权学说；拉马克（Jean Baptist de Monet de Lamarck）比达尔文早 50 年于 1809 年在他的《动物哲学》（*Philosophie Zoologique*）中已发表了进化论的创见；近代社会主义则源自法国作家巴贝夫（Babeuf）、圣西门（Saint-Simon）和傅立叶（Fourier），至于德国的拉萨尔（Lassalle）和卡尔·马克思不过是把其发展广大而已。更值得注意的是，陈独秀的中国文学革命理论是他学习法国文学史后得出的。事实上，在后来的年代里，“五四”运动有时被称为中国的“法国启蒙运动”。

“五四”时期知识分子受支配的思想，除了有 18、19 世纪法国民主和自由主义思想而不是其他国家的思想外，还有法国的乌托邦社会主义和无政府主义。早在 1907 年，在巴黎的中国留学生就创立了《新世纪》周刊，其核心人物有张静江、李石曾、吴稚晖、褚民谊等人。从 1907 年 6 月 22 日创刊，到 1910 年 5 月 21 日停刊，《新世纪》共出版了 121 号。它对后来中国无政府主义的传播起的作用非常大。有人曾称：“中国无政府主义之种子，实由此报播之矣。”[①]高瑞泉总结了《新世

① 师复：《致无政府党万国大会书》，《民声》第 16 号。

纪》在宣传无政府主义方面有如下几点特点：[①]

第一，以介绍世界无政府主义者的人物事迹和译载其主要著述为重点内容，《新世纪》周刊上发表过《巴枯宁学说》、《克鲁泡特金学说》等文章，详细地介绍了他们的无政府主义思想。发表克鲁泡特金著作和译文有《互助》、《法律与强权》、《国家及其过去之任务》、《狱中逃狱》等等。《新世纪丛书》第一集的第五册译载了《世界七个无政府主义家》一文，介绍了葛德文、普鲁东、梯于格、托尔斯泰、施蒂纳、巴枯宁、克鲁泡特金等人的简历、主要论点及其主要著作的名称。《新世纪》这样大量和较系统地介绍著名无政府主义代表人物的思想，不仅前所未有，而且也为他们之后的无政府主义宣传所不及。中华民国建立后，中国无政府主义者的理论资本主要凭借于《新世纪》的介绍。

第二，受西方近代科学和理性思潮的影响较为明显。《新世纪》大力推崇科学，并将无政府主义的宣传与科学相结合。他们认为，一切强权和迷信都是反对科学的，宣称实现无政府主义是新世纪的革命，其基础是科学的日益发展，他们套用近代西方进化论学说，糅合克鲁泡特金的“互助论”，宣称生物的进化中互助成分将越来越重要，竞争成分逐渐减少，人类社会就是沿着这个规律不断进化，而无政府主义的实行就是进化的最后结果。

第三，既宣扬暴力恐怖，又主张以教育为手段的“普及革命”。《新世纪》曾大量宣传西方各国历史上重大的暗杀事件，介绍著名暗杀事件中英雄人物的事迹，认为教育工作是实现无政府主义的有效途径。他们认为“教育者，实为人类进化之原动力”[②]，吴稚晖说得更清楚：“无政府主义之革命，无所谓提倡革命，即教育而已。更无所谓革命之预备，即以教育为革命而已。其实则日日教育，亦即日日革命。”[③]

第四，宣扬“合力”说，弥合虚幻的无政府主义革命与现实的资产阶级民主革命之间的差别。虽然在本质上，《新世纪》不赞成或者说反对孙中山等人的资产阶级民主革命纲领，但是他们在推翻清政府方面

---

① 高瑞泉：《中国近代社会思潮》，上海人民出版社 2007 年版，第 278 页。
② 李石曾：《无政府说》，《新世纪》第 41 号。
③ 吴稚晖：《无政府主义以教育为革命说》，《新世纪》第 65 号。

具有了一致性，因此，无政府主义与资产阶级民主主义虽然不同，但“无碍其同为革命党”，主张“合力以应敌”，“合力以达革命同一之目的”①。

此外，由中国著名的无政府主义者领导的学习法文运动吸引了很多有能力和有志向的中国青年学生，无政府主义在其中流行甚广。1912年，李石曾、吴稚晖、蔡元培等无政府主义者和汪精卫在北京组织了“留法俭学会”，鼓励和帮助学生们到法国去学习。北京、上海、天津、保定也都成立了以此为目的的预备学校。在一年时间里（1912—1913）约有120名学生到法国去留学。但不久这个俭学会在袁世凯的压力下被迫解散了。

但是到了1914年，鉴于一些工人也参加了学习，李石曾、蔡元培、汪精卫和俭学会其他领导人如吴玉章等，把他们的计划扩大为“工读”计划。他们还于1915年6月在巴黎组织了勤工俭学会，目的是鼓励和帮助穷苦学生通过劳动维持法国的学习。

在华的工人和学生，由于他们所处的社会环境的影响，对于种族和阶级意识问题，逐渐形成了自己的观点，到了第一次世界大战的后期，他们的一些领导人便采取了民族主义、无政府主义和马克思主义等一种或几种态度。我们可以从这个时期的翻译书籍中看出这一趋势。

在《五四运动》一书中，周策纵分析道，1919年初无政府主义在北京许多活跃的学生中间特别感兴趣。② 据高瑞泉分析，“五四”时期有较大影响的无政府主义者以黄凌霜、区声白为代表。这两人都是北京大学的学生。他们受无政府主义思想影响早在“五四”运动之前，后黄凌霜主要活动于北京，区声白在广州从事活动。黄凌霜曾在刘师复创办的《民声》杂志上撰写过文章。“五四”时期他们继承了刘师复的衣钵，成为当时著名的无政府主义者。他们的影响主要是积极从事无政府主义的组织活动。另外朱谦之也是引人注目的无政府主义者，他是

① 李石曾：《与友人论种族革命党及社会革命党》，《新世纪》第8号。

② 〔美〕周策纵（Chow Tse-tsung）：《五四运动：现代中国的思想革命》，周子平译，江苏人民出版社1996版，第101页。

当时北京大学校园里一个思想偏激的学生，在哲学思想上受叔本华的意志主义、柏格森的直觉主义影响较深。他强调“个人奋斗”，鼓吹“破坏神圣”，认为“无政府革命还是半截的、不彻底的”，为了消灭强权，最彻底的革命，在把宇宙间的一切组织都推翻，几时革到无天无地、无人无物，这才是归宿。就连蔡元培本人在20世纪最初十年中也是一个热心的虚无主义者、无政府主义和社会主义的宣传者。许多其他知识分子领导人也是如此。1911年辛亥革命以后，他们中许多人在人道主义、自由主义和利他主义的意义上而不是恐怖主义的意义上，坚持着无政府主义的信念。在残酷的军阀统治下，激进的思想不可避免地在青年头脑中萌生。革命的和无政府主义的出版物，如《自由录》、《伏虎集》、《民声》和《进化》秘密地在学生中传阅。克鲁泡特金和托尔斯泰的著作非常流行。① 康有为的《大同书》、谭嗣同的《仁学》以及记载满族军队屠城的《扬州十日记》，都依然受到青年们广泛的阅读和崇拜。康有为和谭嗣同的这些著作都带有一些无政府主义和乌托邦社会主义的印记。

小　结

本章写作的最初动因，是试图探究这样的一个问题：为什么民国之后，新媒介空间在北京登场，而不是固守在更加“现代化”的上海？

从城市的现代化程度、舆论的发达、受众的素质、政治环境的宽松等方面考量，十里洋场的上海都远远优于久为帝都的北京。民国建立

① 克鲁泡特金和托尔斯泰的无政府主义思想之所以受到中国知识分子的青睐，原因有两点。其一，俄国是中国的近邻。在当时中国人的一般认识中，曾经处于沙皇统治下的俄国国情与中国的国情比较相似。此外，中国人最初接触无政府主义思想虽然起始于日本和法国，但俄国民粹主义的影响先入为主构成中国人认知无政府主义的第一印象。克鲁泡特金作为俄国无政府主义的理论大家，对于中国的无政府主义者似乎更有一种亲切感。第二，中国传统社会的一个重要特征是重伦理。儒学的宗教化既是政治伦理化的表现，又是伦理政治化的结果。传入中国的无政府主义理论中，克鲁泡特金的理论恰恰带有浓厚的伦理色彩。他的“互助论”强调社会进化中人群互助的作用，认定人类可以通过互助进入无政府共产主义社会。这种观点显然更适应中国传统思维定势。尤其是当人们对“优胜劣汰”、“弱肉强食”的达尔文主义渐生疑惑时，克鲁泡特金的“互助论”正好填补了中国人精神上的需求。详见高瑞泉：《中国近代社会思潮》，上海人民出版社2007年版，第91—92页。

后，大批南方的新式知识分子进入首都北京，正是看中这个城市不同于上海的另一面。以经济本位视之，上海领导全国风气之先；以政治本位视之，北京是当然的中心，上海反成为边缘。

从理论上说，上海凭借其发达的报刊业，启蒙内容可以快速地而广泛地深入社会的各个角落，但是结果恰恰相反。季家珍（Joan Judge）曾对上海媒介对中层社会的启蒙影响进行过探讨。其在1996年的《出版与政治——〈时报〉和中国晚清的改革文化》[①]一书中，对众多学者提出的晚清在上海产生了“公共空间”的观点做出回应。她质疑“公共空间”这一概念与中国环境环境的相关性，认为不能简单地将中国和西方经验进行简单的比附。她提出用“中间领域”（Middle Realm）代替“公共空间”，以创办于1904年的政治报纸《时报》为个案研究，探讨媒介与“中间领域”之间的关系。之所以采用“中间领域”，是她基于对中国近代社会的考量——传统意义上的国家和社会二分法不适合中国近代社会，在中国更有效的划分应当是“朝廷”和“国家”，因为在中国不具有被哈贝马斯看作为“公共空间”存在前提的资本主义市场。她进一步认为，欧洲是先有市民社会，才有以报纸为特征的公共空间，而中国是先出现了报纸，再以报纸为契机，触发了市民社会的建立。季家珍把从1890年代政治报刊兴起到1904年《时报》创立的时期看作是“中间领域”形成的时期。她所称的“中间领域”，介于统治者与被统治者之间，公开讨论和辩论国事，促进宪政改革，引进新的观念，表达公共舆论。编辑《时报》的改革者们虽然致力于限制和挑战清王朝，但又不是完全试图颠覆它，因此，这种所谓的启蒙与西方以反对封建专制统治和教会思想束缚而开展思想解放的启蒙运动不同，启蒙效果有限。而启蒙的对象大多局限在读书看报的群体，即中国当时的中层社会，即学生群体和工商阶层中。

如果说《时报》是一份温和的日报，尚缺乏具有挑战性和颠覆性的言论的，那么《申报》这一在上海创办时间最长的报纸，又以美国办报人为支撑、租界做背景，是不是具有更好的启蒙效果呢？是否起到一

---

① Joan Judge, *Print and Politics—"Shibao" and the Culture of Reform in Late Qing China*, Standford: Standford University Press, 1996.

个“观点的自由市场”？美国另一位学者芭芭拉·米特勒(Barbara Mittler)在2004年出版的《一份为中国的报纸？上海新闻媒体的权力，认同和变化，1872—1912》①对此做了回答。与季家珍不同的是，米特勒毫不犹豫地在导论中使用了“公共空间”一词，但她是在一个更为宽泛的意义上借用了哈贝马斯的概念。当米特勒论及“公共空间”的时候，她所指的是一个“从社会顶层到底层一同出现的一个场域(field)”。通过对《申报》的广告、社论、新闻报道、诗歌格式和文体特色的文本分析，她认为，《申报》这张几乎可以不受清政府的管辖、不受教会报纸的意识形态束缚的纯商业报纸，在某种程度上建立了一个替代性的沟通传播渠道，起了中国历史上传统的“言路”的作用，成为一个公共舆论的传播者和“观点的自由市场”，进而成为转变中的公共空间中有力的一员。即便这样，《申报》也未起到人们所想象的具有启蒙效果。一个主要原因是，在1912年之前，《申报》始终如一地每期全文转载官方的《京报》，许多进步思想是由非常传统的语言风格来表述，并大量引经据典。整个上海报界，都是社会运动的批评者，旁观者，而非领导者。尽管整个公共空间里的各方力量都相信媒体的力量，它的实际影响或许并不象人们想象的那么大。她进而推断在当时的中国，媒体对社会变动的巨大促进作用不过是一个神话。

虽然也有论者对此提出反驳，指出上海的媒介和舆论的影响毕竟还是绝不容忽视，还提出论据——《申报》创办人美查曾派主笔钱昕伯赴香港向改良主义思想家王韬学习办报，而且大量转载王韬在香港撰写的介绍欧洲局势和鼓吹变革的文章，因而证明《申报》在传播世界知识、新闻，引导公众舆论方面的贡献本身就是对清朝专制无形的瓦解，而且也是其创建者和早期的编辑有意识进行的启蒙活动。然而，笔者对此的回应是，由于《申报》的温和保守性，商业报刊以生存赢利为上，关注市场的稳定，必然非常小心地处理与政府的关系，不可能激进到自断生路的地步，因而启蒙的影响力有限。

在上海的媒介所引发的启蒙效果停留在中层社会，具体而言是学

① Barbara Mittler, *A Newspaper for China?: Power, Identity, and Change in Shanghai's News Media, 1872—1912*, Cambridge, Mass.: Harvard University Asia Center, 2004.

生群体和工商阶层，他们是革命依靠的主要力量，然而革命派举办的各种各样的报刊，愈来愈将这一阶层中比较自由的媒介空间侵入，使其受到政治的染指。我们从中国教育社这一学会组织由团结到涣散就可一瞥这种变化。加之由上海现代化自行发育起来的主流报纸，如《申报》、《新闻报》、《时报》，主要为工商界服务，文化立场较为保守。当时上海发行量较大的报纸《申报》言论谨慎，尽量不触怒当道，特别是对清廷、对官员，相当恭敬。议论时政，多属建设性意见，不会冷嘲热讽，不会直接攻击政府，这是《申报》自创办起就坚持的办报路线。但《申报》也不是一味迎合官方，言论立场常常根据时代和政治气候的变化而有所调适，只是这种调适也以不触怒当局为底线。《新闻报》以商人和普通市民为主要读者，更重视商业信息和娱乐内容。

从实际的操作中，民初北京的启蒙效果要好得多。表面上北京政治压力大，舆论自由度小，但主要的政党报纸都集中在此，政党报刊之间的矛盾反而提供了文化多元的可能性，辅之以人人都能听得懂的京话，用西方理念选择、改造后的通俗文化，来冲击、替代上层文化。这也难怪新媒介空间诞生、孕育于上海，定格于北京。清末民初媒介空间的位移，从理论上也说明了地方性知识实践并非不可以跨地方进行，而地方性知识自身不是不具有自发向外流动的能力，只要辅之以一定的条件，地方性知识可以实现空间的转移。

第五章 媒介的在地化[①]

——同人报刊

知识一旦按照区域、领地、移植、置换、过渡来加以分析，人们就会捕捉到知识作为权力形式和传播权力效应的过程。

——〔法〕福柯

福柯认为，权力的实施首先必须要有一个封闭的空间，规定出一个与众不同的、自我封闭的场所，这是贯彻权力的保护区。因为人是处在空间中的人，权力对人的控制一开始就表现为对其所处空间的控制，权力只有通过限制成员离开其空间范围并对成员不断的监视才能表明它的存在，只有通过对空间的控制才能控制人的。于是空间的边界也就顺理成章地成为了权力的界限，学校、军营、监狱等都存在明确的边界，并且在某种程度上是封闭的，而正是这样封闭性的边界的存在才保证了权力的顺利运作。

权力在顺利运作的同时不可能是自己单方面的运作，注定要与空间产生互动关系，对空间产生影响。这种影响表现最突出的就是权力对空间进行了分割，使空间不仅可以用于满足监督的需要，同时也可用于满足割断有害联系的需要，而且可用于创造一个有益的空间。福柯说这种变化的过程在医院里表现得很明显。他举例道："罗什福尔

① 在主体不明的情况下，本土化也可能被称为在地化。

海军医院所采取的最初步骤关注的是物而不是人，是贵重商品而不是病人。财务和经济监督的措施先于医疗观察措施……稍后医院制定了一套制度来确定病人的实际人数……然后管理他们的进出情况……最后医院开始对传染病人实行隔离和分床措施。渐渐地，一种行政和政治空间凭借着一个医疗空间而形成了。”①这种医疗空间将各种疾病、每个身体症状、各种生与死都进行了清楚地划分，并根据划分状况采取不同的措施进行有效的治疗，这在以前的医院是根本没有的，于是在权力的干预下一种有益于医疗的空间诞生了。此时的医疗空间可以说成为了权力的物质形式，权力渗透于空间中，空间成为了某种制度或机制的空间，其作用不再仅仅是封闭与监视，而是生产效用。这种性质的空间对居住成员发生着作用，控制着他们的行为，并对他们恰当地发挥着权力的影响，最终达到了权力在空间中运作，空间在运作中生成权力的目的，权力和空间形成一体化。

通过对中国现代媒介生产与空间关系的研究，可以看出中国的媒介生产基本上沿着两条不同的路径进行，一种关涉媒介生产者与城市管理功能的关系，另一种则关涉媒介生产者与都市批判功能的关系，这两种情况虽然在清末的上海有很明显的重合，但是，它们显然各有特色。前者则多形成知识分子团体；后者则形成公共媒体、同人刊物和现代知识人团体。每一个城市空间，都形成了一个或大或小的关系文化权力网络，知识分子凭借这些空间，形成了各种相互交错和重叠的共同体，并交织而成一个巨大的以都市为中心、向中小城市和小城镇逐级辐射的等级性的知识分子网络空间。民国以后，由于知识分子致力于改变上层文化，媒介的空间逐渐移位到北京，他们首先从报刊入手，划定媒介权力运作的边界。

第一节　报刊所营造的媒介版图

众所周知，晚清以来报刊的发展，主要是被政治热情鼓动起来的，

① 〔法〕米歇尔·福柯(Michel Foucault)：《规训与惩罚》，刘北成、杨远婴译，三联书店2003年版，第164页。

民国伊始，催生出新的出版物，也属自然。李大钊在1913年谈及当时出版物兴盛的现象时说："共和建造以来，海内言论界各标帜志，立论建议，策嘉谋猷。"惟"今之以言论号召于天下者，多挟其党见之私，黄钟瓦缶，杂然并作，望风捕影，各阿所私。"①当时报刊界的新气象可以归纳为三点。首先，新建政权的各级机关报取代前清官报大量出版，将清末之"官报"而改称"公报"。1899—1919年间所出版的各种"公报"113种，其中辛亥以前出版的49种，辛亥以后出版的64种。其次，承袭晚清以来的兴学潮，涌现出许多教育类报刊。辛亥前后各地发行的教育期刊达到118种，其中1911年以前出版有27种，1912—1919年间创刊97种。② 再次，服务于政党的报刊大量出现。按照张玉法的统计，民初有312个政治性的党、会，刊发报纸杂志也成为各政党最普遍的宣传方法。③ 上述报刊的出现，均得益于民初的政治形势，无疑有助于了解民初由报刊所营造的"舆论场域"。

尽管凭借报刊来探讨民初的媒介空间是困难的，因为报刊受创刊年限与发行范围及数量的影响比较大，但是通过以上对报刊创办数量的梳理，我们还是依稀感知到民初由报刊营造的"媒介版图"，这一"媒介版图"显然区分出民初报刊发展的明显界限。1922年《晨报副镌》登载的一篇文章大致以1918年为界区分出两个阶段："四年以前中国思想界所评论的，多半是时事问题；近四年来的思想界所评论的，多半是学理问题。"④让我们看到了民国以降知识分子所关注的。若将民初的"媒介版图"与地理版图相重叠，我们还不足以完全展示报刊杂志的"星罗棋布"，然而经历晚清以来的发展，报刊已不再局限于少数大城

---

① 李大钊：《李大钊文集》(上册)，北京人民出版社1984年版，第59—60页。

② 陈新段、史复洋：《近代公报类期刊简介》，见丁守和编：《辛亥革命时期期刊介绍》(第5集)，人民出版社1987年版，第579—602页和张小平、陈新段、史复洋：《辛亥革命时期的教育期刊简介》，见丁守和编：《辛亥革命时期期刊介绍》(第5集)，人民出版社1987年版，第547—578页。

需要说明的是，从报刊创刊的时间自可区分出清末民初各自出版了多少，然刊物之出版有其延续性，清季出版的报刊有不少进入民国以后继续出版，故上述数字并非指民初有多少报刊发行。

③ 张玉法：《民国初年的政党》，岳麓书社2004年版，第35、178、203页。

④ 甘蛰仙：《最近四年中国思想界之倾向与今后革新之机运》，《晨报副镌》第2版，1922年12月3日。

市或沿海城市,也并非由少数社会阶层所操控,这也提示我们可以使用报刊作为评判民国以来媒介版图的依据。一旦我们使用了这种依据,就要关注民初由报刊所勾画的"媒介版图",是什么因素主导了报刊之兴起,报刊的发展又呈现了"传媒界"怎样的趋向。

透过报刊展现民初之"媒介版图",可以看到报刊的影响已无处不在,读报刊已成为日常生活的一个重要部分。事实上,可以明确的是,较之晚清,民初由报刊所营造的"媒介版图"已关联于普通人,影响所及,报刊作用于个体的模式也在发生改变。

首先,读报是诱发学术惯习养成的重要因素。有很多例证表明读书人在学业养成阶段受到所读报刊的影响。李欧梵曾尝试为"五四"一代做一个"集体素描",其中突出了读报章这一环节。[①] 在读书人的自觉中,还把创办刊物明确定位于与"国家"、"社会"发生关系之始。梁启超在一次演说中表示:"鄙人最初与国家发生关系,即自经营报事始。"[②]瞿秋白在《饿乡纪程》中,也将其参与组织的《新社会》旬刊,视作其思想"第一次与社会生活接触"[③]。

其次,报刊在一定程度上承担着类似科举社会读书人晋升的阶梯。尽管民初科举制度已经废止多年,但是从读书人的流动,可看出报刊是如何影响读书人生活的,报刊如何在某种意义上类似于科举,构成了读书人"晋升的阶梯"。

隋唐以后绵延一千多年的科举考试制度,构成中国社会流动的主要通道。这种流动既包括空间上的,也包括身份上的。前者是指考生沿乡试、会试、殿试之阶梯,奔波于府、州、县及省会、京师之地。后者则指通过科举考试"寒微之士"步入晋升之阶梯,改变社会身份。[④] 科

① 李欧梵:《五四文人的浪漫精神》,见周策纵(Chow Tse-tsung)等编:《五四与中国》,台北时报出版公司 1980 年版,第 296—297 页。

② 梁启超:《梁任公对报界之演说》,见《东方杂志》第 14 卷第 3 号,1917 年 3 月 15 日,第 183 页。

③ 瞿秋白:《饿乡纪程》,见瞿秋白:《瞿秋白文集·文学编》(第 1 卷),人民文学出版社 1985 年版,第 26 页。

④ 关于科举考试的诸多研究不是这里可以举证的,就关注"社会流动"而言,则可参考 Ping-ti Ho, *The Ladder of Success in Imperial China: Aspects of Social Mobility*, New York: Columbia University Press, 1962. 和 Wolfram Eberhard. *Social Mobility in Traditional China*. Leiden: Brill, 1962.

举考试构成了帝国时代读书人晋升的阶梯,那么民初由报刊所营造的"媒介版图",对于读书人的生活又有怎样的意义呢?安德森对"印刷资本主义"曾指出,报刊最突出的意义之一即是将某一个体与"他人关联起来"。民初读书人的成长轨迹,也显示了报刊如何使个人与社会建立关联,并仰赖此提升自己的社会地位。换言之,报刊在民初社会,也构成了读书人晋升的阶梯之一。

吴虞民初的日记,就将此报纸与读书人关联的过程做了形象的展现,呈现了那个年代读书人的生活形态。1912 年一则日记这样写道:"此后上半日看新学书,下半日看旧学书,晚看报章小说,以娱散情志。"①将看报刊小说归入"娱散情志",如果说吴虞将读报刊已成为其规划读书生活的重要部分,那么 1914 年他创办杂志则彰显了报刊已经影响到其人生规划。1914 年吴虞与几位同道商定拟办报刊的内容,其模仿对象是《新民丛报》,"拟仿之分政治时评、教育时评、社会时评三门也"。稍后又提出,"文学之书当以《国粹学报》学篇文篇为依据,择善而从,庶无泛滥之敝(弊)"②。有两个数据颇令人惊奇,说明其与杂志的关联已如此之深。1915 年吴虞为自己发表的文章做了一份清单,涉及杂志有 25 种之多,除省内的成都、重庆等地,还远涉上海、东京。1920 年的一则日记则说明了其所定购的杂志,达 12 种之多。③ 这些都显示一位身处内地的读书人如何通过报刊与外部世界联系起来。

通过阅读报刊,吴虞有效地打入了以报刊为中心的媒介网络。因为,阅读报刊的过程也是与作者、编者交朋友的过程,如同科举时代与私塾先生、考官以及同试的生员进行交流。吴虞读报的同时,凡觉得思想相近者,便致函相关编辑人员,并奉上自己的文稿,他后来之所以与《甲寅》、《新青年》有着较为密切的关系,皆由于此。

为了实现读书人"立言"的抱负,他希望像其他期刊作者一样将思

---

① 中国革命博物馆编:《吴虞日记》(上册),四川人民出版社 1984 年版,第 23 页。关于科举考试的诸多研究不是这里可以举证的,就关注"社会流动"而言,则可参考 Ping-ti Ho, *The Ladder of Success in Traditional China*, New York: Columbia University Press, 1962.

② 中国革命博物馆编:《吴虞日记》(上册),四川人民出版社 1984 年版,第 121—122 页。

③ 同上书,第 230—231、561 页。

想传播于天下。当得知其文稿将刊于《新青年》，在日记中写道："余之非儒及攻家族制两种学说，今得播于天下，私愿甚慰矣。"后来更是表示：《新青年》三卷一号将一、二卷目录特列一页，上署大名家数十名执笔，不意成都一布衣亦预海内大名家之列，惭愧之至。然不经辛亥之事，余学说不成，经辛亥之事而余或不免，四川人亦无预大名家之列者矣，一叹。美人嘉莱儿曰：文人亦英雄之一种。余正不可妄自菲薄，以为逊于世之伟人也，勉旃。①

一方面，吴虞利用了报刊作为自己生活和职业生涯规划的依靠，另一方面，陈独秀提供的《甲寅》、《新青年》舞台，也成为吴虞晋升之路的重要一环。陈独秀是因为章士钊、谢无量的推许，得知吴虞为"蜀中名宿"，于是选录其《辛亥杂诗》，加以诠释，登载于 1915 年出版的《甲寅》第 1 卷第 7 期。因此通过发表于《新青年》的文字，也可了解陈独秀、吴虞二人相交之大致情形。吴虞在给陈独秀的信中，将其文字依次录上，"以求印证"。陈的回信则表示，"尊著倘全数寄赐，分载《青年》、《甲寅》，嘉惠后学，诚盛事也"②。日记中这方面的例证颇多，且模式相似，显示出读书人与刊物之间的互动是如何发生的。1919 年吴虞在《时事新报》"思潮"栏目读到朱谦之的《新旧之相反相成》，内中提到，"蜀中有吴虞先生者，好为排孔之论，实于新旧递嬗中为尤有功。先生之学则何如，实竺于老、列、庄文之学者也。吾又常闻先生所著书，称道李卓吾，为官中所禁"。为此，吴虞马上将《进步》杂志所登其关于李卓吾的文字拣出寄给朱谦之。两个月后，朱谦之也自北京来函，"请作《李卓吾学记》"③。

第二节　北方：以《新青年》为中心的媒介网络

信息与传播的关系，在学者哈贝马斯、英尼斯、安德森那里都得到了讨论。哈贝马斯揭示了在近代西欧社会，资产阶级的报刊、俱乐部、

---

① 中国革命博物馆编：《吴虞日记》（上册），四川人民出版社 1984 年版，第 295、310 页。

② 陈独秀：《答吴又陵》，《新青年》第 2 卷第 5 号，第 4 页。

③ 中国革命博物馆：《吴虞日记》（上册），四川人民出版社 1984 年版，第 462—473 页。

咖啡馆等场所催生出“公共领域”(public sphere),供人们讨论和争论讨论和争论公众事务,报刊乃“公共领域最典型的机制”,可以清楚看出“公共领域政治功能的转型”①。安德森则致力于探讨“印刷资本主义”(print-capitalism)如何影响到民族概念的散布与流传。他认为,就民族主义的起源来说,也许没有什么东西比印刷资本主义更能加快这个追寻的脚步,因为,“印刷资本主义使得迅速增加的越来越多的人得以用深刻的新方式对他们自身进行思考,并将他们自身与他人关联起来”②。笔者虽然无意套用哈贝马斯和安德森的理论赋予民初媒介空间特别的意义,甚至进行某种证明。然而,其中他们所展示的研究视野,于思考报刊在民初如何介入社会的各个方面,不无裨益。

从“五四”时代开始,对于那些“不依傍任何党派,不迷信任何成见,用负责任的言论发表我们个人思考的结果”来说的媒介生产者来说,刊物的独立性是很具有诱惑力的。当然,最重要的一个原因是,由于现代印刷技术的不断介入,使得出版物的生产和发行的数量不断攀升,现代期刊所追求并保持其独立意识的必要条件已经基本具备。

“五四”时期,刊物扮演了极为重要的角色,其意义并不仅仅局限于文学领域。和晚清以降各种层出不穷的政治抗议运动相伴随的,是非官方舆论力量的日渐强大。当时承担舆论制造及传输重任的,只有平面媒体一种,出版周期较长的书籍和强调时效性的报纸分享了一部分市场,另一部分则留给了期刊。无所不包的容量、灵活机动的风格、声名显赫的撰稿人和数量固定的接受群体,使得各类文化期刊很自然地成为了最有价值的舆论工具。

刊物的繁荣不但催生了大量的优秀作品,而且以期刊为中心,形成了志同道合的创作团体,人们通常把这种团体创作的报刊称之为“同人报刊”。所谓同人报刊,就是指从筹建、创刊、撰稿,到确定编辑策略和用稿方针等诸多方面,基本上是由一个相对固定的团体来完成的。按照通行的规则,刊物的编辑对于同人的稿件没有选择的权利,

---

① 〔德〕哈贝马斯(Jürgen Habermas):《公共领域的结构转型》,曹卫东等译,学林出版社 1999 年版,第 218 页。

② 〔美〕本尼迪克特·安德森(Benedict Anderson):《想象的共同体:民族主义的起源与散布》,吴叡人译,上海人民出版社 2005 年版,第 32—33 页。

一般要求来稿必登。因此，这个团体大部分人的兴趣和意志，也就决定了刊物的性质和归属。这部分刊物对于自身观点的纯粹性较为看重，力图将其经营成独领风骚的“自己的园地”。《新青年》杂志就仰仗着傲视群雄的作者资源，自第 4 卷第 1 号起，便已实现“所有撰译，悉由编辑部同人共同担任，不另购稿”[①]。外稿不但在篇幅和数量上有限，其中很大一部分还是以“读者来信”的方式登载，成为编辑者阐述自我主张的一个有效的途径。如《新青年》的通信栏目，看上去似敌我激烈交战，然则是同道之间声气相求的舞台。《新青年》同人借助“通信”，将专题文章中不便说、不敢说的议论尽情挥洒。无论是胡适和陈独秀关于白话文学的讨论，还是王敬轩的“双簧信”刻意经营“众声喧哗”的局面，“通信”在推进文学革命过程中的重要意义，已经成为论者的共识[②]，形成了以同人刊物为中心的媒介网络。

一、刊物与大学的联盟

是什么力量将福柯所言的附在某种知识上的权力形式带上前台，或者令某种形式的知识变得有权力？要知道，因为权力和知识从来都不是简单地联成一气或互相等同的，所以在权力和知识中间必定有一个第三者在起作用。这个第三者把权力和知识联结起来，但不可以还原为其中任何一方。教育的实践方式，就属于这第三者，更准确地说，权力—知识关系中间的连接号是历史上不断在改变之中的教育实践方式。在都市知识分子之中，由于知识类型的不同，形成了两大知识群体：一类是以媒体为活动背景、与公共生活关系密切的公共知识分子。另一类则是以学院为生存空间、与日常生活无关的专业的知识分子。这两类知识分子共同体之间常常会发生某种紧张。[③] 而《新青年》杂志正是利用了这两类知识共同体的张力，展开了高校实践方式，实现了知识权力的运作。

《新青年》杂志的前身《青年杂志》在创刊之初，其实并没有什么志

---

① 《本志编辑部启示》，《新青年》第 4 卷第 3 号，1918 年 3 月 15 日。

② 颜浩：《北京的舆论环境与文人团体：1920—1928》，北京大学出版社 2008 年版，第 3 页。

③ 方平：《晚清上海的公共领域（1895—1911）》，上海人民出版社 2007 年版，第 13 页。

向高远的预设路经。在其创刊号上只有一简单的“社告”。按照郑振铎的回忆，《青年杂志》是一个提倡“德智体”三育的青年读物，与当时的一般杂志“无殊”。可以说早期的《新青年》是一个名副其实的以青年为拟想读者的普通杂志。

既无鲜明的办刊宗旨，又无真正“大名家”撰稿，且主编陈独秀当时的知名度不算高[①]，早期《新青年》的影响力有限也是在情理之中的。每期印数仅仅1000本，承印《新青年》的上海群益书社还得每次付编辑费和稿费200元。按照当时中国最大的出版社商务印书馆的行规，在不支付编辑费的情况下，刊物的销售量至少需要达到2000本，这样出版商才可以赚钱。[②]

至1917年4月，《新青年》已出版了两卷，虽然这两卷不乏“经典”之作[③]，但是它在当时社会反响平平，属于一个既无人喝彩，也无人反对的“普通刊物”。张国焘在其回忆录里回忆当时《新青年》创刊后一两年内的经营状况时，这样说道：北大同学知道者非常少。[④] 据王奇生的分析，《新青年》第一卷的作者几乎是与陈独秀来自同一省份的皖籍。第二卷虽然突破了“地域圈”，但仍局限于陈独秀个人的“朋友圈”内。[⑤] 杂志创刊号就声称“本志执笔诸君，皆一时名彦”，类似于自我表扬的“广告”[⑥]，从《新青年》前几期的作者组成可见它是一个地域性的

---

① 陈独秀与蔡元培相知较早，当蔡元培决意聘陈独秀任北大文科学长时，陈独秀以“从来没有在大学教过书，又没有什么学位头衔”而缺乏足够的自信。为了使陈独秀能够顺利出任北京大学文科学长，蔡元培在向教育部申报时，不但替陈独秀编造了“日本东京日本大学毕业”的假学历，还替他编造了“曾任芜湖安徽公学教务长、安徽高等学校校长”的假履历。见庄森：《一份特别的履历书——陈独秀出任北大文科学长的前前后后》，《社会科学战线》2006年第1期，第137页。

② 胡适：《胡适致高一涵（稿），1924年9月8日》，见中国社会科学院近代史研究所编：《胡适来往书信选》（上），中华书局1979年版，第259页。

③ 《新青年》的前两卷中，有陈独秀《敬告青年》、《法兰西人与近世文明》、《东西民族根本思想之差异》、《吾人最后之觉悟》、《驳康有为致总统总理书》、《宪法与孔教》，高一涵的《民约与邦本》，易白沙的《孔子评议》，李大钊的《青春》，吴虞的《家族制度为专制主义之根据论》等文章，多为后来学界引述。胡适的《文学改良刍议》和陈独秀的《文学革命论》更被称作新文学运动之元典。

④ 张国焘：《我的回忆》（第一册），东方出版社1991年版，第39页。

⑤ 这一内容，也可见陈万雄：《五四新文化的源流》，三联书店1997年版，第1—12页。

⑥ 王奇生：《新文化是如何“运动”起来的》，见中国社会科学院近代史研究所民国研究室、四川师范大学历史文化学院编：《1910年代的中国》，社会科学文献出版社，2007年版。

刊物。

1917年8月,《新青年》出完第3卷后,因发行不广,销路不畅,群益书社感到难以为继,一度中止出版。后经陈独秀极力干涉,群益书社到年底才勉强应允续刊。

1918年1月,中断了4个月的《新青年》重新出版,与前3卷不同的是,第4卷起改为同人刊物,之所以能够这样对外宣称,一个关键性的因素是陈独秀出任了北京大学文科学长。

1917年1月14日,蔡元培在发表出任北大校长的就职演说4天之后,蔡元培就任命陈独秀为文科学长,《新青年》也成为陈独秀进入北京大学的"敲门砖"。蔡元培后来曾回顾了这一过程,1916年冬天,还在法国的蔡元培接到教育部电,促其回国执掌北大。到北京后,他先访医专校长汤尔和。汤尔和表示:"文科学长如未定,可请陈仲甫君;陈君现改名独秀,主编《新青年》杂志,确可为青年的指导者。"并取《新青年》十余本让蔡元培看。蔡元培也有这样的看法:"我对于陈君,本来有一种不忘的印象","听汤君话,又翻阅了《新青年》,决意聘他"。有趣的是,对于蔡元培的相邀,陈独秀起初以"因为正在办杂志"为由断然回绝。然而,蔡元培则表示,"那没关系,把杂志带到学校里来办好了"①。

这样,《新青年》也伴随陈独秀走进北大。杂志主编被教育部任命为全国最高学府的文科学长,这对杂志来说就是一种无形的"广告"。《新青年》之所以敢对外界称——"所有撰译,悉由编辑部同人,共同担任,不另购稿",是因为围绕在陈独秀身边的一批北大教授,纷纷加盟《新青年》,使杂志真正以全国最高学府为依托,成为了"杂志+学者"的典范。

大学与刊物结合,使得民初媒体和知识界呈现出有别于晚清的图景。《新青年》的走向,即展现了这本杂志如何和北大结合在一起,又产生了怎样的影响。据张国焘回忆,尽管《新青年》1915年已创刊,但"北大同学知道这刊物的非常少",直到1917年春陈独秀任北大文科

① 蔡元培:《我在北京大学的经历》,《东方杂志》第31卷第1号,1934年1月1日,第5—6页;唐宝林、林茂生编:《陈独秀年谱》,上海人民出版社1988年版,第75页。

学长，才能在学校和书摊上买到。[①] 周作人也曾提及："初来北京，鲁迅曾以《新青年》数册见示，并且转述许季茀的话道，'这里边颇有些谬论，可以一驳'。"他却'觉得没有什么谬，虽然也并不怎么对'。也就是一个普通刊物，"看不出什么特色来"[②]。

陈独秀当上了北大文科学长后，胡适、刘半农等人相继进了北大，"这与北大也就发生不可分的关系了"[③]。从出版的角度看，也是如此。据汪原放所忆，陈独秀1913年亡命到上海，找到其大叔汪孟邹，提出出版一本杂志的想法，表示"只要十年八年的功夫，一定会发生很大的影响"。但当时的"亚东"正在印行《甲寅》杂志，经济上甚为棘手，没有力量做，于是介绍给群益书社。最初每期只印1000本，而且只发行了6号，就停刊了半年。[④] 对此，陈独秀也颇为沮丧。"本志出版半载，持论多与时俗相左，然亦罕受驳论，此本志之不幸，亦社会之不幸。"[⑤]得知陈独秀被任命为北大文科学长，汪原放诸人不禁议论道："陈仲翁任国立北京大学文科学长好得多了，比搞一个大书店，实在好得多。""学堂、报馆、书店都要紧，我看，学堂更要紧。"[⑥]这是在议论大学、报馆、书店哪个更重要，看来大学之于刊物的作用更大。

陈独秀主持北大文科后发行的《新青年》第3卷，其撰稿人几乎是北大教员和学生，《新青年》旋即成为北大革新力量的言论阵地。[⑦] 陈独秀也不再单独控制这一刊物，从第4卷第1号起，改为同人刊物；第6卷第1号又公布了轮流编辑的办法。[⑧] 胡适、钱玄同、高一涵、李大钊、刘半农、沈尹默、陶孟和以及周氏兄弟，成为刊物之重要角色。第3卷的撰稿人有章士钊、蔡元培、钱玄同。第4卷又有周作人、沈尹默、沈兼士、陈大齐、王星拱等人加入。与此同时，杂志的编务，也不再由陈

① 张国焘：我的回忆（上册），东方出版社2004年版，第37页。

② 周作人：《知堂回想录》，龙文出版社1989年版，第300页。

③ 周作人：《知堂回想录》，三育图书有限公司1980年版，第333—355页。

④ 汪原放：《亚东图书馆与陈独秀》，学林出版社2006年版，第37页。

⑤ 陈独秀：《答陈恨我》，《新青年》第2卷第1号，1916年9月1日，第7页。

⑥ 汪原放：《亚东图书馆与陈独秀》，学林出版社2006年版，第37页。

⑦ 陈万雄：《五四新文化的源流》，三联书店1997年版，第1—23页。

⑧ 《见本志编辑部启事》，《新青年》第4卷第3号和《扉页和本杂志第六卷分期编辑表》《新青年》第6卷第1号，扉页。

独秀一人担任。从第5卷起，编辑部开始采取轮流编辑办法。第6卷由陈独秀、钱玄同、高一涵、胡适、李大钊、沈尹默等6人轮流编辑，而此6人均为北京大学教授，且相当多的教授有办刊经验。

这样，《新青年》遂由一个安徽人主导的地方性杂志，真正蜕变成为以北京大学教授为主体的"全国性"刊物。

一方面，《新青年》倚重北京大学师生为其撰稿人，既收获了稳定的、高质量的内容，又吸引了如北大学生一样年轻的读者；另一方面，以北大教师和学生为主的撰稿人，凭借着《新青年》，不断生产着新的文化资本，并形成了以知识为中心的三层文化资本：第一层为名校学生资本。正如布尔迪厄所曾论述道：现代的学校体制以知识中立的方式，不断生产着以名校毕业生为顶尖阶层的知识分子等级体制。[①] 为了获得更多的文化资本，青年学生和知识分子要拼命挤进像北京大学这一中国最知名的高等学府或出国留学，以获得显贵的教育出身。而来自北京大学的毕业生或留学生，又形成一个半封闭的交往共同体，共同体成员自我认同，相互认可。第二层为符号资本。由《新青年》提供了一个抽象的书写符号所构成的意识形态空间网络。在《新青年》上，教师和学生相互讨论，展开论战，形成与以往不同的意识形态空间。第三层是文化成长资本。以《新青年》为中心的教师和学生的互动，为以后创设适合温和主义和自由主义知识分子生长的、以国家稳定的知识体制为背景的文化空间奠定了基础。

《新青年》的文字折射出"五四"时期的精英知识分子设计的现代化模式，即以强权为中心的，这一点与洋务运动、戊戌政变的理路存在着内在的相通。但这也是相对的，其中一个重要的区别是，知识分子在这样的"国家强权为中心"的现代化模式中的地位。无论是洋务运动，还是戊戌政变，知识分子实际扮演的都是幕僚的角色，他们对处于中心位置的皇权或政治强权人物，依然存在着一种依附关系。然而时至民初，历经"五四"新文化运动，知识分子重新认识到其在民间的中心地位，这种历史经验的鼓励，促使他们追求在国家政权中的中心地

① 〔法〕布尔迪厄(Pierre Bourdieu)、帕斯隆(Jean-Claude Passeron)：《再生产：一种教育系统理论的要点》，邢克超译，商务印书馆2002年版。

位，即要成为政治家的指导者，甚至自己就来充当拥有强权的“领袖”。如果说洋务运动的知识分子的位置都在国家、政府的权力中心的周围，那么，“五四”由《新青年》鼓吹的新文化运动是知识分子第一次从国家、政府走向民间，并试图建立北京大学这样的民间知识中心，以与国家权力中心相对抗。

知识是一种独特的权力形式，它像资本那样发挥作用，但是有自己特殊的实施法则。然而，知识的自主性又是相对的，因为它常常与经济资本或机构中的位置权力（positional power）进行交换。知识场域可以逐步地获得发展，得到了独立于政治与经济场域的自主性。这个自主发展的驱动力来自专家团体的兴起，他们逐步能够发展、传播并控制自己的特定的阶层文化。北京大学就将知识权力与《新青年》这样的刊物进行了对接，由此实现了权力网络的拓展。无论对于北京大学而言，还是《新青年》而言，都发展出了自己的、特定的、机构化的、专业化的利益，随之而产生的是重新译解、重新阐释外在要求的能力，这种能力是历时态地、依据场域的类型变化的。

二、影响力的运作

从经济学的角度来看，一个有影响力的刊物，应该拥有比较良好的销售业绩和社会关注度，换言之，就是在进入正常运作后，要具备自负盈亏的能力。陈独秀进入北京大学后，他办《新青年》杂志邀请的北京大学教授，不仅接受撰稿和编辑业务，而且极力帮助陈独秀《新青年》进行媒体运作。其中1918年3月由陈独秀导演、钱玄同、刘半农助演的“双簧戏”，在一定程度上取得了“炒作”的效果，聚集了受众的注意力，提升了刊物的影响力。

“双簧戏”是这样设计的：先由钱玄同化名为“王敬轩”，以读者名义致一长函于《新青年》，肆意指责《新青年》排斥孔子，废灭纲常，尤集矢于文学革命。再由刘半农代表《新青年》逐一批驳。两人以夸张的笔法、过激的言辞的争斗，很快吸引了受众的目光，更是引出林纾与蔡元培的一番口诛笔伐。

“王敬轩”的来信发表后，引来了一批反对者。其中，颇为壮观是1919年2月至3月间，林纾在上海《新申报》接连以小说形式诋毁《新青年》同人，继而在北京《公言报》以公开性的形式致书蔡元培，攻击《新青年》与北京大学。

林纾的公开信发表后，蔡元培通过媒体复信加以反驳。由于林纾、蔡元培是当时的学界名流，因此，两人的论战迅速引起了舆论的关注。一时间，北京、上海各大报刊都转载林、蔡往来之书牍，并竞相发表评论。各报将林蔡之争冠名为"新旧之争"、"新旧思潮之冲突"、"新旧思潮之决斗"等火药味十足的标题。当时就有人指出，所谓"新旧之争"完全是媒体虚拟出来的。①

当时深悉媒体运行规律的陈独秀趁机将这些报道有选择性地转载于其主编的《每周评论》②，仅《每周评论》第17、19期就转载了14家报刊的27篇社评。③ 在新闻媒体的大肆渲染下，原来囿于学界的思想分歧，顿时成为了大众关注的焦点。

林纾的这次对《新青年》的攻击，招来了媒体的大肆报道，无形中给《新青年》做了好广告。陈独秀苦心经营的杂志就在林纾的指责中声名大震，正是这场发生于"五四"前夕、山雨欲来风满楼时期的"新旧之争"，使得杂志的最高印数攀升至一万五六千份，1919年5月，《新青年》决定重印前5卷，这次重印使得《新青年》经典之作得以留存，引发了史学家关注当时这份风靡一时的刊物。

除了自设议题引起公众注意，陈独秀还展开与《东方杂志》的读者争夺之战。

《东方杂志》创刊于1904年，为商务印书馆出版。该刊的栏目与内容非常广泛，包括新闻报道、时评政论、文化批评、学理文章、文艺作品以及翻译、图片等等，形式不拘一格，观念兼容并蓄，销量相当可观，在上海影响甚大。

1918年9月，陈独秀在《新青年》发表了《质问〈东方杂志〉记者——〈东方杂志〉与复辟问题》一文挑起了两刊的正面交锋。此文缘

---

① 《辟北京大学新旧思潮之说》，《每周评论》第19号，1919年4月27日。

② 1918年12月22日创刊于北京，陈独秀主编，周刊。自第26期起由胡适接编，每周评论社出版发行。1919年8月31日被北洋政府查禁，共出版37期。

③ 《特别附录：对于新旧思潮的舆论》（一）、（二），《每周评论》第17、19号，1919年4月13日、1919年4月17日。

于《东方杂志》译载日本《东亚之光》杂志上一篇名为《中西文明之评判》的文章，由于该文引用了保皇派辜鸿铭的大量言论，陈独秀遂借辜鸿铭维护纲常名教之行为与复辟帝制拉上了勾，将《东方杂志》推上了“复辟”的审判台。当时由陈独秀挑起的这场论战显得十分突兀。陈独秀全文使用了16个“敢问”，虽然缺少学理逻辑，但是充满了挑衅的味道。这篇文章一经登载，《东方杂志》的声望和销量很快受到了冲击。商务印书馆不得不减价促销来抵制。[①] 这可从张元济1918年12月25日的日记中得到证实。张元济那天的日记记载道：“昨与梦、仙谈，拟将《东方杂志》大减。一面抵制《青年》、《进步》及其他同等之杂志，一面推广印，借以招徕广告。今日见北京大学又办有《新潮》一种。梦又言减价事，又应斟酌。”可见伴随《新青年》、《新潮》等杂志影响力的拓展，原来的杂志格局也被打破。当时实力最为雄厚的商务印书馆所出的杂志居然受到冲击，这直接反映在杂志的销售额从1917年的14.6万元减少到1918年11.1万元；到1919年时，积压的历年杂志竟达11万余册。[②]

然而，陈独秀仍不罢休，于1919年2月再次诘难《东方杂志》。无奈之下，商务印书馆只好在报纸上以“十大杂志”为题，大作广告，力图挽回影响。“十大杂志”的广告刊出不久，北京大学学生罗家伦跟进陈独秀，在《新潮》杂志上发表《今日中国之杂志界》一文，一面对陈独秀主导的《新青年》与《每周评论》大加赞美，一面对商务印书馆旗下的几大刊物痛加批贬。[③] 在遭受北京大学属于师生关系的陈独秀和罗家伦的炮轰后，《东方杂志》不得不更换主编，由陶惺存接替杜亚泉。1919年7月，尚未正式接任主编的陶惺存，在《东方杂志》第16卷7期发表了《今后杂志界之职务》一文，作为对罗家伦的回应，总算挽回点《东方杂志》的面子。

然而，这份以都市文化为定位的《东方杂志》，最终还是将部分市场份额让渡给了《新青年》，至少把青年读者暂时让位于《新青年》。张

---

① 张元济：《张元济日记》，石家庄：河北教育出版社2001年版，第670页。

② 同上书，第671、732页。

③ 罗家伦：《今日中国之杂志界》，《新潮》第1卷第4号，1919年4月1日，第625—627页。

国焘回忆他从《东方杂志》读者转化为《新青年》的历程：1916年秋入北京大学后，与当时的许多青年一样，以不甘落伍、力求上进的新时代青年自命，除了功课之外，还经常爱读《东方杂志》、《大中华》等刊物，希望从此探究出一些救国治学的新门径。后来看到了《新青年》，便觉得它更合乎自己的口味，更适合当时一般青年的需要，专业热烈拥护。[1]

就学术界与出版界的结合，当时张元济就有了这样的认知："本馆营业非用新人、知识较优者，断难与学界、政界接洽"，而"后起之辈思想甚新，蓬蓬勃勃，亦颇有为公司兴利除弊之意，有不可遏抑之势"[2]。而在新人主持下的刊物在期刊市场也重新具备竞争力，其中的关键便是开掘了学界资源，吸纳读书人介入馆中的具体事务，从而促成了出版界与学界的互动。

三、"五四"时期的科学观

以往对新文化运动中科学观的分析倾向于使用"科学主义"这样一个在西方含义还不甚确定的术语。比较早地将其用于中国研究的郭颖颐对科学主义下的定义是："把所有的实在都置于自然秩序之内，并相信仅有科学方法才能认识这种秩序的所有方面（生物的、社会的、物理的或心理的）。"[3]这一定义如果较宽泛地使用，应有助于认识和解释许多新文化人的科学观，因为许多人或多或少都有相近的倾向。但在严格意义上使用，很可能对具体的每一个人都未必适合。特别是时人对于"科学"以及作为这一主义最基础的"科学方法"本身，其实有着相当不同甚至带有本质区别的理解；在这样的情形下，一个带高度概括性的西方抽象术语对发生在中国历史上的一次具体争论有多大的史学诠释能力，恐怕是要有存疑的。例如，罗家伦在结合他在美国读书的经历和阅读的四百多种书籍后，就指出西方与中国对于科学与玄

---

① 张国焘：《我的回忆》（第一册），东方出版社1991年版，第39—40页。

② 张树年：《张元济年谱》，商务印书馆1991年版，第129—270页。

③ 〔美〕郭颖颐（D. W. Kwok）：《中国现代思想中的唯科学主义》，雷颐译，江苏人民出版社1990年版，第17页。

学的理解是颇不相同的。[1]

在“五四”时期，“科学”一词更趋向于将科学看作“精神”和“方法”。这一看法，来源于中国对生物进化论的吸收[2]，后渐变成抽象的精神和广义的方法，特别与理化等具体学科的研究方法有距离。按照罗志田的分析，这大概即是科学与人生之争时许多人下意识中那不言的“科学”，与其“格致”一线之科学发展的关联反而是相对松散的。[3]

张君劢与丁文江当年对科学的理解就颇有代表意义，丁文江曾面告张君劢，“科学的通例是一种事实因果关系的缩写，并不是一成不变的。有了新事实，就可以推翻”。张君劢的反应却是：“真正出乎意料！”他原来“不知道科学是如此一文不值”，因此还增强了反对科学的信心。[4] 胡适在总结丁文江和张君劢对科学的理解时说道：“丁文江这一观念实在‘太谦虚了、太不武断了’，所以很多人感到失望，许多人不认得在君说的是‘科学’！”[5]可见，科学在丁文江那里“谦虚”到使“很多人不认得”的原因不仅是其丁文江说法的“权威”性有限，而且其看法与当时很多人的观念是相左的。

“五四”时期的知识分子大多认为实验主义和辩证法的唯物史观是科学的两大分支，陈独秀在科学与人生观论战前后曾主张这两种方法应该合作成一条联合战线。胡适后来反驳道：“辩证法出于海德格尔的哲学，是生物进化论成立以前的玄学方法。实验主义是生物进化论出世以后的科学方法。这两种方法所以根本不相容，只是因为中间隔了一层达尔文主义。”在胡适看来，科学的标准正是进化论，可见当时进化论在中国人眼中的重要性。

毋庸置疑，“科学”在西方确立其威望的时候，生物学的确起到了

---

① 罗家伦：《科学和玄学》，全国图书馆文献缩微中心 2008 年版。

② 在当时多数人眼中恐怕意味着严复版的“天演论”而已。比如，丁文江就说，“要知道达尔文的学说，最好是看他自己的书。我不知道在中国批评他学说的人，有几个从头至尾看过《物种起源》这一名著的”。见丁文江：《玄学与科学的讨论的余兴》，见丁文江：《科学与人生观》，见张君劢、丁文江：《科学与人生观》，岳麓书社，2012 年版。

③ 罗志田：《二十世纪的中国思想与学术掠影》，广东教育出版社 2001 年版，第 176 页。

④ 丁文江：《丁文江致胡适（1923 年 3 月 26 日）》，见中国社会科学院近代史所编：《胡适来往书信选》（上册），中华书局 1979 年版，第 190 页。

⑤ 胡适：《丁文江传》，东方出版社 2009 年版，第 75 页。

举足轻重的作用。像胡适这等19世纪末在中国受过严复版的《天演论》熏陶而在20世纪初进入西方世界学习的学者，有这样的科学观是自然不过的事情了。之所以形成这样的科学观，与当时中国特定的历史是分不开的。

正因为科学在中国与《天演论》的传播有着密切的关联，欧战的残酷及战后西人的反思才对中国人触动极大，因而严复版的进化论，相对来说更轻视后天伦理的作用，受到了挑战。《天演论》的译著者严复在欧战后的感受就很值得注意。在《观欧战纪念册》曾赋诗三首。其一："太息春秋无义战，群雄何苦自相残。欧战三百年科学，尽作驱禽食肉看"；其二："汰弱存强亦不能，可怜黄草尽飞腾。十年生聚谈何易，遍选丁男作射弓朋"；其三："洄漩螺艇指潜渊，突兀奇肱上九天。长袍扶摇三百里，更看绿气坠飞鸢。"在自注中，严复这样表达对科学的认识：一、"战时公法，徒虚语耳。甲寅欧战以来，利器极杀人之能事，皆所得于科学者也。孟子曰：'率鸟兽以食人'，非是谓欤？"二、"德之言病者，以战为进化之大具，谓可汰弱存强，顾于事适得其反。"三、"自有潜艇，而海战之术一变。炮之远者及三百里外，而绿气火气诸毒机，其杀剧于火气，益进弥厉，况夫其未有艾耶！"

"公法"在戊戌维新期间曾是许多与严复同时代人寄予厚望的国际新秩序的代名词，而"科学"则是更持久的西方文明象征；前者对其创始人已成"虚无之语"，后者在西人手中造成如此剧烈的破坏，两者均导致"西方"这一整体形象的破坏。在第二首的注语中，严复更直接论及"汰弱存强"的"适得其反"，则是其到晚年实对其引述西方的"进化"学说而稍微后悔。在这种情形下，时人对科学的理解由晚清理解为"格致"，在"五四"时期时期转化为"精神"，并体现在整理国故和史学的"方法"之上。如梁启超就认为讲科学要注重的是其"精神"，且要落实到方法之上，即"有系统之真知识，叫做科学；可以教人求得系统之真知识的方法，叫做科学精神"①。

---

① 梁启超：《科学精神与东西文化》，见梁启超：《饮冰室合集》（文集三十九），中华书局1989年版，第3页。

第三节　南方：以《科学》为核心的共同体

科学与民主是新文化运动的两个口号，然而，“科学”的口号对科学本身并没有多少吸引力。[①] 其实，正如雷诺兹先生研究表明，过去认为科学家的观念与“五四”新文化运动的价值观一致的观点存在偏差。西方科学发展史也告诉我们，虽然科学家在科学领域往往具有革命性，否则根本不能取得真正的科学成就，但他们往往在社会事务上表现得更为保守，因为只有正常的社会生活与环境才能保证他们的科学研究进行，新文化运动中一些科学家反对新文化运动也就不足为奇了，这些科学家以南方为据点，以学会和刊物为媒介，形成其知识共同体。

一、以科学社为中心的南方学术势力

微观权力对空间的控制：分割、单元定位、等级排列、表格。福柯在分析微观权力的空间性特点后，在进一步研究微观权力如何对空间进行控制的过程中，发现空间的封闭性特点在权力运作中不是永恒的，而是相对的，并且常常还不能满足权力自身运作的需要，因此，权力为了保障自身的顺利运作，需要一种更灵活、更细致的方式来利用已经存在的封闭空间。而分割原则和单元定位方法的出现恰好成为权力合理利用空间的最好方式。福柯认为，这种方式“避免按组分配空间；打破集中布局；分解庞杂的、多变的因素。有多少需要分散的实体或因素，规训空间也往往被分成多少段”，造成了“每一个人都有自

---

① 王瑒曾经考察了《新青年》，在其硕士论文《〈新青年〉中的“科学”》(清华大学 2003 届硕士学位论文，导师：杨舰副教授)，从科学史角度，实证地对《新青年》进行研究，将《新青年》中直接或间接出现的“科学”进行分析，发现其特点；并通过对其作者群的考察，分析其特点成因。最后得出结论，《新青年》中的“科学”是文化人倡导的文化形态上的“科学”，它对中国“科学”的发展做出的贡献是，使科学在思想文化层面得到广泛的普及。然而其局限性也同样在于此，它没有为科学本身带来进步与发展。事实上，“五四”人更注意的是科学的“精神”和“方法”，而且这些“精神”和“方法”其实多来自生物进化论(对多数人来说恐怕意味着严复版的《天演论》而已)，又逐渐成为抽象的精神和广义的方法，特别与理化等具体学科的研究方法有距离。

己的位置,而每一个位置都有一个人”,结果可以“制止开小差、制止流浪、消除冗集”,最终目的是“确定在场者和缺席者,了解在何处和如何安置人员,建立有用的联系,打断其他的联系,以便每时每刻监督每个人的表现,给予评估和裁决,统计其性质和功过”①。

然而,权力对空间的控制还不能达到其本质目标,因为权力只是对空间与人的关系格局进行了初步分配,还没有把已经空间化了的权力以一种固定化的格式牢牢地套在人们的头上,为此他接着又提出了等级排列的概念。福柯认为,“在规训中,各种因素是可互换的,因为各个因素都是由它在一种系列中所占据的位置,由它与其他因素的间隔所规定的。因此构成一个单位的,既不是领土(统治单位),也不是地点(居住单位),而是等级,即人们在某一种分类中的位置,线与行的交点,可以被连续通过的间隔中的一个间隔”②。等级成为权力的一种表现形式,权力本身既是一种等级排列艺术,也是一种通过空间的编排改变安排的艺术。权力通过对个体在空间的定位来区别对待它们,但这种定位并不是要给它们一个固定的位置,而是使它们在一个关系网络中分布和流动,其结果将形成“活物表”(tableax vivants)或称为“表格”。这是一种把无益或有害的乌合之众变成有秩序的多元体。福柯说,“在18世纪,表格既是一种权力技术,又是一种知识规则。它关系到如何组织复杂事物、获得一种涵盖和控制这种复杂事物的工具的问题,关系到如何给复杂事物一种秩序的问题”,“它是控制和使用独特因素集合体的首要条件,是‘分格’权力(cellular power)的微观物理学的基础”③。民初在中国南方形成的科学共同体,以上海、南京等大型城市作为据点,与北京形成的人文学者共同体相对抗。南方科学共同体的形成,与留美学生的增加紧密相关。

早在19世纪90年代中期,严复就在天津的一家报纸上撰写文章力图确定中西方文明的基本不同之处。他认为中国与西方的主要不同在于西方文化“于学术则黜伪而崇诚,于刑政则屈私以为公而已”。

---

① 〔法〕米歇尔·福柯(Michel Foucault):《规训与惩罚》,刘北成、杨远婴译,三联书店2003年版,第162页。

② 同上书,第165页。

③ 同上书,第168页。

“诚”即公正或科学真理,“公”即民主化的平等,它们作为西方文明的基础,在20年后被新文化运动的发起者之一的陈独秀解释为更具体、更富感情色彩的术语。严复奠定了新时代思想家们把现在科学作为楷模,因为他后来从自己在90年代的进步思想上倒退了,而且一直用文言文来表达新概念。所以,无论是从实际的还是象征的意义上讲,中国是从20世纪开始把科学作为一种教条的。① 而留美学生将科学的信仰发展成为唯科学主义功不可没,这些学生中多以来自南方各省为主,在相当长的一段时间内,他们以南方作为其活动范围,以《科学》期刊与北方的《新青年》相呼应。

1898年,清政府正式确定派遣留学生的政策。20世纪初年,留日学生剧增,留美学生也开始增加,1900年留美学生仅十几人,至1910年增加到650人。1908年美国政府决定退还部分庚子赔款,并声明将退款用于派遣留学生赴美及开设一所预备学校。1909年选送了第一批庚子赔款的留美学生,预备学校则与1911年正式开办,即清华学堂。用庚子赔款派遣留美的学生人数实际上是有限的,从1909年至1918年一共400名,但是这件事大大推动了留学美国的潮流,其他各类官费及私费留美学生迅速增加。据统计,1917年在读的留美学生达1170人,其中赔款生370人,省派官费生200人,私费生600人;另外,已回国的留美学生约300人。②

由于地理上和文化上的特殊原因,近代留日学生在人数上一直遥遥领先。在1905年、1906年的第一次留日高潮中,每年人数达8000人,1914年第二次高潮时达5000人,1919年仍达2500人。③ 留美学生

---

① 〔美〕郭颖颐(D. W. Kwok):《中国现代思想中的唯科学主义》,雷颐译,江苏人民出版社1990年版,第36页。

② 《华人留学美洲之今昔》,《东方杂志》第14卷第2号。

③ 〔日〕实藤惠秀:《中国人留学日本史》,三联书店1983年版,第451页。王忠萍曾分析道,150年来对中国有影响的留日、留美、留苏等留学生共4000余人,其中1898—1918年20年间,中国的留日学生就达738人,占到150年来整个留学生总数的18%强。详见:王忠萍:《近代中国社会的转型与留美高潮的兴起》,河南师范大学学报(哲学社会科学版)2006年第5期,第181页。而陈潮在《近代留学生》一书中也说明了留日学生对中国近代社会的重大影响作用。中华民国成立后,在南京临时政府的首届内阁中,留过学的人数占到全体成员的83%,其中有留日经历的就占到50%。详见:陈潮:《近代留学生》,中华书局、上海古籍出版社2010年版。

虽然在人数上不及留日学生，但在学业上具有两个优势，一是所受的教育程度比留日学生高，二是学习理工科的人数居多数。

当时的留美学生一般在出国前都已受到比较扎实的中等或高等教育，出国时经过严格挑选。官费生在国内就要通过严格的考试，自费生到美国后也要通过入学考试。1909 年，第一次庚子赔款留美的选拔考试中，参试的 640 人中仅 47 人被录取；1910 年的第二次考试中，400 人中只有 70 人被选派。这些被选中的学生，大多出自当时国内教学质量较高的学校，如北洋大学、南洋公学、唐山路矿学堂等，或北京、上海一带的教会学校。1912 年后，留美官费生大多出自清华学堂。他们到美国后，一般可以直接入大学，而且不少人是进美国的名牌大学，如哈佛大学、耶鲁大学、哥伦比亚大学、康奈尔大学和麻省理工学院等。他们在美国学习勤奋，成绩优良。1915 年在康奈尔大学学习的中国留学生有 50 多人，他们的"成绩之佳，为全校所共晓"①。从 1917—1918 年所制的《游美同学录》看，90% 以上的留美学生获学士学位，很多人获硕士和工程师学位，有 35 人获博士学位。②

在选习科目方面，留日学生普遍偏重文科，而留美学生偏重理工科。1904 年，统计到日本留学的 1300 人，其中学文科的 1100 人，学武科的 200 人。③ 从辛亥革命后几年留日毕业生情况看，从法政、经济类专业毕业的学生仍占一半以上。④

据《留美学生年报》(1913 年)所载的不完全统计，留美学生中的大学生 411 人，学文史哲的 70 人，学商贸理财的 32 人，学理工医农的 309 人。再据《留美学生季报》(1918 年秋)对 1124 名留美学生学科的统计，各学科分布如图 5-1 所示。

当时清华学堂派出的留学生"80% 学农业、机械工程、矿业、物理、化学、铁路工程、银行等"⑤。

---

① 《康南耳大学校闻》，《留美学生季报》1915 年夏期。

② 李喜所：《清末民初的留美学生》，《史学月刊》1982 年第 4 期。

③ 舒新城：《近代中国留学史》，中华书局 1929 年版，第 54 页。

④ 王焕琛：《留学教育：中国留学教育史料》，台北国立编译馆 1980 年版，第 1318—1364 页。

⑤ 李喜所：《清末民初的留美学生》，史学月刊 1982 年第 4 期。

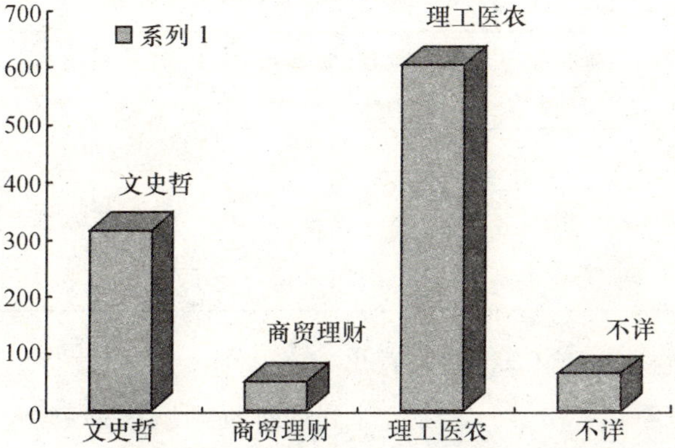

图 5-1　1918 年留美学生所学学科分布

在对祖国的前途的思索中，留美学生形成了自己的鲜明的见解。他们普遍认为“推广实业”、“普及教育”、“改良学术”[①]为振兴国家之道。同时也认为，这些离不开科学。“百年以来，欧美两洲声明文物之盛，震烁前古，翔厥来原，受科学之赐为多。”[②]同西方相比，“中国所缺乏的莫过于科学，我们为什么不能刊行一种杂志来向中国介绍科学呢？”[③]正是在这样一种思想氛围中，1914 年 6 月，在康奈尔大学的几位中国留学生发起成立了科学社。

中国科学社 1918 年自美国迁中国后设总社于南京高师，其会刊《科学》放在上海出版，之所以选择南方，其中一个重要的原因是科学社的大多数成员来自东南地区。在传统的中国社会，籍贯是非常重要的社会网络资源，有各种各样的同乡组织作为乡情纽带，分析中国科学社社员的籍贯分布可为我们了解科学社的地域特征提供一个参考指标。根据《科学》第三卷第一期和第四卷第一期的资料，1916—1917 年中国科学社社员籍贯分布如下：

① 参见《留美学生联合会上大总统政事堂法院及各团体书》，《留美学生季报》1916 年春和胡彬夏：《中国学会留美支会之缘起》，《留美学生年报》1910。

② 《科学》杂志的《发刊词》，见《科学》1915 年第 1 期。

③ 任鸿隽：《中国科学社社史简述》，见《文史资料选辑》编辑部编：《文史资料选辑》（第 15 辑），中华书局 1961 年版，第 3 页。

表 5-1 1916—1917 年中国科学社社员籍贯

省份	江苏	浙江	广东	福建	四川	安徽	湖南	江西	湖北
1916	35	23	23	17	9	9	7	7	6
1917	66	39	38	22	18	11	14	13	10
省份	山东	陕西	直隶	云南	广西	甘肃	河南	贵州	不详
1916	5	4	3	3	2	1	1		13
1917	8	5	10	2	2	2	1	2	16

虽然数据不多,但是也能看出一些趋势,首先,总体而言,从社员籍贯分布来看,可见有一个从东部到西部逐渐减少的趋势。四川之所以成为这一趋势的“异常”,这是与社长任鸿隽的四川身份有关。如1919 年任鸿隽回四川,在成都鼓吹科学,当年 7 月在成都成立了社友会,有社员 20 余人,仍然是同乡关系在起作用。东南地区的江苏、浙江社员最多,1916 年占到总数的 34%,1917 年占到 38%。此外,福建处于广州之后名列第四,安徽、江西虽然是内陆地区,人数也不少,整个东南地区 5 省社员在 1916 年占到总数的 54%,1917 年占到 54%,超过了一半。

社员籍贯分布体现了中国科学社与东南社会的密切关系。与社员群体相比,领导层往往具有影响力。分析中国科学社领导层的籍贯分布,更能看出其与东南社会的关系。1916 年至 1936 年,先后有任鸿隽、胡明复、赵元任、秉志、周仁、竺可桢、邹秉文、王琎、胡刚复、杨铨、翁文灏、胡先骕、丁文江、杨孝述、孙洪芬、过探先、钱天鹤、李协、郑宗海、金邦正、李四光、唐钺、孙昌克、裘维裕、李垕身、张准、王伯秋、叶企孙、高君珊、钱宝棕、胡庶华、伍连德、丁绪宝、马君武、胡适、秦汾、严济慈共 37 人当选为中国科学社 21 届历史会理事。统计表明,这些人中,江苏 11 人,当选共 45 人次;浙江 7 人,当选 22 人次;安徽 4 人,当选 9 人次;福建 3 人,当选 11 人次;四川 2 人,当选 12 人次;江西 2 人,当选 11 次;湖北 2 人,当选 3 人次;河南 1 人,当选 8 人次;陕西 1 人,当选 3 人次;广东 1 人,当选 2 人次;广西、湖南、马来西亚各 1 人,各当选 1 人次。东南五省共有 27 人当选为理事,占总人数的 73%;当选 108 人次,占总人次的 83%,可见东南地区理事在领导层中占据绝对优势地位,对中国科学社的影响可谓巨大。

对中国近代科学与社会发展来说，社员就职地点比籍贯分布更为重要。统计1924年国内社员379人的就职地域，江苏179人，北京58人，直隶29人，四川26人，广东18人，浙江18人，福建9人，河南9人，湖北8人，山东8人，江西5人，奉天4人，甘肃2人，湖南2人，陕西2人，山西1人，云南1人。①

二、以《科学》为中心的信息传播

中国科学社是近代中国影响最大的综合性科学社团，其成立的最初目的是“刊行科学杂志以灌输科学智识”②。1915年1月，该社主办的刊物《科学》杂志在上海商务印书馆出版发行。1915年10月25日，中国科学社改组为学术社团形式的组织，除了发刊《科学》以外，召开年会讨论社务，进行学术交流，组织图书部、书籍译著部和分股委员会，为回国后从事科学研究奠定资料基础，建立人才网络。

科学社于1918年迁回国内后，分别在上海的大同学院和南京的南京高等师范学校设立临时设所，积极寻求国内社会支持，以维持其生存，避免大多数留学生社团回国后销声匿迹的命运。通过多方努力，得到蔡元培的帮助，获得北京大学每月200元的资助，使得《科学》得以继续出版。

科学社选择上海而没有选择北京出版《科学》，其原因是多方面的。首先，科学作为事业，需要有与政治相对独立的社会空间。上海，相对于北京具有对科学事业的巨大吸引力，具有开展科学传播的广阔空间。北京大学虽经过蔡元培的改造，但是对科学并不很重视，从任鸿隽致胡适的信可知：

> 还有一件使我疑惑的事，你们尽管收罗文学、哲学的人才，那科学方面（物理、化学、生物学等）却不见有扩充的影子，难道大学的宗旨，还是有了精致的玄谈和火荼的文学，就算了事么？③

---

① 中国科学社编：《中国科学社概况》（缩微品），全国图书馆文献缩微中心2008年版，第8页。

② 《科学社改组始末》，《科学》1916年第2卷第1期。

③ 任鸿隽：《任鸿隽致胡适（1919年11月6日）》，见胡适：《胡适来往书信选》（上），中华书局1979年版，第76页。

科学社将刊物和社务放在上海、南京等东南地区,自然有其社会历史原因。近代崛起的上海,不仅是留学海外的学子们离别故土、跨出国门的最后一站,也是他们回归故里,报效祖国的第一站。更为重要的是,上海是西方文化输入中国的桥头堡,到20世纪初已经发展成为近代文化的中心,不仅是西学的传播中心,也是出版中心,报刊中心、文学艺术中心和教育中心。科学社选择商务印书馆出版《科学》,旨在利用该机构的社会影响与发行网络,扩大《科学》的发行量,达到传播宣扬科学的目的。以下将聚焦于《科学》知识生产与知识传播。

从《科学》知识生产与知识传播的角度上看,《科学》杂志刊行的栏目和内容,根据赵冬的分析,曾做过三次大的变动,而这三次调整都与中国当时的实际情况相关。《科学》月刊在早期出版时,其出发点是将该杂志办成一份普及型的学术性的学术刊物。1915年出版的第一卷第一期就明确提出了这一办刊理念:“一本杂志虽专以传播世界新科学知识为帜志,然以吾国科学程度方在萌芽,亦不敢过求高深,致解人难索。每一题目皆源本卑近,详细解释,使读者由浅入深,渐得科学上智识,而既具有高等专门以上知识者,亦得取材他山,以资参考。”“以志在宣播科学大意,故普通论文尤多”①。当时的《科学》的内容主要聚集在以下主题。

表5-2 《科学》期刊的主题

主题	例文
自然科学基础理论	平面数学,近世纯粹几何学,万有引力之定律,欧姆定律,生物学概论,化学元素命名,心理学与心理学与物质科学之区别,森林学大意,电学略史
工程技术	胶灰制造法,城市给水工程,三和土之制造及用法,制茶法之研究
著名科学家	加里略传,爱迪生传,牛顿传,瓦特传
国外科技人才培养和国外科学机构	英三岛常年教育费,美国九大城之教育经费,美国各大学中之外国学生,德国柏林高等学院战时之情形

第二期大约在20世纪初到民国二十年左右。这一时期的主题转

① 《例言》,《科学》1915年第1卷第1期。

到"专研方面,因而专著的文字就特别众多"[①]。如胡嗣鸿发表的《以火蒸发于黄铜中取纯铜纯锌之索引》、王琎发表的《中国制钱之定量分析》等,都做出了开拓性的贡献。

第三期则从1935年以后,《科学》杂志办刊重点又转到"作为科学舆论之喉舌,广播科学知识,提倡科学建设上"。相应的,杂志栏目及内容也由最早的通论、物质科学及其应用、自然科学及其应用、历史传记、杂俎等,调整为社会、专著、科学思潮、科学新闻、书报介绍、科学专著、科学拾零等。这样,《科学》杂志的读者群和学术定位就变更为"首为高中及大学生,次为中等学校之理科教员,再次为专门学者,最后为一般爱好科学之读者"的"既有通俗,又有高深"的综合性学术刊物。[②]

表5-3 《科学》经常性撰稿人

姓名	籍贯	专业	留学国家	代表作
任鸿隽	重庆	化学	美国	《说中国无科学之原因》、《科学家人数与一国文化之关系》、《解惑》、《科学与工业》、《科学与教育》、《科学精神论》、《吾国学术思想之未来》、《外国科学社与本社之历史》、《实业学生与实业》和《发明与研究》。
邹秉文	江苏苏州	农学	美国	《中国农业教育问题》、《中国农业建设方案》、《高等植物学》、《植物学概要》。
唐钺	福建闽侯	心理学	美国	翻译穆勒的《功用主义》,康德的《道德形而上学探本》、詹姆斯的《心理学原理》、兰德的《西方心理学家文选》、马赫的《感觉的分析》的《西方心理学家文选》、马赫的《感觉的分析》。
胡明复	江苏无锡	数学	美国	《万有引力之定律》、《算学于科学中之地位》、近世纯粹几何学》、《脑威(挪威)之地震》。
胡刚复	江苏无锡	物理	美国	《大地电象》、《电位定名解》

① 《科学》第29卷第9期"编后记"。参见冒荣:《科学的播火者:中国科学社述评》,南京大学出版社2002年版,第114—112页。

② 刘咸:《科学今后之动向》,《科学》第19卷第1期。

（续表）

姓名	籍贯	专业	留学国家	代表作
竺可桢	浙江绍兴	地理学 气象学	美国	《中国之雨量》、《中国之温度》、《中国气候资料》以及《气象月报》、《气象季刊》、《气象年报》。
王琎	福建闽侯	化学	美国	《五铢钱的化学成分》、《古代应用铅锌锡考》、《中国古代金属化学》、《丹金术》。
黄昌谷	湖北新店	矿冶	美国	《科学与知行》
钱崇澍	浙江海宁	植物学	美国	《介绍新著动植物显微镜法》。
丁文江	江苏泰兴	地质学	日本、英国	《中国历史人物与地理关系》。
翁文灏	浙江鄞县	地质学	比利时	《民国9年12月16日甘肃地震》、《中国地震区分布简说》、《1923年9月日本大地震述闻》、《火山学及地震学》。

在“五四”期间，《科学》的主要栏目——“通论”，与《新青年》杂志相得益彰，围绕科学精神而发表议论。与《新青年》所不同的是，《科学》还提倡掌握先进的生产技术和新的科学知识。就科学精神的提倡，任鸿隽的《科学精神论》一文就颇具有代表性。他针对“吾国近日朝野上下，讲科学矣”提出自己对科学精神的理解。他在文中提到了两种错误的观念，其一，“以为科学者，即奇制与实业之代表”，其二，把科学作为学术而“遗其精神”，他说第一种观念是“于奇制实业求科学者，其去科学也千里”。而第二种观念则是“犹非能知科学之本者也”。在批驳这两种错误观念的基础上，他提出了对科学精神的理解。“科学精神者何，求真理是已。”“真理之为物，无不在也，科学家所知者，以事实为基，以实验为稽，以推因为表，以证验为决，而无所容心于已成之教。前人之言，有与无所见之真理相背者。则虽艰难其身，赴汤蹈火以与之战，至死而不悔。若是者，吾谓之科学之精神。”①而科学追求则是，一要“崇实”，“吾所谓实者，凡立一说，当根据事实，归纳群象，而不以称诵陈言，凭虚构造为能”；二要“贵确”，“吾所谓确，谓于事物之观察，当容其真像，尽其底细，而不以模棱无畔岸之言为足是也”。1921年，杨杏佛在《科学的人生观》一文中，又引用外国学者的观点阐

① 任鸿隽：《科学精神论》，《科学》1916年第2卷1期。

明了科学精神的内涵。他以英国科学家福斯塔(Foster)的观念论为证,认为科学精神应包含好真、敏捷、勇于为是。所谓好真,“就是用科学的方法求可证明之知识,为真理而求真理,抱百折不回之志,非外界事物得而阻之也”;所谓敏捷,就是“每就一事寻其之未所见,闻人之所不闻”;所谓勇于为是,就是“不知难,不畏葸,见理勇为;做就一事,又有一事,无终止时,亦无退让时也。”①

直到20年代末,《科学》的每期首篇文章都为采取科学世界观辩护。这些文章后来被汇集成为一本论科学的通俗读物《科学总论》,由该学会于1919年出版。题目都是有代表性的,如“科学的精神”、“科学的方法”、“科学与教育”、“科学与道德”、“科学与道德”、“科学的人生观”等等,可谓将科学引入生活的各个领域。

当时,《科学》的读者多是新一代的大专院校的学生。按照郭颖颐的分析,这些学生感到非学这些观念不可,然后又宣传这些观念,对他们来说,仅仅介绍科学世界观已不够了。因此,《科学》还大量引进和宣传科学知识。

创刊不久的《科学》比较注意介绍科学的基础知识、基本原理。如《科学》第1卷第1期,就登载了胡明复的《万有引力之定律》、杨孝述的《欧姆定律》。他们善于针对人们常见的自然现象,阐明其背后的科学道理。如胡明复的《说虹》、张准的《论水》、竺可桢的译述《说风》等,都是这类文章。他们积极宣传科学常识,旨在破除人们的错误认识。唐钺在《雷电说》一文中,介绍了关于雷电的科学道理,澄清了古人对雷电的错误认识。他指出,古人已认识到雷电现象是“阴阳相搏,感而为电”,但对相搏者只能含糊地释之为“气”;又认为阴阳相搏,“激射为毒,中人辄死”,以电为“毒”,则完全是错误的臆测了。胡明复译述《彗星》一文,用天文学知识破除人们视彗星为灾异的迷信。竺可桢曾写《论早婚及姻属嫁娶之害》,说明“血脉甚近之男女”通婚,有害于后代。

此外,《科学》还注意介绍新颖的科技成果。如周仁、任鸿隽合写的《照相术》(第1卷连载),杨铨写的《电灯》等。在内容通俗的基础上,力求形式活泼多样。赵元任编写的关于地球知识的《科学会话》、

---

① 杨杏佛:《科学的人生观》,《科学》1917年第6卷第11期。

董时编写的以故事形式介绍生物学知识的《科学常识》,正是对科普读物在形式上的一种探索。竺可桢的《钱塘江怒潮》、《空中航行之历史》则是引人入胜的科普文章。

19世纪末20世纪初,科学正经历又一次革命,主要是物理学领域的更名,包括X射线、放射性元素和电子三大发现以及相对论、量子论的建立。在《科学》第一卷中,这三大发现就被做了大量介绍。爱因斯坦的相对论,因在1919年5月29日对日全食的观测中得到证实,从而引起全世界的轰动。1920年9月罗素到中国后,曾作《物之分析》的讲演,详细介绍了相对论思想。任鸿隽和赵元任编辑了这篇讲演,连载于《科学》第六卷第2—6期上。同时,任鸿隽写了《爱因斯坦之重力新说》,对相对论作了比较完整而通俗的介绍。杨铨也翻译了一篇英国人写的在美国得奖的征文《爱因斯坦相对说》,文中对相对论作了简洁明了的解说。当时,量子论正处与初创阶段,《科学》月刊就对普朗克的量子假说,爱因斯坦的光量子论有所提及或简单介绍。到珀尔因建立量子化的原子模型(1913年)而获得1922年的诺贝尔奖金后,杨孝述译述的《原子论》、任鸿隽翻译的珀尔得奖时的演讲《原子的构造》,对原子结构及量子学说作了比较完整的介绍。

如果说科学社的会刊《科学》与《新青年》有少许不一致的话,那么,另一本期刊《学衡》的出版就彰显出南北两个知识共同体的对峙。该刊因不满北京学人日渐膨胀的话语霸权,于1922年1月在南京创立。该刊由吴宓主编,主要撰稿人有梅光迪、胡先骕、刘伯明等人,从1922年到1933年共出版79期,所载文章多持与《新青年》相左的文化精英主义的保守立场,意欲与《新青年》形成一种对峙关系,以阻挡《新青年》对文化权力的独揽。《学衡》杂志在其创刊时便将其宗旨阐明为“讲究学术,阐求真理,昌明国粹,融化新知,以中正之眼光,行批评之职。无偏无党,不激不随”[1]。摆出一副中正平和的姿态,这无疑是与“破坏礼教,破坏礼法,破坏国粹,破坏贞洁,破坏旧伦理、旧艺术、旧宗教、旧文学、旧政治为己任的《新青年》团体针锋相对的”。我们可以从表5-4看出这两个期刊对立的几个方面:

---

① 见《学衡杂志》简章。

表 5-4 《新青年》和《学衡》主张的差异

项目	《新青年》	《学衡》
文学	奉“文学进化论”为圭臬，倡言“一时代有一时代之文学，此时代与彼时代之间，虽皆有承前启后之关系，而决不容完全抄袭……故以为古人已造古人之文学，今人当造今人之文学”。	“举凡典章文物理论学术均就已有者，层层改变递嬗而为新，未有无因而至者。故若不知旧物，则决不能言新……明其沿革，就已知求未知……后来者不必居上，晚出者不必胜前。”
史学	主张疑古，在史学上倡导求真。	信古
伦理	“伦理的觉悟，为吾人最后之觉悟”，“打到孔家店，非孝，吃人的礼教”。	“中国最大之病根，非奉行孔子之教，实在不行孔子之教。”
西学	“取材则惟选西洋晚近一家之思想，一派之文章”。	“今欲造成中国之新文化，自当兼取中西文明之精华而熔铸之贯通之”。

三、学会的建制化

1895 年，由欧阳中鹄和他的学生谭嗣同、唐才常在湖南浏阳建立的算学会，可谓是中国第一个科学学会。然而，这样一个以科学名义命名的团体以及后来在沿海地区成立的各种学会，从本质上看，所从事的主要工作是举行集会，编印报刊资料，转化社会风气。这些学会大多没有严密的组织条例和管理机制，也未形成促进科学研究、学术交流的运转体系，基本上属于一些关注政治改进和社会改良的普通学会，虽然不乏对学会高屋建瓴的认识。如梁启超在《时务报》上发表的“论学会”一文就曾概括了西方科学学会的功能：“西人之为学也，有一学即有一会……会中有书，以便翻阅，有器以便试验，有报以便布新知，有师友以便讲求疑义。故学无不成，术无不成，新法日出，以为民用。”“遵此行之，一年而豪杰集，三年而诸学备，九年而风气称。欲兴农学，则农学会之才不可胜用也。……欲制新器，广新法，则天、算、声、光、化、电等学会之才不可胜用也，以雪仇耻，何耻不雪，以修庶政，何政不成。”[①]显然，梁启超指出了近代团体应该具备的基本要件，如图

① 梁启超：《论学会》，《时务报》1896 年 11 月 5 日。

书馆、实验室、学术刊物、分科成员、定期学术活动等。

民初的学会与清末的学会不同之处在于学会逐渐从政治影响中走了出来，有明确的出发点和目的。如 1915 年成立的中国科学社，1916 年成立的中华学艺社以及 1928 年成立中华自然科学社，基本上都是由多学科的科学工作者组成的科学家共同体。尽管其构成成员有所不同①，但是都有自己的学会纲领和宗旨，并办有学术性的刊物，像《科学》、《学艺杂志》(由《学艺》改名而来)和《科学世界》等。以中国科学社为例，我们可以一窥民初学会组织的面貌和特征：

就中国科学社的工作目标而言，是以“联络同志、研究学术，以共图中国科学之发达”为主要目的。就学会会员而言，涉及范围极为广泛，截止到 1919 年，已形成包括农林、生物、化学、化工、土木、机械、电工、矿冶、医药、物理、数学、经济和其他学科的专门人才，共计 604 人。中国科学社的社章规定了比较丰富而繁重的工作任务：刊行杂志，传播科学，提倡研究；译著科学书籍；编订科学名词，以期划一而便利学者；设立图书馆以便学者参考；设立各种科学研究所，实施实验，以求学术、工业及公益事业之进步；设立博物馆、搜集学术上、工业上、历史上以及自然界各种标本陈列之，以供展览及参考；举行学术讲演，以普及科学知识；组织科学旅行团，为实地之科学调查研究；受公、私机关之委托，研究及解决科学上一切问题。② 上述工作目标都突出地表明了中国科学社是一个兼有科学传播和科学研究双重任务的科学组织机构，后来该社的实际活动就是遵循上述规定进行的。诸如：组织社员们进行科学的交流活动；设立生物研究所；办明复图书馆、科学图书仪器公司；创办《科学》、《科学画报》等科学刊物；出版《科学丛书》、《科学译丛》等自然科学书籍；参加国际科学会议等。

从专业性的科学学会的构建来看，专业性的学会，如中华工程师学会(1911)、中国地质学会(1922)、中国天文学会(1922)、中国气象学会(1924)等都在各分科领域专注于本学科的学术交流、传播发展活

① 中国科学社主要由留美学生组成的，中华学艺社主要是由留日学生组成的，中华自然科学社成员基本上是国内大学毕业生或在校大学生。

② 任鸿隽：《中国科学社之过去及将来》，见樊洪业、张久春编：《学救国之梦：任鸿钧文存》，上海科技教育出版社 2002 年版，第 283—284 页。

动。以下是各个专业性学会的建制情况：

表 5-5　民初主要学会的基本情况①

名称	基本情况
中国农学会	1917 年上海成立，主要负责人是陈嵘，该学会办有《中华农学会报》。
中国地质学会	1922 年在北平成立，负责人为章鸿钊、丁文江、翁文灏等；办有《中国地质学会志》(1922)并用外文出版发行；主要活动是与国内外专家学者进行科学交流，定期召开年会，设立科学奖金、推进地质学研究，参与其他地址研究机构的建设和地质学人才的培养；以促进地质学之进步为宗旨。
中国天文学会	1922 年在北平成立，主要负责人是高鲁；学会办有《中国天文学会会报》、《会刊》。
中国气象学会	1924 年在青岛成立，主要负责人是竺可桢，学会办有《气象杂志》。
中国生理学会	1926 年在北平成立，主要负责人为林可胜；学会办有《中国生理学杂志》(1927)。
中国化学工业会	1922 年成立，主要负责人为余同奎、陈世璋等，学会办有《化学工业》。
中国矿冶工程学会	1926 年成立，主要负责人为翁文灏；学会办有《矿业杂志》、《矿冶专刊》。
中国矿学会	1928 年在南京成立，学会办有《矿业周报》。
中华化学会	1924 年在美国成立，主要负责人为王箴、熊祖同等；学会办有《中华化学学会杂志》、《化学梦》，主要工作为创办杂志，联络会员，举办年会、交流看法，对化学教育问题发表建议。
中国生物科学学会	1926 年成立，学会办有《中国植物学报》、《中国实验生物杂志》、《生物学杂志》。
中华工程师学会	1913 年在汉口成立中华工程师会，1915 年改现名；主要负责人为詹天佑、严德庆、徐文洞等；本学会的宗旨是“促进工程事业的发达和增进社会的幸福”，“察时势之所趋，以求索利国利民”。

① 根据赵冬：《近代科学与中国本土实践》，社会科学文献出版社 2007 年版，第 186 页整理而成。

（续表）

名称	基本情况
中华国医学会	1912 年，创办人为李平书等，初名医学联合会，1931 年改现名，上海中医界学术组织，发刊《医药报》月刊。
神州医药总会	1913 年创办，全国性组织。
中国科学社	1914 年，由任鸿隽等创办，综合科技社团。
中华学艺社	1916 年，陈启修等，留日学生社团，发行《学艺杂志》。
中华植棉改良社	1917 年，穆藕初等创办，与金陵大学农科合作，致力于棉花改良。
中国纺织工程学会	1920 年，聂其杰创办。
中华全国道路建设协会	1921 年，王正廷创办，以鼓吹道路建设，介绍道路工程为宗旨，发行《道路》月刊。
上海市国医学会	1921 年，丁甘仁创办，中医界团体，发行《中医杂志》。
上海市医师公会	1925 年，蔡禹门、庞京周、汪企张、余云岫、徐乃礼发起，西医界组织，曾发行《新医与社会》周刊。
中国建筑师学会	1927 年，上海建筑师团体，宗旨为研究建筑学术，发展建筑事业
中国养鸡学术研究会	1928 年，张其祥创办，研究鸡病、改良鸡种及饲养方法、改良孵化等。
中国养蜂研究会	1932 年，周文彬等创办，发行《实验养蜂之研究》双月刊。
中华新药学会	1933 年，潘瑞堂创办，以联络同仁、研究药材为宗旨。
中国科学艺术会	1924 年，旅沪西人创办，以研究中国科学、艺术为宗旨。

小　　结

福柯在分析微观权力的空间性特点后，在进一步研究微观权力如何对空间进行控制的过程中，发现空间的封闭性特点在权力运作中不是永恒的，而是相对的，并且常常还不能满足权力自身运作的需要，因此，权力为了保障自身的顺利运作，需要一种更灵活、更细致的方式来利用已经存在的封闭空间。而分割原则和单元定位方法的出现恰好成为权力合理利用空间的最好方式。民国以来媒介空间的南北分割恰恰说明了这一点。

民初是一个局势动荡的时代，纷飞的战火和经济文化全面落后的现状，已很难使中国知识分子以平稳的心态面对学术。在这样一个政治欲求成为普遍呼声的时代，无论《新青年》诸君或者“科学社”成员，他们作为处在巨变动荡时代的知识分子，同样对中国社会的前途和中国文化的命运表示关注与忧虑，都希望创造新文化。但是，两者之间的主张有区别，如果说《新青年》的学术理想是致力于破旧立新、埋葬那些随时代的逝去而理应退场的传统文化，重建中华文明的话，那么“科学社”以及后来的“学衡派”的理想就是从传统之中抽出有价值的思想和文化。在此层面上，我们不妨将北方派的行为称为激进的现代性诉求的典型，而将南方派的行为视为保守的现代性诉求的代表。当然，在“五四”这个狂飙突进的时代，社会的政治欲求达到顶峰，北方派和南方派不可避免地存在着一种竞争关系。

以上是问题的一方面，另一方面，无论以北京大学、《新青年》为中心的北方媒介空间，还是以科学社和《科学》为中心的南方媒介空间，显然与以往的媒介空间有很大的不同，表现在以下几个方面：首先，这一空间的信息生产者是以文凭为中心而形成的等级性身份关系。布尔迪厄的分析表明：现代的学校体制以知识中立的方式，不断生产着以名校毕业生为顶尖阶层的知识分子等级体制，①为了获得更多的文化资本，青年学生和知识分子要拼命挤进名校或出国留学，以获得显贵的教育出身。而名校或留学海外的毕业生，又形成了一个半封闭的交往共同体。这群被布尔迪厄称为新宰制阶级的都市上层贵族，与传统封建贵族的唯一区别是，后者是以先天的血缘关系为纽带，而以高学历和名校为身份标示的新宰制阶级，可以通过后天的个人努力而获得。无论如何，学校的出身在都市公共关系网络中是知识分子实现自我认同、相互认可的第一层空间关系。

第二层是抽象的书写符号所构成的意识形态空间网络。传统中国社会也有意识形态，那是被中华帝国所认可的、为科举制度所不断制度化的儒家学说。然而，辛亥革命以后普世王权的瓦解和乡村宗法

① 〔法〕布尔迪厄、帕斯隆：《再生产：一种教育系统理论的要点》，邢克超译，商务印书馆2002年版，第134页。

制度的衰落,使得作为知识分子公共信仰的儒家意识形态彻底崩溃。现代资本主义的职业分工、阶级利益的分化和现代多元意识形态的出现,使得都市知识分子出现了“有机化”,也就是葛兰西(Antonio Gramsci)所说的有机知识分子。① 知识分子不再有统一的意识形态,如同古希腊各城邦国家都是自己的神祇一样,在不同的都市知识分子之间,也有各自所崇拜的意识形态,形成了由抽象的书写符号所构成的交错复杂的意识形态空间网络。而对这些意识形态的政治认同,构成了都市知识分子不同的共同体,他们之间的冲突、论战,常常充满了语言暴力,一旦意识形态冲突与军事/政治力量相结合,就会演变为更为残酷的战争暴力。

第三层是不同的都市文化空间结构。现代知识分子不停地在各个都市里面游走,以寻求一个适合自己生存方式和文化气质的都市空间。在现代中国,不同的都市文化生态差异很大。以北京和上海为例,北京集中了全国第一流的国立大学和教会大学,是现代中国知识生产和学术生产网络的枢纽,具有适合温和的自由主义知识分子生长的、以国家稳定的知识体制为背景的文化空间。而现代上海拥有国内最大、最发达的报业、出版社和娱乐业,借助这些加入了现代化过程的文化工业,激进、漂浮的左翼知识分子可以在上海获得其生存和发展的自由空间,并且形成散状形态的、多元公共舆论。1927—1930 年期间,在那么短暂的三年多时间,上海一度云集了当时中国最具代表性的知识分子精英群体:鲁迅为首的语丝派;郭沫若、成仿吾、蒋光慈为代表的创造社/太阳社,胡适为首的新月派和张君劢、张东荪、李璜为代表的解放与改造派/太阳社联合起来,组成了左翼知识分子同盟,留在上海,胡适、张君劢等自由知识分子离沪北上,重返北京。在现代中国历史上,北京和上海分别被称为自由主义和左翼知识分子的大本营绝非偶然,与两个城市的媒介空间和都市性格有着密切的关系。

---

① 〔意〕葛兰西:《狱中札记》,曹雷雨等译,中国社会科学出版社,2000 年版,第 1—18 页。

第六章　清末民初媒介空间比较

差异必须成为社会与政治实践的背景，这种实践与空间分析相连，这是关于(社会)空间的(社会)生产的分析。或更准确地说，它就是认识。

——〔法〕列菲伏尔

第一节　语言定位的差异

清末士人讲开通民智，以白话文来教育大众早已不断有人在提倡，陈独秀和胡适都曾参与过清末的白话文运动。但是，晚清和民初的两次白话文运动，有很大的区别。胡适说，前者的最大缺点是把社会分为两部分："一边是应该用白话的'他们'，一边是应该做古文古诗的'我们'，我们不妨仍旧吃肉，但他们下等社会不配吃肉，只好抛块骨头给他们去吃罢。"①尽管是胡适对晚清白话运动的"我们"和"他们"的反思，也显示出他本人在清末的心理体验。

例如，清末梁启超提倡小说界革命，借以白话文为主要语言中介的翻译小说构建新型民族国家，他希望小说扮演一个建构、想象新的民主国家的任务。他认为，他只能登高一呼，至于想象的民族国家的建立，则需要无数人的努力。但是翻译小说的传播效果事实上与梁氏

① 胡适:《五十年来中国之文学》，见胡适:《胡适文存》(第二集、第二卷)，上海亚东图书馆 1929 年版。

相左，中国的受众没有受到民主、自由、平等思想的深入启蒙，自然就无法按照他的意图去想象建立一个民族国家，而是沉溺于小说所提供的娱乐化的汪洋大海中了。在译入国文化的干预下，翻译小说的确满足了大众对域外知识的需求，但同时也曲解了政治精英们的初衷。普通大众对翻译小说内容的需要极大地瓦解了精英知识分子所设计的政治性阅读的初衷。精英政治家利用的是小说的功能来推动政治改革，无形中把小说的地位抬高了，而一旦小说进入市井阶层，它就在发挥着它的最基本的功能——娱乐。因此便出现了反阅读的现象，精英政治家所要得到的新民、新民族国家与后来的结果产生了错位。通过翻译小说来启迪民智的目的远远没有达到。中国政治民主化还任重道远，它的实现不是仅仅通过小说翻译和传播能够达成的。[①]

上述情况造成清末白话文提倡者要面对两难的困境：既要面向大众，又不想追随大众，更要指导大众。梅光迪、任鸿隽、林纾都在不同程度上意识到这一点。梅氏以为，如用白话，“则村农伧父皆是诗人”。而林纾则认为存在着“凡京津之稗贩，均可用为教授”这种潜在的可能性。

清末士人虽然在同皇帝的关系中失去了某些政治上的自由，但是他们对语言文字和文化的优越感始终没有降低，甚至在某种程度上还得到加强。他们之所以将自己还称自己为“文人”，就是要彰显他们对古典语言文字和儒家经典的掌握，这是他们享有显赫社会地位、不简单地服从皇帝的原因。他们把自己对文化独一无二的责任确实看得非常严肃，由于对书面语言的几乎完全的垄断，他们把自己置于小人，即那些对文人士子熟知的东西几乎一无所知的那些人之上，并同他们保持着疏离。因此，除了贫富不均之外，构成科举制度废科目的经书语言的古文知识，便成为文人与平民的分界线。结果，平民和知识分子在语言文字、社会习惯以及宗教信仰上的鸿沟扩大了。

然而，民初的知识分子意识到，要致力于改造同胞的情感和思想方式，必须求助于文学。作为中国贵族文化的继承者，他们敏锐地调整语言文字在传统文化中的中心地位。因为他们很清楚，语言在协调

① 崔波：《政治化阅读与反阅读》，《杭州师范学院学报》2007 年第 3 期，第 63 页。

专断君主和奴性不断增长的士大夫之间的关系时,具有不可思议的力量,如同从前批判性的知识分子数世纪所实践的,“五四”时期的知识分子也求助于文人与语言文字的优越关系,把这种关系带到公开的领域加以批判。他们用语言文字来反对知识分子对文化的优越关系,这确实前所未有的。

与清末知识分子不同,“五四”时期的知识分子并非仅在救国或向社会地位更低下的人讲演时,才进行语言和文字改革的,他们在内部交流和写些给校外散发的东西时,也身体力行地使用了新语言。通过两代人之间的合作,老师们和学生们能够推进语言改革的速度。他们不再为怎样想就怎样写并且对社会问题怎样说就怎样写而忧虑。当他们将大众的民间文化的思想——不仅仅是词汇——带进贵族文学时,他们开始动摇的不仅是知识分子在语言文字上的权威基础,而且动摇了他们在社会上的权威基础。通过彻底地改造语言习惯,“五四”启蒙者们开始拆掉介于文人和平民之间这一最重要的屏障。当这些文人开始为不识文字的平民写作,对他们谈论自己关心的事情时,文人们也从中学会重新审视自己。

“五四”时期以白话文为核心的运动满足了那些介于上层读书人和不识字人之间、但又想上升到精英层次的边缘知识分子的需要。正如胡适所言,文学革命就是要把“大众所酷好的小说,升高到它们在中国活文学史上应有的地位”。小说的地位升高,看小说的“大众”的地位当然也跟着升高。胡适并有意识地“告诉青年朋友们,说他们早已掌握了国语,这国语简单到不用教就可学的程度”。因为“白话文是有文法的,但是这文法却简单、有理智而合乎逻辑,根本不受一般文法转弯抹角的限制”,完全“可以无师自通”,简言之,“学习白话文就根本不需要什么进学校拜老师的”。实际上,“我们只要有勇气,我们就可以使用它了”①。这就等于说,一个人只要会写字并且胆子大就能作文。这些边缘知识分子在穷困潦倒之际忽闻有人提倡上流人也要做白话文,使得他们有机会、有可能与这些精英人士进行竞争和对话,转眼之

---

① 胡适著、唐德刚编:《胡适口述自传》,广西师范大学出版社2005年版,第166、229、163页。

间不降丝毫自尊就可跃居“上流”，得来全不费工夫，怎么会不欢欣鼓舞而全力支持拥护！

第二节 大众：追随者还是合作者

清末与“五四”时期不同的另一点差异在于边缘知识分子是精英知识分子的追随者还是合作者。

清末信息的传播主要是等级传播占据着绝对的领导地位，即社会精英群体向社会大众传达信息、知识。随着中国政治危机的不断加深，要求知识体系进一步转型。翻译出版充当了知识转型的重要角色。在域外知识向传统知识流动、瓦解的过程中，等级传播的主体发生了重大的变化。到了戊戌变法前后，等级传播的主体发生了深刻的变化，由原来的官僚阶层转化为政治权力之外的士绅阶层承担。虽然这部分与传统士大夫相比已经是边缘化了，但是他们仍然居于精英知识分子的位置。比较典型的是梁启超，他在清末就以精英知识分子的姿态大力倡导翻译社科著作，引导民众，特别是边缘知识分子的思想。他意识到变法失败的一个根本原因是民智未开，而以前把开民智的重点放在了士绅上。戊戌政变后他将思想动员的主要对象更明确地指向边缘知识分子了，用当时的话来说，变革已非文人所能胜任，“必望于下流社会以为之”[①]。开民智的重心转移到了小说上，希冀借助小说“支配人道”的不可思议之力，来达到开启民智，改良社会与政治，实现社会革命的目的。国内和境外的翻译学者对清末的文学翻译高潮形成的原因，已有不少探讨，其中重要的一点，便是小说翻译高潮的掀起，源于梁启超等人对小说社会功能的特别认识。“欲维新吾国，当先维新吾民”，此时他对大众作用的认识进一步提高，在他看来小说是开启民智的有效途径。严复和夏曾佑也十分重视文学开启民智的功能。他们在《本馆附印说部缘起》(1897) 中说：“且闻欧美，东瀛，其开化之时，往往得小说之助。是以不惮辛勤，广为采及，附纸分送。或译诸

① 马士杰：《与陈君宜庵论杭州宣兴教育会书》. 转引自桑兵：《清末新知识界的社团与活动》，三联书店 1995 年版，第 200 页。

大瀛之外,或扶其孤本之微。”尽管《国闻报》也并未能完全付诸实践,但一些有识之士已看到外国小说的巨大的社会作用,这无疑透露了国人注目、倡导翻译外国小说的一种新的信息。稍后,康有为编成《日本书目志》(1897),将小说列为十五门之一,收日本小说(包括随笔)1056种,这是我国第一本收外国小说的书目。作者在小说书目后的《识语》中云:“今中国:亟宜译小说而讲通之。”接着,首倡“小说界革命”的梁启超在他著名的《译印政治小说序》一文中,肯定了译印政治小说对开启民智、增强国家观念的重要作用:“政治小说之体,自泰西人始也。……在昔欧洲各国变革之始,其魁儒硕学,仁人志士,往往以其身之所经历,及胸中所怀政治之议论,一寄之于小说。往往每一书出,而全国之议论为之一变。彼美、英、德、法、奥、日本各国政界之日进,则政治小说为功高焉。英名士某君曰:‘小说为国民之魂。’”并且他身体力行,把译印政治小说作为他创办的《清议报》的六项主要内容之一。他还亲自翻译了日本作家柴四郎的《佳人奇遇》并以政治小说在清议报上连载,接着《清议报》又连载了日本作家矢野龙溪的《经国美谈》。据说这两部小说曾对推动日本变法,启迪日本民智起了非常重要的作用。

由此可见,以梁氏等人领导的文学革命是一场精英气十足的上层革命,其意图是动员更多的边缘知识分子加入到开启民智的行列中。边缘知识分子在精英知识分子的引领下,将精英知识分子所设计的“西化”口号所包含的实质内容,经他们转手后,到达一般民众那里。

李仁渊曾分析了晚清知识分子与大众疏离的原因:

> 抛弃乡村的人际网络与社会关系,迁移到城市的学堂、报馆、出版社,以及留学国外的士人,反而距离民众越远。从前士人虽然以文化与民众做分界,但是居住在乡村的、有宗族与亲戚关系为后盾的绅士,与乡民保持密切的联络。然而依靠仅存的文化能力的士人,为求发展就业于报馆书局、为吸收新思想到城市的学堂当学生,在“中央—官—绅—民”的联结当中,既“中央—地方官员”、“官—绅”的纽带松脱之后,“绅—民”之间的联结也渐渐消失。当在学堂受新式教育“学生”学习了城市的声光化电而回到

乡村兴学时，昔日四民中（跟工商相比）与农村最亲近的士一旦转型为知识分子，面对的是农民的视若异己，异己对学堂的攻击行为。在以前“文化—政治—社会”的循环中，文化上的分解借由政治力量以维系地方上的社会秩序，如今在社会关系脱落之后，文化上的差距反而更显尖锐。①

时至“五四”时期，精英知识分子与大众的关系就从引领向合作发展。精英知识分子与大众的关系演化为师生关系。1917 年 1 月，胡适在《新青年》上发表了《文学改良刍议》一文，这是一篇文人之间的探讨，他明确地把重点放在写得更清楚、更简练的实际中。老师和学生之间通过合作，推进语言改革的速度，他们不再为怎样想就怎样写并且对社会问题怎样说就怎样写而忧虑。

试图通过吸收来自下层的词汇、俗语、方言而激活文学的“五四”运动的改革者，从来没有怀疑过对民众说话和为民众说话的权利，他们向支持古典语言崇高的社会地位的近两千年的价值系统提出了挑战，通过拥护白话文学，新型知识分子们带来了一场在规模和程度上比先前任何文学改良运动都要更广阔和更激进的白话文运动。

1919 年 1 月，由北京大学学生创立的《新潮》杂志正式出版，该杂志与师长们的《新青年》同声相应，同气相求，互成犄角之势，与旧势力、旧传统、旧思想展开了激烈的斗争。在新潮社的首届职员中，编辑部的三位依次是傅斯年、罗家伦和杨振声；干事部的三位依次是徐彦之、康白情和俞平伯。杂志甫一出版，便受到了社会读者的广泛欢迎，创刊号一个月内就再版了三次。在 1919 年 5 月出版的《新潮》的一篇文章中，北京大学学生罗家伦承担了为他们一代边缘知识分子解释老师思想的任务。他指出，新文学不仅应该同来自“现实生活”主题打交道，而且还应该面向读者的文学水平和阶级背景，只有那时候，白话文学才会真正不同于为文人学士所做尤为他们专享的旧文学，罗家伦进一步解释道，“白话”的“白”不仅是“说白”的“白”、“黑白”的白，而且是“清白”的“白”，即应是劳动大众的语言。把白话同平民联结在一

① 李仁渊：《晚清传播媒体与知识分子：以江南为例》，见许纪霖：《公共空间中的知识分子》，凤凰出版传媒集团、江苏人民出版社 2007 年版，第 261 页。

起，是学生一代独到的洞察力，他们然后把这种洞察力付诸实践。1919年3月，《新潮》成员决定成立的“北京大学平民教育讲演团”就是旨在将老师宣扬的新文化观和白话文推向社会。

1923年，当《新潮》杂志停止出版时，北京大学的毕业生李小峰和孙伏园开始出版“新潮”文学丛书，这本书是在他们的老师鲁迅和周作人的帮助和建议下出版的。“新潮”文学丛书以中国读书界能承受的最合理的价格售卖，丛书中收录了鲁迅的短篇小说《呐喊》以及朱自清、冰心、郭沫若等人的著作。

第三节　脱政还是连政

从历史上看，19世纪末至20世纪初的最初十年，中国知识分子确实对民族——国家的建设能力和上层政治的改造普遍抱有十分乐观的态度，这可以从梁启超在《新民说》中号召国民效忠于民族——国家建构目标的激情论证中清晰地加以感受。①

但是到了“五四”时期，知识阶层的这种乐观态度有了很大的转变，按照杨念群的分析，变化的起因即在于这个时期的知识分子开始怀疑其国家在中国现代化转型中的正面作用。陈独秀在“五四”时期撰写的《偶像破坏论》就直接把现代国家作为偶像之一纳入应被打倒之列。尤其值得注意的是，中国知识分子对国家创构功能的质疑，恰恰是与20世纪初资本主义体系以强劲之势席卷全球同步发生的，而且这种席卷态势发生得越猛烈，中国知识分子对国家的质疑能力也就越强烈，两者基本上处于反向互动的状态。这一时期知识分子的主旨并不是要在民族——国家的旗号下整合起各种社会力量以对抗全球资本主义的政治入侵，而恰恰是通过分解整体性的“国家”观念，来重构一种“社会”性的空间，以消解资本主义经济入侵所构成的社会不平等状态，这在无政府主义者发表的言论中表现得尤为明显。

民初以降的媒介权力构建与晚清时代最为不同的一点是知识分子形成一种脱政的自觉。1915年，陈独秀发表了《爱国心与自觉心》一

---

① 李华兴等:《梁启超选集》，上海人民出版社1984年版，第217页。

文。在此文中，他向下一代知识分子发出知识自觉的呼声。鉴于代议制已经明显失败，陈独秀指出，“国人无爱国心者，其国恒亡。国人无自觉心者，其国亦殆。二者俱无，国必不国”[①]。作为救国视野中的基本美德的“爱国心”实质上只是盲目地忠君；由于没有意识到自觉心的重要性，中国几将不国了。在陈独秀看来，中国当前急需的不是炽热的爱国者，而是能够冷静思考特定问题的人们。这篇文章是向下一代知识分子发出的避免陷入政治困境的警告，也是获取对社会有意的知识的呼吁，陈独秀最后要求知识分子同人退出政治生涯，投身于教育活动和道德改良。

的确，从1915年开始，原先热衷于政治的领袖人物纷纷放下原来的工作，专心去从事文化的思考。[②] 而在晚清时代，知识分子的每一步知识权力的行走，都与一系列诏书脱不得干系。我们知道，在中国大学开办之际，新派知识分子便占据了优势，如果说1898年夏季一系列不同寻常的诏令扫清了道路，是短暂的百日维新期间他们劝说光绪皇帝为建立京师大学堂提供经费的话，那么“五四”时期的知识分子，特别是建立北京大学的知识分子更具有脱离政治权力对学术的染指。

1898年6月和7月的诏书，使得康有为和梁启超等改革者劝奏皇上以人才来挽救中国的长期努力，达到了顶点。他们认为，培养人才是中国谋取政治生存和文化复兴的决定性因素。从表面上看，这个建议并无什么新异之处。康有为和梁启超的奏折沿袭的那些属于久已有之的儒士尽忠式的文章，其中涉及的教学理论的部分仍然基于承认科举制这一前提。然而，在这种传统教化式的文字背后，康梁提倡的是建立起一种新型的学堂，即不同于现存的书院那样的传统地方学校，科举制的候考者只是在那里背诵经书。在康有为和梁启超设想的新学堂里，除了许多传统课程外，学生们还将学习外语和近代科学方面的知识。

百日维新失败后，慈禧太后几乎废除了所有的以新知识建构的改革方案，但是同意筹建京师大学堂。与康有为、梁启超想法相左的是，

---

① 此文首次发表于1914年11月10日的《甲寅》，1卷4号上。

② 金观涛、刘青峰：《开放中的变迁》，香港中文大学出版社1993年版，第211页。

她任命著名的旧派学者孙家鼐为第一任管学大臣，力图把学堂的新异之处尽量减去。在孙家鼐的推荐下，时任同文馆的总教习的丁韪良担任了京师大学堂的总教习。两人将教学计划发展到包括英语、法语、俄语、德语和日语，以及数学和天文学等选修课程。与传统课程相比，新学的比例很有限，但他们毕竟为了解外国的思想提供了机会，这在先前正统的儒学教育中，则是完全不可思议的。即便如此，对于学员来说，心向仕途依然。按照当时的规定，学生进入京师大学堂前必须是举人，因此他们首先关注的是如何在皇朝官僚制度中谋得应有的地位。当然他们也花时间学习参加考试，但是这只是他们的旧有特权的一种标志而已。他们在学校里依然像候补官员那样行事：赌博、嫖妓，并常常只凭借京师大学堂学生的身份获得赏赐。

然而仅仅在辛亥革命半年之后，这种带有严重官僚体制渗透学术机构的方式就受到了挑战。1912 年 2 月，严复被新任总统袁世凯任命为京师大学堂的总督督，9 月，严复离开了这个岗位。在短短半年的任期内，严复就"试图把这个前清遗物改变成真正的近代教育机构。他为职业教育者的利益和地位而呼吁，力主把在外语和当代科学方面的能力作为合格的大学生的标志"①。

首先，他在京师大学堂恢复了外语课的地位，他聘请了不少外籍教员，坚持要求学生用外语特别是英语参加演讲和举行会议。为此，他还被保守势力责骂为"盲目崇拜西洋文明"②。1912 年 5 月，严复还提出了改造京师大学堂校风的新要求，这对以后的北京大学的发展具有更深远的意义。他在给教育总长的信中，要求把这个教育机构改名为北京大学。他认为，这将进一步表明它是近代的高等学校，而不是新共和时期旧式谋官者的乐园。③

其次，在促进近代专职教育事业方面，为教员争取更为合理的薪水。1912 年春，严复就曾为提高教员的薪水而斗争，他反对将教员的薪水限定在 60 元，认为同中国政府的其他官员相比，大学教授的待遇

① 舒衡哲：《五四两代知识分子》，见许纪霖：《20 世纪中国知识分子史论》，新星出版社 2005 年版，第 249 页。

② 萧超然：《北京大学校史 1898—1949 年》，上海教育出版社 1981 年版，第 37 页。

③ 同上。

是极为不公平的。在他的努力下，一批批教员来到了北京大学。他们向以林纾为代表的旧学派——桐城派发起了攻势。与严复不同，林纾既不直接掌握西方语言的知识，也缺乏对西方文化的包容态度。当一批在外国受过教育的中国教员开始聚集在严复管理的北京大学时，林纾一派维持了十几年的稳固地位开始动摇了。毕业于京都大学的沈尹默，就是在这一时间来到北京大学的，1914 年，他曾在日本的好友钱玄同也被北京大学聘用了，在沈尹默和钱玄同的推荐下，从日本归来的革命同人陈独秀也进入了北京大学。陈独秀在蔡元培的扶持下，出任文科学长，北京大学的校门进一步为职业教育家打开。1917 年陈独秀提议胡适来北京大学执教。当年底，陈独秀又主张需要一位知识渊博的专职图书馆专家，于是李大钊被聘任该职。

1916 年，蔡元培出任北京大学校长，并在他执掌北大的两年里，把他对教育目标的向往带入北京大学。蒋梦麟把蔡元培入掌北京大学喻为“在静水中投下知识革命之石”。当时全国的大部分知识分子愿意以妥协来满足军阀的需要，而蔡元培则呼吁知识只能符合教育的需要。他指出教育应有利于学习的需要，这是首要的、最根本的。对于“教育是为了什么”的问题，普遍的回答是“政治”，然而，蔡元培的回答却是近乎天真的“为了世界观教育”。在探究自梁启超以来中国知识分子的世界观时，蔡元培提出了以美学作为医治旧中国迷信、奴性的良药。他说，“鉴激刺感情之弊，而专尚陶养感情之术，则莫如舍宗教而易以纯粹之美育，所以陶养吾人之感情，使有高尚纯洁之习惯，而使人我之见、利己损人之思念，以渐消沮者也。……则其所以陶养性灵、使之日进于高尚者，固已足矣，又何取乎侈言阴骘、攻击异派之宗教，以激刺人心，而使之渐丧其纯粹之美感的耶”①。“以美育代宗教”不仅是理所当然，也是势在必然。他从中西方的历史事实出发，论述了“以美育代宗教”是社会发展的大势所趋。在他看来，各个民族在未开化时代都有神话，由神话而产生宗教，“宗教本旧时代教育，各种民族，都有一个时代，完全把教育权委托于宗教家，所以宗教中兼含着智育、德育、体育、美育的原素”。美育随时代而进步，而“宗教却绝对的保

① 蔡元培：《以美育代宗教说》，见《新青年》第 3 卷第 6 号（1917 年 8 月）。

守”。“美育是普及的,而宗教则都有界限。”“美育不要有界限,要能独立,要很自由,所以宗教可以去掉。”总之,“美育是自由的,而宗教是强制的;美育是进步的,而宗教是保守的;美育是普及的,而宗教是有界的”。更为重要的是,蔡元培将学术与非学术区分开来。在《答林琴南书》中,曾提出他办大学的两种主张:

> 一、对于学说,仿世界各国大学通例,循思想自由原则,取兼容并包主义。无论何种学派,苟其言之成理,持之有故,尚不达自然淘汰之运命者(意即谓其仍具有学术上之价值,而未经科学证明其为谬误者),虽彼此相反,而悉听其自由发展。
>
> 二、对于教师,以学诣为主。在校讲授,以无背于第一种之主张为界限,其在校外之言论,悉听自由。本校从不过问,亦不能代负其责任。例如复辟主义,民国所排斥也,本校教员中,有拖长辫子而持复辟论者,以其所授为英国文学,与政治无涉,则听之。筹安会之发起人,清议所指为罪人者也,本校教员中有其人。以其所授为古代文学,与政治无涉,则听之。……①

后来蔡元培总结道:“北大特色,余意有二点:一研究学问。二思想自由。无论何种学派思想,概不干涉。”②在其就任北京大学校长演说中,蔡元培这样表示:“大学者,研究高深学问者也。”他反复告诫学生,大学不同于专门学校,学生须抱定宗旨,为求学而来。入法科者,非未做官;入商科者,非为致富。如果欲达做官发财之目的,则另有不少专门学校,又何必来此大学。”③

在当时“泛政治主义”与“泛道德主义”流行的中国,有意识地“把学术的归学术,把政治的归政治,把道德的归道德”是很了不得的。

“五四”运动的另一个旗手胡适也致力于将学术脱离政治的干扰,归国就抱定“二十年不谈政治,要为中国的政治变革奠定思想文化的

① 蔡元培:《答林琴南的诘难》,见中国蔡元培研究会编:《蔡元培全集》(第三卷),浙江教育出版社 1997 年版,第 451—452 页。

② 蔡元培:《在上海北大同学会成立会的演说词》,见中国蔡元培研究会编:《蔡元培全集》(第六卷),浙江教育出版社 1997 版,第 87 页。

③ 中国蔡元培研究会编:《蔡元培全集》(第三卷),浙江教育出版社 1997 版,第 5 页。

基础”。《新青年》创刊初期是不谈政治的。编辑部曾经约定的基本方针就是:二十年不谈政治。而这个基本方针的确立,正是基于胡适所首倡的“二十年不谈政治,二十年不干政治”的处世思想。

陈独秀与胡适最大的分歧之处也在于“谈政治”上,在《新青年》8卷1号的第一篇文章就是陈独秀的《谈政治》,其中公开点名批评了胡适的“不谈政治”。而胡适在1921年1月2日给陈独秀就《新青年》催稿一事的回信中,明确表明了在刊物上“不谈政治”的主张:

> 1. 听《新青年》流为一种有特殊色彩之杂志,而另创一个哲学文学的杂志,篇幅不求多,而材料必求精。我秋间久有此意,因病不能作计划,故不曾对朋友说。
>
> 2. 若要《新青年》“改变内容”,非恢复我们“不谈政治”的戒约,不能做到。但此时上海同人似不便做此一着,兄似更不便,因为不愿示人以弱。但北京同人正不妨如此宣言。故我主张趁兄离沪的机会,将《新青年》编辑的事,自九卷一号移到北京来。由北京同人于九卷一号内发表一个新宣言,略根据七卷一号的宣言,而注重学术思想艺文的改造,声明不谈政治。

第四节　信息获取方式的差异

清末十几年由政治革命与改革所带动起来的文化革新潮流,大体上主要是受日本思想界与文化潮流的影响,这一时期的所谓“西学”、“新学”多是经过日本的中介而传入中国的。当时晚清士人以为中国与日本拥有相似的现代化追求心理、并力图借日本文化来为中国传统文化注入新质。如在逃往日本之前,梁启超对于日本现代化经验就早有兴趣,转道日本输入西洋文明是他一直比较推崇的事。早在《读日本书目志书后》、《论译书》等中,梁启超就表现出对日本广译西书、维新变法的钦羡:“日本之步武泰西至速也,故自维新至今三十年,而治艺已成。吾今取之至近之日本,察其变法之条理先后,则吾之治效,可三年而成。尤为捷疾也。”[①]“旧本自彬田翼等，始以和文译荷兰书，泊尼虚曼孑身逃美，归而大畅斯旨，至今日本书会，凡西人致用之籍，靡不有译本，故其变法灼见本原，一发即中，遂成雄国。”[②]在梁启超看来，日本不仅与中国为“同文之国”，而且维新之后的日本“锐意西学，所翻彼中之书，要者略备，其本国新著之书，亦多可观，今诚能习日文以译日书，用力甚鲜，而获益甚巨。计日文之易成，约有数端：音少，一也；音皆中之所有，无棘刺之音，二也；文法疏阔，三也；名物象事，多与中土相同，四也；汉文据十六七，五也……以此视西文，抑又事半功倍也”[③]。由于上述因素，日本实在是一个不错的西洋东洋先进文明和资源的聚集地，中国若能假道日本学习西洋，定能事半功倍。这一看法等到梁启超在日本有了切身的生活体验后就更加强烈了，写下“论学日本文之益”一文作为《清议报》的社论：

> 既旅日本数月，肆日本之文，读日本之书，畴昔所未见之籍，纷触于目，畴昔所未穷之理，腾跃于脑，如幽室见日，枯腹得酒，沾沾自喜，而不敢自私，乃大声疾呼，以告同志曰我国人之有志新学者，盍亦学日本文哉日本维新三十年来，广求智识于寰宇，其所译所著有用之书，不下数千种，而尤详于政治学、资生学即理财学，日本谓之经济学、智学日本谓之哲学、群学日本谓之社会学等，皆开民智强国基之急务也……夫日本于最新最精之学，虽不无欠缺，然其大端固已初具矣，中国人而得此，则其智慧固可以骤增，而人才固可以骤出。

可见，在对待翻译这一文化活动的态度上，梁启超等晚清一代知识分子对于西学的倾慕、择取和甄别尚处于一种暧昧的欲望阶段。因此，他们的翻译活动虽然显露的是他们作为时代先觉者应对时势、建构民族国家的自然醒觉，但他们对翻译行为本身的认识并不划一，对于翻译与自我身份建构之间的关系的认识也不太明朗，因而他们的翻译行为只能是一种自发的、自为的、受限于民族国家想象或叙事的个

① 梁启超：《饮冰室合集·饮冰室文集之二》，中华书局1936年版，第51页。

② 梁启超：《变法通议》，见《时务报》1897。

③ 梁启超：《饮冰室合集·饮冰室文集之一》，中华书局1989年版，第67、76页。

体行为。

然而到了民初,向日本学习骤然变成向欧美学习,原因主要有两个。一是因为日本"二十一条"要求,激起中国人强烈的反感;二则因为这时留学欧美的青年成批地回国,中国的教育界、思想文化界生成了一股新的生力军。从此,由这股生力军担当主要角色,直接从西方输入新学新理成了中国与世界新文化交流的主要形式。这股生力军的一些领袖分子,对此有非常明晰的自觉意识。这可从世界丛书社的酝酿和形成中看得很清楚。

1917 年 10 月 18 日,回国刚刚 4 个月的蒋梦麟写信给他在美国留学时的同门师弟胡适,提出他的一项大计划,要系统编译出版一套介绍西方学术文化的丛书。这是迄今所见有关这一计划的第一份文献,故将此信的全文引录如下:

> 适之足下:前自杭寄奉一书,并附剪报一纸,谅邀台览。弟自杭返后,聆各省教育代表之伟论,咸谓吾国所出新书,无一可读。研究西文,究非易举,皆抱脑中饥饿之叹。又参观上级学校,教员皆不读书。诘之,则多以无书可读对。故不喜读书者,则竟不读一书;喜读书者,则多读古书。窃谓吾辈留学生,可得新知识于西书,旧知识于古籍。若不通西文者,则除读古籍外,其又何道以得新知识?若是以往,中国文化前途不堪设想。弟实忧之。于是,商之于商务印书馆主事诸公,请编辑高等学问之书籍。主事诸公以此种书籍于营业上不利,颇觉为难。厥后彼此协商,允先行试办。虽略损资本,以吾国文化前途故,亦不敢辞。同事中如张菊生、高梦旦诸公,均赞成斯义。诸公以他事羁身,不克兼顾。其势必由弟承乏。故拟邀集同志故交,以进步之精神,协力输入欧西基本之文化。昔大隈伯诸人,倡译书社,欧化遂得以输入日本。吾国学术之衰落,至今日已极,非吾辈出为提倡,其谁挽此狂澜乎?吾兄文章学术高出侪辈。此事非大家帮忙不可。请兄于课余之暇,著书立说,弟当效校阅之劳。一切筹谢方法,可后议。弟意,吾兄可先将加校之博士论文付印;以后可择兄之所乐为者,彼此接协办理。兄素长哲学,可于此一门发挥宏论。他若达善诸

君，可各以所长著译。弟拟以北京、南京、上海、广东为四中心。北京一方面，必须烦劳吾兄及独秀先生。孑民老师处，当另函述明。商务以伟大之资本，全国五十余处之分行，印刷、发行均甚便利。吾辈若不善为利用，殊若可惜。弟学识肤浅，惟区区之心，不容苟安过去。故不推绵力，函求同志。吾兄素抱昌明学术之志，想必赞同斯举。将来出版、装订及作索引（Index）、点句等，均当以进步之精神，最新之方法行之。一人作事，东扶西倒。请兄速赐复音，并示高见。①

这封信里，耿云志认为四个方面的信息值得关注：一是蒋氏归国后，发现国内有学问饥荒之象。② 不喜读书者，一书不读；喜读书者，多读古书。因新出版之书"无一可读"。如此，则人们欲求新知识，无路可达。这是引发他要编译出版介绍西方学术文化系列丛书的根本动因。二是他向当时国内最大的民营出版机构商务印书馆提出上述设想，该馆以出版此类丛书，于营业上不利，对其建议表示为难。后考虑其学术与文化上的意义与价值，乃勉允试办。但该馆不拟抽出人力帮办此事，而任蒋氏自行筹划。三是蒋氏第一个寻求帮助的人是胡适。胡与蒋在美国同受杜威指导，属于同门。蒋对胡的学问很佩服。加之，这时由胡适倡导的文学革命运动正方兴未艾，胡适的名声亦悄然鹊起。所以他相信胡适的支持是不可少的。但这时他主要是把胡适作为该丛书最具影响力的作者，而不是主要的组织者，蒋邀胡著书立说，可将博士论文复印，而蒋则愿效校阅之劳。四是蒋氏颇具雄心，他准备在北京、南京、上海、广东分别建立中心，吸集人才，从事编译。而北京一方面，初期要拜托胡适与陈独秀帮忙筹划。③

---

① 耿云志：《胡适及秘藏书信》（第 39 卷），黄山书社 1994 年版，第 402—405 页。

② 蒋氏的观察与胡适的观察相当一致。胡适 1917 年 7 月归国，在上海停留十几天，他逛过许多书肆后发现，号称中国最开放的城市的出版界，"简直没有两三部以上可看的书！不但高等学问的书一部都没有，就是要找一部轮船上火车上消遣的书，也找不出"。他不禁感叹道："如今的中国人，肚子饿了，还有些施粥的厂把粥给他们吃。只是那些脑子叫饿的人，可真没有东西可吃了。"见见胡适：《归国杂感》，见胡适：《胡适文存》（第一集、第四卷），上海亚东图书馆 1929 年版。

③ 耿云志：《新文化运动：建立中国与世界文化密接关系的努力》，《学术研究》2008 年第 2 期，第 99—110 页。

在随后的11月12日，蒋梦麟未得到胡适回信便又致一书，继续商谈翻译出版西书之事。信中还附有一份编译丛书的简章：

> 适之足下：前快邮上一书，未蒙赐复，念甚。因课忙无暇作复欤？抑以弟之鄙陋，不足以赐教欤？今午，由高梦旦先生交下章行严先生书，藉悉北京大学有编辑高等学术书籍之举。其办法与弟所拟者大致相同，不谋而合，可彼此协商进行。鄙意，此事可分四区进行：（一）北京，（二）上海，（三）南京，（四）广东。留学界中亦须分头函达。北京一方面，则已有章（章士钊）先生主持；而南京一方面，当托国立高等师范诸君；广东则亦有国立高师敝友程祖彝君为教务长，弟当往托之。北京诸公如不弃鄙陋，则弟当竭其绵力，随诸公之后，彼此商定书名若干，分头觅人编译。凡译某书，须彼此通知，以免重复；又每书必须用中西索引（Index），并吾兄所用之点句法，以为出版界倡。兹将张菊生、高梦旦二先生及弟所共拟之办法抄奉，乞赐教为祷。[1]

蒋氏与张菊生、高梦旦两位商务印书馆主事商议的简要章程初名为《高等学术参考丛书》，明确提出要翻译哲学、教育、群学、文学四类丛书，具体而言是：哲学类含哲学史门、哲学门、知识方法门；教育类含教育史门、教育原理门、教育行政门，教授法门；文学类含中国文学史门、西洋文学史门、文学比较门；群学类含群学门、史学门、政治比较学门。从这两份信中，可以看到当时的知识分子已经明确“以西洋之高等学术为主体”，体现了建立中国与世界文化密接关系的努力。

《民国图书总目录》一书也为我们了解民国时期信息获取方式的变化提供了可资参考的依据。可以两个图表反映了民国引进版图书的来源地与书籍类型（见图6-1），从中看到“五四”一代信息获取的方式与清末迥然不同。

总的说来，“五四”一代知识分子的教育背景应是中国历史上仅见的“传统与近代新式教育参半，新旧学问兼备，中外思想的影响集于一

---

① 耿云志：《胡适及秘藏书信》（第39卷），黄山书社1994年版，第406页。

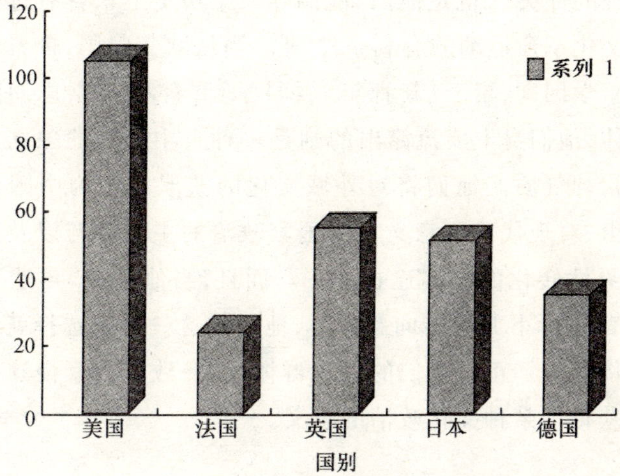

图 6-1　1911—1930 年引进版图书来源国

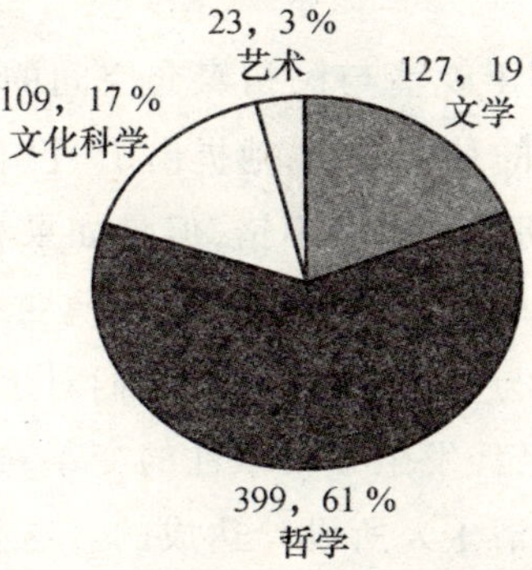

图 6-2　1911—1930 年引进版图书类别

身"①。的确，他们大都有"书香门第"的家庭背景，都曾受过严格和良好的教育在早期他们一般所受的是典型和严格的传统教育，有些人如蔡元培、陈独秀等更拥有传统科举功名，后来他们也成为率先进读新式学堂的一代，在接受传统学问的同时，比较系统地学习外语和西学使得他们成年后成为近代中国留学生中的先行者，不仅有亲眼目睹异国的机会，而且大多还受过完整的近代西方大学或更高学位的教育。

毫无疑问，这些因素使"他们对中西文化比较更易产生敏感和造

① 陈万雄:《五四新文化的源流》，三联书店 1997 年版，第 183 页。

成文化心理的冲突”，也是他们“能倡导一个历史上未曾有过的以启蒙为目的的文化革命运动的有利条件”[①]。当从欧美归国，带着他们在国外习得的新学回国，聚于《新青年》、《科学》和《学衡》杂志周围并以其为言论载体，他们身上所流露出的则是一种自主自为的独立意志和自觉自省的精神气质。他们将对外域文化的获取看作为中国人实现现代个人自由、对现代民主意义上的国家政治的主体参与以及现代中国文化的世界性转化的重要途径之一。而且，当他们在“再造”传统、追寻“现代”的目标下共同转向翻译时，他们的这一共同选择就属于一种群体或集体行为。正是他们的这种群体性、一致性因素使这些特殊的话语事件获得了某种文化政治的意义。

小　　结

近年来，学术界对于晚清与民初媒介空间的探讨，大多从两者的关联上入手，比较典型的是王德威，他提出了“没有晚清，何来五四”的口号。关注这两个时期联系固然不错，但是如果看不到这两个时期的区别的话，就极容易形成“五四”时期的媒介演变必然是晚清媒介变革的直接结果。事实上，与晚清相比，民初人们对于大学、学会和报刊书籍等三大媒介的认知已经发生了根本性的变革，这是晚清士人所没有料想到的，好多也非晚清士人所设计达成的。这些差异主要表现在语言定位上的差异、对待大众态度的差异、政治与学术关系认识的差异、信息获取方式的差异。这四种差异，导致了“五四”时期的媒介空间维系和巩固与晚清有着本质的不同。

如余英时所言，近代以来，传统士人被边缘化了。[②] 然而，这只是问题的一个方面。另一方面，知识分子在政治上的边缘化也不能简单地等同于知识分子能否占据政治权力中心。事实上，西潮的冲击既给中国增添了新问题，也提供了解决中国问题新的思想资源。罗志田曾

① 陈万雄：《五四新文化的源流》，三联书店1997年版，第187页。

② 以知识分子在政治上文化上的边缘化来说，中国文化由中心跌落到边缘是一回事，中国社会能否依据中心社会的价值理念重建文化秩序，又是另一回事。

分析过西潮冲击下近代中国思想权势的转移，失去重心的中国，思想界和整个社会都形成了一股尊西崇新的大潮；而“新的崇拜”形成的过程也是中国社会“权势转移”的过程，处处呈现出一个正统衰落、边缘上升的趋势。[①] 就读书人来说，也可以看出在清末民初发生着旧式读书人与留学生之间的“权势转移”，对比容闳、严复、胡适这几位在不同时期的留学生重返本土的不同遭遇，就可以看出留学生由最初的边缘人逐步构成中国学术的中心的轨迹。

除了作为传媒人的知识分子内部发生的激烈的变化之外，媒介空间也在发生着巨大的变动。废除科举制度削弱了北京作为传统学术中心和信息中心的地位，使东南沿海在条约制度下成长起来的影响力日益超乎北京之上，这是对北京—省会—府—县的权威传递结构的另类解构。媒介空间的变动，为新媒介在东南沿海生成并通过日后的挪移，一步步逼近了原来的政治中心——北京埋下了伏笔，从而当媒介力量足够强大时，汇通其他社会力量，成为瓦解原有政治的动力。然而在瓦解原有政治的过程中，话语与政治权力又一次纠缠在一起，致使知识与政治出现或疏离、或结合的现象：一部分新式知识分子游离政治中心，前往上海这一相对言论宽松的地方展开对政治权力的批判，而另一些新式知识分子，则留在北京，与政治实现着共谋。

① 罗志田：《新的崇拜：西潮冲击下近代中国思想权势的转移》，见李国章、赵昌平：《中华文史论丛》（第60、61辑），上海古籍出版社1999年版。

结 语

本书从泛媒介的视角，聚焦于清末民初媒介与空间关系的研究，分别探讨了以区域为中心的媒介空间、以城市为中心的媒介空间、以同人报刊为中心的媒介空间，以研究机构为中心的媒介空间，试图发现这一中国历史上思想变动激烈时期媒介在特定空间的生产，如果仅仅止于此的话，可以说学术价值不大。本书力图从媒介生产空间的变动中，找到发生这些变动的原因，找到中国近现代媒介空间生成、延续的规律，即演化规律。因此，本书将在行文中的点点滴滴的体会，艰难进行资料爬梳当中留下的灵感，交汇在这里，以结语二字冠之。

一、媒介空间是社会实践的产物

人类的知识行动在改变着媒介与社会关系的同时，也在寻求着和改变着媒介空间的面貌，而在被改变的媒介空间中，知识和知识分子的传统范畴也发生着重大的改变。对于这样的实践逻辑，清末民初的知识精英的态度总是有所倾向的：当社会发生或即将发生变革时，他们往往首先在思想上隔断同旧传统的联系，成为思想变革、文化创新和社会改革的启蒙者，选择一个远离政治控制的媒介空间进行知识生产；而当这些社会变革和创新行动最终波及知识实践自身，并对媒介自主性的信念提出挑战时，他们又开始为其既得利益辩护，对于知识的“危机”困惑不解、争论不休。他们或是投向政治的怀抱，维持其固有的话语地位；或是奔向自由的怀抱，重新开拓其话语人生，因此，会选择不同的媒介空间完成这些行动。上海和北京这两座城市，就构成了不同层面上的中心和边缘：以经济本位观之，上海领全国风气之先，北京反成边缘；以政治本位观之，北京则是政治的中心，上海反成边缘。晚清以来，中央政府对上海的媒介控制始终无法强化，知识分子在京议政干政，一旦失败，通常逃亡上海。戊戌变法失败后，康有为逃亡浦江，张勋复辟时李大钊出走沪上，“五四”运动后陈独秀南迁上海，还有 1927 年前后大批新式知识分子南迁，相似的一幕幕不断上演。知识分子的南下和北上，大约可以视为中国近现代史上媒介生产的风向标。

本书之所以将晚清的媒介空间与“五四”的媒介空间联系起来，其意义不止是表明“没有晚清，何来五四”之意蕴。将这两个时段打通，多少可以从一个更为长的时段来认知近代中国的媒介历史在空间中的演变，当然这个时段还不能称为“长时段”。言及民初媒介空间之发展，也自会联想到清末，事实上媒介涉及的知识、知识分子群体都存在着历史的延续性。因此，欲勾画民初媒介空间的地图，自有必要上溯至晚清略作梳理。这样做也有助于为本书的展开寻找问题的起点。

从空间的角度研究清末民初的媒介生产，旨在暗示对空间的研究的关键不在于就空间进行本体论的追问，因为人们已经不再对空间是什么这种提问方式感兴趣，而对这一时期媒介空间的研究已经从对空间本身的思考转向了对空间的形成和发展过程中纠缠于一体的诸多条件的关注。由于从媒介空间本体的思考转向媒介空间形成、发展的思考，正是这种认识的转换，人们才能弥补两类空间的罅隙，即心理过程而形成的精神空间和通过社会实践而形成的物质空间，才能摆脱因精神空间和物质空间之间的分歧所带来的媒介空间认识的障碍。正是探讨在媒介的形成过程中，媒介空间才具有了概念性和精神性，也具有了物质性和真实性；也正是通过对媒介空间形成过程的把握，才能理解观念性的精神空间和物质性的真实空间。在列斐伏尔看来，空间不仅是物质的存在，也是形式的存在。空间具有它的物质属性，但是它绝不是与人类、人类实践和社会关系毫不相干的物质存在。正因为人涉足其间，空间才显出意义。空间也具有它的精神属性，但这并不意味着空间的观念形态和社会意义可以抹杀或替代它作为地域空间的客观存在。

媒介空间是社会空间的一种，它既不同于物理空间和精神空间，又包容进而超越两者。如果把客观的物质空间和主观的精神空间融合到媒介空间，那么媒介空间具有不同的性质：它是一个可分开的领域，可以与物质空间、精神空间相区别。媒介和空间相互建构，它们没有哪一方可拥有优先权，事实上，他们都是社会的产物。媒介是在一定生产方式下的社会关系与过程，每个社会为了能够顺利运作其逻辑必定要生产出与之相适应的空间，媒介空间是为信息所生产，同时也生产了信息，媒介信息化的同时，也使信息空间化，空间为信息生产行为所界定，媒介空间是历史发展中生产的，并随着历史的演变而重新结构和转化。无论参与信息生产的是物质空间还是精神空间，均是由媒介生产和再生产的。媒介空间的中性特点越来越少，其能动性越来越强：它既是工具又是目标，既是手段又是目的，既是客观的又是主观的，既是活跃的当下环境又是创造性的先决条件，既是经验的又是理论化的，既是工具的、策略性的又是本质性的。媒介空间的零散化以及空间的连贯性和同质性的表象是社会的产物，而且常常是政治权力的有机组成部分，充盈着政治与意识形态、矛盾与斗争，任何一个社会、任何一种与之相关的生产方式，包括那些通常意义上被我们所理解的社会，都生产一种媒介空间，一种属于它自己的媒介空间。媒介空间从一开始就具有社会意义，媒介空间是一种社会实践的产物，空间只有被社会关系所建构、运作、知识才能彰显其存在。也就是说，媒介空间不是既定的，而是社会实践建构的产物。

二、媒介往往构成影响政治生活的"权势集团"

笔者的《政治与知识之间——以晚清翻译出版为中心》一书运用知识政治学的观点分析了晚清的翻译出版，认为知识与政治之间的关联是晚清翻译出版的内在关系。此后的研究则有意回避这一已设定好的思路，力图站在实践哲学的立场上分析清末以来至20世纪20年代研究中国近现代媒介生产的特质，然而，无论是有意还是无意回避，政治在中国媒介生产中始终是一个无法绕过的问题。

值得注意的是，对清末民初各类媒介空间的研究，皆不同程度地揭示出集聚某一空间的知识群体与政治的关联。当新知识生产发生时,总是要避开与政治紧密相关的地域,逃遁于疏离政治之场域。然而一旦知识群体在特定的媒介空间形成比较强的知识权力,必然要将其触角拓展至政治领域。近现代媒介空间始于上海,之后从上海移至北京,又从北京移至上海,就颇能说明这一切。因此读书人并非只是作为"共同体"投射媒介生产活动,往往还构成影响国家政治生活的"权势集团"。

之所以形成这样的"权势集团",是因为中国现代化的发生有着与西方不同的进路。从社会发展动力学的角度来看,世界各国的现代化大体上可分为两种类型,即早发内生性型现代化和后发外生型现代化。[①] 前者是指通过社会内部机制的自我创新和发展而实现社会的现代转型,18、19 世纪较早进入现代化行列的欧美发达国家是其代表;后者则是指在外力因素的刺激和示范作用下,通过学习和借鉴别国的先进经验,实行国内体制变革而走上现代化道路,广大亚非拉国家的现代化属于这一类。

早发内生型现代化是一个自然演进的历史过程,与后发外生型现代化相比,它明显具有自发性、渐进性以及自下而上逐步推进等特征。期间,民间自发的经济、技术力量与创新精神、开拓意识等在相当长一段时间内一直是推动现代化的主导因素。而政府的作用,主要体现在随着时势的变化而适时调整政策,为现代化的发展确立一些基本条件,如建立近代民族国家体制、扫除国内封建经济壁垒、建立完善的法律体系、拓展海外殖民地等。除此以外,政府对于科学技术的运用、经济增长的运作方式等具体的现代化过程的介入程度十分有限。

与早发型现代化的自发性启动方式不同,后发外生型现代化一般都是在外力因素的直接刺激作用下才开始起步的。也就是说,现代化并非本土自身内部现代性因素不断累积的结果,而是对于外来现代性刺激或挑战的一种有意识或无意识的应对。因此,后发型现代化的启

① 关于这两类现代化的名称,有多种称谓,除了这里所言的早发内生型现代化与后发外生型现代化外,还有人将其称作内源型现代化与外诱型现代化,也有人称之为内生型现代化与外铄型现代化,还有人称之为现代化的先进者与后来者等。不过,这几种称谓的内涵和外延大致相同,都是希望通过对不同国家现代化的启动方式、发展时序、程度差异以及社会结构变革的特征等作某种类型学区分,以进行比较研究。

动往往以中断本国的自然演化为代价，“形成一种既不同于早发内生型现代化，也不同于传统社会演化过程的发展逻辑关系”[①]，并呈现出突发性与外在强制性等特点。由于民间社会现代性力量软弱，而内外形势又十分紧迫，决定了后发外生型现代化在启动之初，国家不仅可能而且应当介入现代化过程，以担当起现代化组织者与推动者的角色。因此，知识分子一方面想脱离国家政治对知识的染指，另一方面又不得不接受国家政治对知识的染指。

另一方面，从中国的历史传统中也能找到知识分子与政治相伴相随的理据。众所周知，中国历史上人文知识及人文知识分子的地位，很大程度是以其御用化和独立性的丧失为代价的，人文知识及人文知识分子与政治权力中心过于紧密的关系，导致了其自主精神、批判精神以及自身话语规则的丧失，导致了人文知识与官方意识形态的直接同构，人文知识精英与政治官僚的界限不明晰。恰恰是这般不明晰，使得清末民初的知识分子具有更强的使命感。但这只是问题的一个面向。另一面向是，依据陶东风的解释，这种不明晰为其赢得了昔日显赫的同时也埋下了今日尴尬的种子。[②] 自“五四”以来，知识分子为取得独立于政治权力的地位而奋斗，但始终未培养起其独立的精神品格与独立的话语权，反而每每陷入各种困境：国家发展战略的转移，使得人文知识分子失去了原先那种与政治中心的密切关系，市场的经济实用主义又极其不利于缺乏市场竞争力的人文知识分子的生存，在这种情况下，知识分子便越来越边缘化。此种边缘化，又加剧了知识分子历史使命感的丧失。如何摆脱政治的染指，如何使中国知识分子具有现代社会知识分子的特征，这显然是当今知识分子面临的一个重大课题。

三、尚未完成的现代媒介空间转型

近代中国社会变迁所带来的政治改革和城市社会的演进，为现代媒介空间的演化打下了基础，从开始的工具化无意识对西方媒介的引

① 孙立平:《后发外生型现代化模式剖析》,《中国社会科学》1991 年第 2 期。
② 陶东风:社会转型与当代知识分子,上海三联书店 1999 年版,第 311 页。

进，到逐渐侵入了中国传统合法化媒介的各个领域，从而形成了一股不可抗拒的权势，推动了中国现代媒介空间的生成与成长。

按照麦奎尔的看法，现代的媒介空间应该是“社会关系的中介”，这种“中介”应该扮演的角色有“观察事件”、“获得体验的窗口”、“延伸我们的感觉”，“使我们能够发现正在发生的事情而无需他人的介入”；媒介应该是“社会中及世界上所发生事件的镜子，它们意味着一种如实的反映”，媒介应该是“过滤器或守门人，选择部分事实以引起特别注意”；媒介应该是“路标、向导或讲解员、指引道路并搞清令人迷惑或零散的东西”、“将信息或思想介绍给受众的论坛或讲台”、“对话或者掌握信息的谈话伙伴”、“不只传递信息，而且以半互动的方式对问题做出响应”等。[①] 潘祥辉将其归纳为媒介的“窗口功能”、“镜子功能”、“把关功能”、“告示牌功能”、“向导功能”、“解读功能”、“谈话功能”、“论坛功能”与“信息伙伴功能”。[②] 现代媒介应当是充分发挥上述功能，而非片面突出其中的某一项功能，比如教育功能或者动员功能。评价媒介的好坏，不应当以政治或者经济的标准来衡量，因为，媒介空间最本质的特征在于它是看真实世界的“窗口”或者反映世界镜子，评判标准一定要看媒介是否能发挥这两种作用为前提。

然而，如果以上述标准评判清末民初的媒介空间，就可以发现其尚未发挥媒介“镜子”和“窗口”的基本功能。清末民初的媒介虽然接受了西方民主政治的洗礼，特别是在租界，也曾一度呈现出现代城市媒介的表征，但是由于媒介生成与发展都是靠一种人为设计出来的外力维持，因此很容易受到各种内外部因素的冲击和影响。当然，这种影响可能会使媒介空间越来越偏离均衡状态，然而在清末民初，这种偏离还未足够大到足以导致媒介空间产生巨大的撼动，进入到一种全新的、现代的媒介空间。

清末民初，由于中国一连串军事、政治、经济上的失败，逼迫中国知识分子利用媒介或者作为政论工具，或作为启蒙工具，促使正在生

---

① 〔荷〕麦奎尔（Denis McQuail）：《麦奎尔大众传播理论》，清华大学出版社 2006 年版，第 55—56 页。

② 潘祥辉：《媒介演化论——历史制度主义视野下的中国媒介制度变迁研究》，中国传媒大学出版社 2009 年版，第 340 页。

成新型知识权力以撼动原有的政治与社会秩序，因此，媒介更多地发挥的是其政治教化的功能。王天根曾从清末民初的媒介与政治偶像建构的关联中解读出媒介政治性功能单一凸显所带来的三点弊病："就历史选择与政治偶像建构而言，近代政治转型离不开对西方政治制度的借鉴与关照，……报刊等大众传媒对西方政治偶像进行选择并着手本土化的解读，这涉及西方政治偶像中国化的问题。媒介对铁腕人物的'英雄'塑造及其传播效果，对民初袁世凯复辟帝制负有不可推卸的责任。等到孙中山等领导'二次革命'终于将媒介建构的中国化'拿破仑'拉下台，多灾多难的中华民族付出了血与火的代价；清末民初报刊媒介对政治偶像选择，与政治人物、政党对改良或革命舆论环境的建构有内在的联系；近代报刊对政治偶像的建构及现实政治中议会民主或新式独裁舆论的塑造，折射近代大众传媒从西方引进政治偶像针对近代国情擅变成分居多，报刊等媒介试图将西方政治偶像与中国近代政治转型的实践嫁接起来，具有强烈的经世致用色彩。"①

在清末民初，媒介一直是知识分子操控的对象，常常是你方唱罢，我方登场。当然，所有媒介被操纵正是媒介的本质，然而，关键的问题"不是媒介是否受到操纵，而在于媒介受到谁的操纵。因此，革命性的想法不是应该废除操纵者。相反，必须使每个人都成为操纵者"②。现代媒介空间的建构更需要大众文化填补媒介空场，然而，民间化的现代知识在清末民初的国民中十分贫乏，且大众的识字率也是很低的。

由于清末民初中国的政治制度抉择的合理性及合法性没有解决，因此，媒介无法实现现代媒介的基本功能，媒介空间的现代性建构与转型还需要继续进行下去。

---

① 王天根：《政治偶像建构与清末民初报刊表述的政治》，《新闻与传播研究》2009年第1期，第28—29页。

② 〔美〕阿瑟·伯格（Arthur Asa Berger）：《媒介分析技巧》，李德刚、何玉译，中国人民大学出版社2005年版，第63页。

附　　录

文中出现的图表

参 考 文 献

中文文献

一、报刊（按创刊先后排序）

[1]《万国公报》(广学会主办)
[2]《申报》
[3]《万国公报》(维新派主办)
[4]《时务报》
[5]《强学报》
[6]《苏报》
[7]《清议报》
[8]《选报》
[9]《新民丛报》
[10]《湖北学生界》
[11]《俄事警闻》
[12]《中国白话报》
[13]《时报》
[14]《警钟日报》
[15]《京话日报》
[16]《东方杂志》
[17]《留美学生年报》
[18]《民声》
[19]《新世纪》

[20]《新青年》
[21]《科学》
[22]《晨报》
[23]《每周评论》
[24]《学衡》

二、论著

[1] 〔美〕本尼迪克特·安德森(Benedict Anderson):《想象的共同体:民族主义的起源与散布》,吴叡人译,上海人民出版社,2005年版。
[2] 包天笑:《钏影楼回忆录》,山西古籍出版社,1999年版。
[3] 包亚明:《现代性与空间的生产》,上海教育出版社,2003年版。
[4] 〔美〕阿瑟·伯格(Arthur Asa Berger):《媒介分析技巧》,李德刚、何玉译,中国人民大学出版社,2005年版。
[5] 〔法〕布迪厄(Pierre Bourdieu)、华康德(Loic Wacquant):《实践与反思:反思社会学导引》,李康、李猛译,中央编译出版社,1998年版。
[6] 〔法〕布尔迪厄(Pierre Bourdieu)、帕斯隆(Jean-Claude Passeron):《再生产:一种教育系统理论的要点》,邢克超译,商务印书馆,2002年版。
[7] 蔡乐苏等编:《戊戌变法史述论稿》,清华大学出版社,2001年版。
[8] 陈潮:《近代留学生》,中华书局、上海古籍出版社,2010年版,
[9] 陈寿:《三国志·蜀志·马忠传》,中华书局,1997年版。
[10] 陈志让:《军绅政权》,广西师范大学出版社,2008年版。
[11] 陈万雄:《五四新文化的源流》,三联书店,1997年版。
[12] 〔美〕周策纵(Chow Tse-tsung):《五四运动:现代中国的思想革命》,周子平译,江苏人民出版社,1996版。
[13] 〔美〕周策纵(Chow Tse-tsung)等编:《五四与中国》,台北时报出版公司,1980年版。
[14] 〔美〕柯文(Paul A. Cohen):《在中国发现世界——中国中心观在美国的兴起》(增订本),林同奇译,中华书局,2001年版。
[15] 〔美〕柯文(Paul Cohen):《在传统与现代之间——王韬与晚清改

革》,雷颐译,江苏人民出版社,1994 版。
[16] 崔波:《在政治与知识之间——以晚清翻译出版为中心》,陕西人民出版社,2009 年版。
[17]《德宗实录》卷四八六,中华书局,1987 年影印版。
[18] 丁守和编:《辛亥革命时期期刊介绍》(第 5 集),人民出版社,1987 年版。
[19]〔美〕艾尔曼(Benjamin A. Elman):《从理学到朴学——中华帝国晚期思想与社会变化面面观》,赵刚译,江苏人民出版社,1998 年版。
[20]〔美〕周锡瑞(Joseph W. Esherick):《改良与革命——辛亥革命在两湖》,杨慎之译,中华书局,1982 年版。
[21] 樊洪业、张久春编:《学救国之梦:任鸿钧文存》,上海科技教育出版社,2002 年版。
[22] 方平:《晚清上海的公共领域(1895—1911)》,上海人民出版社,2007 年版。
[23]〔美〕费正清(John King Fairbank):《剑桥中国晚清史,1800—1911》(下卷),中国社会科学院历史研究所编译室译,中国社会科学出版社,1985 年版。
[24]〔法〕米歇尔·福柯(Michel Foucault):《规训与惩罚》,刘北成、杨远婴译,三联书店,2003 年版。
[25] 蒋梦麟:《西潮》,台北世界书局,1974 版。
[26] 蒋维乔:《鷦居日记》,上海图书馆藏手稿本。
[27] 高瑞泉:《中国近代社会思潮》,上海人民出版社,2007 年版。
[28] 高平叔:《蔡元培年谱》,中华书局,1980 年版。
[29]〔美〕吉尔兹(Clifford Geertz):《地方性知识:阐释人类学论文集》,王海龙、张家瑄译,中央编译出版社,2004 年版。
[30] 耿云志:《胡适及秘藏书信》(第 39 卷),黄山书社,1994 年版
[31] 戈公振:《中国报学史》,上海书店,1990 版。
[32]〔意〕葛兰西(Antonio Gramsci):《狱中札记》,曹雷雨等译,中国社会科学出版社,2000 年版。
[33] 郭庆光:《传播学概论》,中国人民大学出版社,1999 年版。

[34] 〔德〕哈贝马斯(Jürgen Habermas):《公共领域的结构转型》,曹卫东等译,学林出版社,1999 年版。

[35] 洪九来:《宽容与理性:〈东方杂志〉的公共舆论研究(1904—1932)》,上海人民出版社 2006 年版。

[36] 胡林翼:《胡文忠公政书》,湖南粮储道署清光绪 25 年刻本。

[37] 胡兆量、阿尔斯朗、琼达等编著:《中国文化地理概述》,北京大学出版社,2006 年版。

[38] 黄淳耀:《陶庵全集》(卷十),台北商务印书馆,1983。

[39] 胡适:《丁文江传》,东方出版社,2009 年版。

[40] 胡适:《胡适来往书信选》(上),中华书局, 1979 年版。

[41] 胡适:《胡适文存》,上海亚东图书馆,1929 年版。

[42] 胡适著、唐德刚编:《胡适口述自传》,广西师范大学出版社,2005 年版。

[43] 黄炎培:《八十年来——黄炎培自述》,文汇出版社,2000 年版。

[44] 金观涛、刘青峰:《开放中的变迁》,香港中文大学出版社 1993 年版

[45] 康有为:《康南海先生遗著汇刊》,台北宏业书局有限公司,1987 年版。

[46] 〔美〕郭颖颐(D. W. Kwok):《中国现代思想中的唯科学主义》,雷颐译,江苏人民出版社,1990 年版。

[47] 乐正:《近代上海人社会心态》,上海人民出版社,1991 年版。

[48] 李大钊:《李大钊文集》(上册),北京人民出版社,1984 年版。

[49] 李鼎芳:《曾国藩及其幕府人物》,岳麓书社,1985 年版。

[50] 李国章、赵昌平:《中华文史论丛》(第 60、61 辑),上海古籍出版社,1999 年版。

[51] 李华兴等:《梁启超选集》,上海人民出版社,1984 年版。

[52] 李仁渊:《晚清的新式传播媒体与知识分子》,台北稻香出版社,2005 年版。

[53] 李喜所:《近代中国的留学生》,人民出版社,1987 年版。

[54] 李孝悌编:《中国的城市生活》,新星出版社,2006 年版。

[55] 廖梅:《汪康年:从民权论到文化保守主义》,上海古籍出版社,

2001 年版。
[56] 梁启超:《饮冰室专集》(第三册),台北中华书局,1986 年版。
[57] 梁启超:《饮冰室专集》(第九册),台北中华书局,1979 年版。
[58] 梁启超:《饮冰室合集》(文集二十九),台北商务印书馆,1986 年版。
[59] 梁启超:《饮冰室合集》(文集三十九),中华书局,1989 年版。
[60] 梁启超:《饮冰室合集·饮冰室文集之一》,中华书局,1989 年版。
[61] 梁启超:《饮冰室合集·饮冰室文集之二》,中华书局,1936 年版。
[62] 刘大鹏:《退想斋日记》,山西古籍出版社,1990 年版。
[63] 刘东编:《中国学术》(第十三辑),商务印书馆,2003 年版。
[64] 刘海龙:《大众传播理论:范式与流派》,中国人民大学出版社 2007 年版
[65] 刘怀玉:《现代性的平庸与神奇——列菲伏尔日常生活批判哲学的文本解读》,中央编译出版社,2006 年版。
[66] 楼宇烈:《康南海自编年谱》(外二种),中华书局,1992 年版。
[67] 〔美〕杰西·格·卢茨:《中国教会大学史》,曾钜生译,浙江教育出版社,1987 年版。
[68] 骆惠敏:《清末民初政情内幕——乔厄·莫里循书信集:1895—1912》(上),知识出版社,1986 年版。
[69] 罗家伦:《科学和玄学》,全国图书馆文献缩微中心,2008 年版。
[70] 罗志田:《权势转移:近代中国的思想、社会与学术》,湖北人民出版社,1999 年版。
[71] 罗志田:《二十世纪的中国思想与学术掠影》,广东教育出版社,2001 年版。
[72] 吕坤:《居官必要》。
[73] 闾小波:《中国早期现代化中的传播媒介》,上海三联书店,1995 年版。
[74] 马叙伦:《石屋续沉》,上海书店,1984 年版。
[75] 冒荣:《科学的播火者:中国科学社述评》,南京大学出版社,2002

年版。
[76] 〔荷〕麦奎尔(Denis McQuail):《麦奎尔大众传播理论》,清华大学出版社,2006年版。
[77] 〔美〕约书亚·梅罗维茨(Joshua Meyrowitz):《消失的地域:电子媒介对社会行为的影响》,肖志军译,清华大学出版社,2002年版。
[78] 〔美〕罗兹·墨菲(Rhoads Murphey):《上海——现代中国的钥匙》,上海人民出版社,1986年版。
[79] 潘祥辉:《媒介演化论——历史制度主义视野下的中国媒介制度变迁研究》,中国传媒大学出版社,2009年版。
[80] 钱基博:《湖南近代百年学风》,岳麓书社,2010年版。
[81] 全国政协文史资料研究委员会编:《辛亥革命回忆录》(四),文史资料出版社,1963年版。
[82] 瞿秋白:《瞿秋白文集·文学编》(第1卷),人民文学出版社,1985年版。
[83] 桑兵:《清末新知识界的社团与活动》,三联书店,1995年版。
[84] 桑兵:《晚清学堂学生与社会变迁》,广西师范大学出版社,2007版。
[85] 上海图书馆编:《汪康年师友书札》,上海古籍出版社,1986年版。
[86] 上海通社:《上海研究资料续集》,上海书店,1998年版。
[87] 上海市文史馆文史资料工作委员会编:《上海地方史资料》,上海社会科学院出版社,1986年版。
[88] 商务印书馆编:《商务印书馆九十年》,商务印书馆,1987年版。
[89] 史和、姚福申、叶翠娣编:《中国近代报刊名录》,福建人民出版社,1991年版。
[90] 〔日〕实藤惠秀:《中国人留学日本史》,谭汝谦、林启彦译,三联出版社,1982年版。
[91] 世续纂:《德宗景皇帝实录》(卷三六九),中华书局,1987年版。
[92] 〔美〕爱德华·索亚:《第三空间——去往洛杉矶和其他真实和想象地方的旅程》,陆扬等译,上海教育出版社,2005版。

[93] 舒新城:《近代中国留学史》,中华书局,1929 年版。
[94] 唐宝林、林茂生编:《陈独秀年谱》,上海人民出版社,1988 年版。
[95] 陶东风:社会转型与当代知识分子,上海三联书店,1999 年版。
[96] 童强:《空间哲学》,北京大学出版社,2011 年版。
[97] 特纳(Bryan S. Turner):《社会理论指南》,李康译,上海人民出版社,2003 年版。
[98] 王德威:《如何现代,怎样文学? 十九、二十世纪中文小说新论》,台湾麦田出版社,1998 版。
[99] 王焕琛:《留学教育:中国留学教育史料》,台北"国立"编译馆,1980 年版
[100] 王宏志编:《翻译与创作》,北京大学出版社,2000 年版。
[101] 汪原放:《亚东图书馆与陈独秀》,学林出版社,2006 年版,
[102] 王阳明:《王文成公全集》(卷之五),商务印书馆,1930 年版。
[103] 〔德〕马克斯·韦伯(Max Weber):《儒教与道教》,商务印书馆,1995 年版。
[104] 《文史资料选辑》编辑部编:《文史资料选辑》(第 15 辑),中华书局 1961 年版。
[105] 吴晗、费孝通:《皇权与绅权》,天津人民出版社,1988 年版。
[106] 吴研国、翁之达:《三十五年来中国之小学教育》,商务印书馆,1931 年版。
[107] 萧超然:《北京大学校史 1898—1949 年》,上海教育出版社,1981 年版。
[108] 谢遐龄编:《变法以致太平:康有为文选》,上海远东出版社,1997 年版。
[109] 熊月之:《西学东渐与晚清社会》,上海人民出版社,1994 年版。
[110] 许纪霖:《20 世纪中国知识分子史论》,新星出版社,2005 版。
[111] 许纪霖:《公共空间中的知识分子》,凤凰出版传媒集团、江苏人民出版社,2007 年版。
[112] 严复著,王栻主编:《严复集》,中华书局,1986 年版。
[113] 姚公鹤:《上海闲话》,上海古籍出版社,1989 年版。
[114] 颜浩:《北京的舆论环境与文人团体:1920—1928》,北京大学出

版社,2008 年版。

[115] 杨念群:《儒学地域化的近代形态》,三联书店,1999 年版。

[116] 杨念群编:《空间・记忆・社会转型》,上海人民出版社,2001 年版。

[117] 杨善华、谢立中:《西方社会学理论》(下卷),北京大学出版社,2006 年版。

[118] 杨早:《清末民初北京舆论环境与新文化的登场》,北京大学出版社,2008 年版。

[119] 佚名:《大清缙绅全书》,光绪七年(1881 年)版。

[120] 曾国藩:《曾文正公全集》(奏稿),台湾文海出版社,1974 年版。

[121] 赵冬:《留学生群体的科技活动与中国近代科学的本土化》,社会科学文献出版社,2007 版。

[122] 赵尔巽主编:《清史稿》,上海联合书店影印,1942 版。

[123] 张国焘:《我的回忆》(第一册),东方出版社,1991 年版。

[124] 张静庐编:《中国近代出版史料初编》,中华书局,1957 年版。

[125] 张静庐编:《中国现代出版史料》(丁编上卷),中华书局,1959 年版。

[126] 张君劢、丁文江:《科学与人生观》,岳麓书社,2012 年版。

[127] 张树年:《张元济年谱》,商务印书馆,1991 年版。

[128] 张仲礼:《中国绅士:关于其在 19 世纪中国社会中作用的研究》,李荣昌译,上海社会科学院出版社,1991 年版。

[129] 张玉法:《民国初年的政党》,岳麓书社,2004 年版。

[130] 张元济:《张元济日记》,河北教育出版社,2001 年版。

[131] 郑逸梅:《书报话旧》.学林出版社,1983 年版。

[132] 郑振铎:《中国新文学大系・文学论争集》,上海良友公司,1935 年版。

[133] 中国蔡元培研究会编:《蔡元培全集》(第三卷)浙江教育出版社,1997 年版。

[134] 中国革命博物馆编:《吴虞日记》(上册),四川人民出版社,1984 年版。

[135] 中国近代史丛书编写组:《戊戌变法》(二),上海人民出版社,

1972 版。

[136] 中国科学社编:《中国科学社概况》(缩微品),全国图书馆文献缩微中心,2008 年版。

[137] 中国社会科学院编:《中国人口年鉴》,中国社会科学出版社 1985 年版,第 448 页。

[138] 中国社会科学院近代史研究所编:《胡适来往书信选》(上),中华书局,1979 年版。

[139] 中国社会科学院近代史研究所民国研究室、四川师范大学历史文化学院编:《1910 年代的中国》,社会科学文献出版社,2007 年版。

[140] 中国社会科学院近代史所编:《胡适来往书信选》(上册),中华书局,1979 年版。

[141] 周作人:《知堂回想录》,台北龙文出版社,1989 年版。

[142] 朱君毅.中国历史人物之地理的分布,厦门大学油印本。

[143] 朱有瓛:《中国近代学制史料》(第二辑上册),华东师范大学出版社,1986 年版。

[144] 朱英:《转型时期的社会与国家——以近代中国商会为主体的社会透视》,华中师范大学出版社 1997 年版。

三、论文

[1] 崔波:《政治化阅读与反阅读》,杭州师范学院学报,2007 年第 3 期。

[2] 丁文:《甲辰年间的“甲午记忆”——《东方杂志》创刊前后的话语空间与人员聚合》,《学术界》,2008 年第 6 期。

[3] 耿云志:《新文化运动:建立中国与世界文化密接关系的努力》,《学术研究》,2008 年第 2 期。

[4] 何雪松:《空间、权力与知识:福柯的地理学转向》,《学海》,2005 年第 6 期。

[5] 李长莉:《晚清上海的新知识空间》,《学术月刊》,2006 年第 10 期。

[6] 李喜所:《清末民初的留美学生》,《史学月刊》,1982 年第 4 期。

[7] 柳存仁:《关于鸳鸯蝴蝶派》,《人文中国学报》,1998 年第 4 期。

[8] 陆扬:《空间理论和文学空间》,《外国文学研究》,2004 年第 4 期。

[9] 潘泽泉:《空间化:一种新的叙事和理论转向》,《国外社会科学》,2007 年第 3 期。

[10] 邵培仁、杨丽萍:《转向空间:媒介地理中的空间与景观研究》,《山东理工大学学报》(哲学社会科学版),2010 年第 3 期。

[11] 邵培仁:《论中国媒介的地理集群与能量积聚》,《新闻大学》,2006 年第 3 期。

[12] 石雅洁:《〈东方杂志〉办刊特色研究》,上海社会科学院 2007 届硕士论文。

[13] 孙立平:《后发外生型现代化模式剖析》,《中国社会科学》,1991 年第 2 期。

[14] 王笛:《晚清长江上游地区公共领域的发展》,《历史研究》,1996 年第 1 期。

[15] 王天根:《晚清域外报刊与无政府主义学理的媒介镜像——以《天义》及《新世纪》为中心》,《安徽大学学报》,2010 年第 1 期。

[16] 王天根:《政治偶像建构与清末民初报刊表述的政治》,《新闻与传播研究》,2009 年第 1 期。

[17] 王忠萍:《近代中国社会的转型与留美高潮的兴起》,河南师范大学学报(哲学社会科学版),2006 年第 5 期。

[18] 王瑒:《〈新青年〉中的"科学"》,清华大学 2003 届硕士学位论文。

[19] 杨念群:《地域文化冲突的近代缩影——时务学堂之争再评析》,《中国社会科学季刊》,1993 年第 2 期。

[20] 叶舒宪:《地方性知识》,《读书》,2001 年第 5 期。

[21] 袁艳:《传播学研究的空间想象力》,《新闻与传播研究》,2006 年第 1 期。

[22] 张灏:《中国近代思想史的转型时代》,《二十一世纪》,1999 年第 4 期。

[23] 张华:《论清末民初通俗小说的娱乐主义倾向》,《山东大学学报》,2000 年第 1 期。

[24] 周琼:《耕耘在媒介与地理的融合地带:读〈媒介地理学:媒介作

为文化图景的研究〉》,《中国传媒报告》,2011 年第 2 期。

[25] 庄森:《一份特别的履历书——陈独秀出任北大文科学长的前前后后》,《社会科学战线》,2006 年第 1 期。

[26] 朱浒:《跨地方的地方性实践——江南善会善堂向华北的移植》,《中国社会历史评论》,2005 年第 1 期。

外文文献

[1] Wolfram Eberhard, *Social Mobility in Traditional China*, Leiden: Brill, 1962.

[2] Stuart Elden, *Understanding Henri Lefebvre: Theory and the Possible*, London & New York: Continuum, 2004.

[3] Shmuel Noah Eisenstadt, *The Political System of Empires.* New York: Free Press, 1969.

[4] Michel Foucault and Colin Gordon (eds.), *Power/Knowledge: Selected Interviews and Other Writings 1972—1977*, New York: Knopf Doubleday Publishing Group, 1980.

[5] Huang Chang-tai, *Going to the people: Chinese Intelletuals and Folk Literature, 1918—1937.* Cambridge Mass.: Council on East Asian Studies, Harvard University, 1985.

[6] Joan Judge, *Print and Politics: "Shibao" and the Culture of Reform in Late Qing China*, Stanford: Standford University Press, 1996.

[7] Lawrence Grossberg, Ellen Wartella and Charles Whitney, *Mediamaking: Mass Media in a Popular Culture*, Thousand Oaks: Sage Publication, 1998.

[8] Henri Lefebvre, *The Production of Space*, Translated by Donald Nicholson-Smith, Oxford, OX, UK & Cambridge, Mass., USA: Blackwell, 1991.

[9] Perry Link, *Mandarin Ducks and Butterflies. Popular Fiction in Early Twentieth-Century Chinese Cities*, Berkeley and Los Angeles: University of California Press, 1981.

[10] Ping-ti Ho. *The Ladder of Success in Imperial China: Aspects of So-*

cial Mobility, New York: Columbia University Press, 1962.

[11] Douglas R. Reynolds, *China, 1898—1912: The Xinzheng Revolution and Japan*, Cambridge, Mass.: Council on East Studies, Harvard University, 1993.

[12] William Skinner, *The City in Late Imperial China*, California: Stanford University Press, 1977.

[13] Allan M. Siegal and William G. Connolly, *The New York Times Munual of Style and Usage*, New York: Times Books, 1999.

[14] Edward W. Soja, *Postmodern Geographies: The Reassertion of Space in Critical Social Theory*, London: Verso, 1989.

[15] Edward W. Soja, Thirdspace: *Journeys to Los Angeles and Other Real and Imagined Places*. Oxford: Blackwell, 1996.

后　记

此书为我三年前完成的博士后出站报告之修改版。在完成博士后出站报告后，自知学浅，不敢示人，虽有几次修订与补充，却少与人谈及此稿，最终的结果无非是封存于高阁。后来在我的同事、毕业于悉尼大学的邱鸿峰博士诸多观点的认同和影响下，开始对写下的文字进行再一次修改和加工。

之后，我将修改稿惴惴呈送于媒介地理学资深研究者、浙江大学博士生导师邵培仁先生门下，求其指点一二，未曾想，几天后便收到他的回复。先生一方面对某之研究示以兴趣，另一方面则提出了中肯意见。依此，我又对全文进行了仔细修改，方有了今日大样。

虽付梓在即，心情并未放松，因我深知从空间角度对中国媒介史的研究并未结束，而只是一个开始。此书只能算作对中国近代媒介空间演化的一次有益探索。在我看来，此书的学术贡献在于三点：其一，将空间要素凸显于媒介史学的研究中，展现出媒介演进在空间上的多元性与差异性，增强媒介史研究的厚重感。其二，将泛媒介场作为对清末民初媒介活动产生交互影响的多媒介传播情境，涉及学校、报纸、书籍、杂志、学会、私人花园等互动之泛媒介场，它们与镶嵌其中的知识分子活动共同构成一个泛媒介的信息网络，且这一泛媒介的信息网络的变动恰恰表征了中国近代媒介的演进历程。其三，以块茎状叙事结构取代了以往根须状叙事结构，对在清末与民初这两个既有联系又有区别的时期中受到影响的媒介群落，从文化环境、文化资本积累方式、语言定位、目标受众等方面进行了综合比较，较为全面地展现了因地域差异、知识差异、政治差异和学术差异所导致的媒介空间演进的差异性。尽管书中诸多观点可能引发不满，甚至会受到责难与批判，但只要有益学术研究，某甘愿成为众矢之的。

本书的思想得益于一个学术空间——清华大学科技与社会研究所。两年的博士后时光，在这里我不仅得到丰富科学和人文学养的滋润，而且深深体会到“厚德载物、自强不息”校训的精髓，这些将陪伴我在今后的人生道路上不断奋进。

感谢我的博士后合作导师吴彤教授，在我攻读博士后两年的时间里，给予我学习、生活、工作上的莫大关心、帮助与支持。先生用自己的为学、为人，诠释着清华大学的校训。特别是他对学问一丝不苟的态度、缜密的思维、深深地感染着我。可以说，如何为学是先生给我最大的财富。

感谢曾国屏、李正风、曹南燕、肖广岭、刘兵、杨舰、鲍鸥、蒋劲松、王巍、吴金希、刘立等老师，在平时的学习和论文写作过程中，给予我热情的帮助。

感谢我的博士生导师王德胜教授，他年逾古稀，在繁忙的工作之余，还时刻关心着我的学习、进步。这种关心多年来一直伴随着我，使我深感“一日为师、终身为父”的温暖。特别是在博士后出站报告的写作过程中，先生又给予了重要的指导。

最后，我要感谢我的丈夫，没有他的鼓励与支持，我不会实现清华梦。在我做博士后期间，他“里里外外一把手”，既承担了全部的家务，还要抚育幼小的孩子。丈夫的支持，让我得以专注于工作和学业。

本书的出版得到了浙江传媒学院省级重点学科“新闻与传播学”、浙江省等学校创新团队——“传播与文化产业创新团队”的资助，在此对多年支持我科研工作的浙江传媒学院各位同仁表示衷心的感谢。

感谢北京大学出版社周丽锦、谢佳丽两位编辑，没有她们严格的把关和高效的工作，我的专著不会如此之快面世的。

区区数言，无以尽述。对老师、同学、家人及对所有帮助过我的人的感激之情，将会激励我上进上进再上进。

2012 年 5 月于杭州